Hinter dem Sachregister befindet sich ein ausführliches Verzeichnis der

Guttentagschen Sammlung

Deutscher Reichs- und Preußischer Gesetze

— Textausgaben mit Anmerkungen; Taschenformat —

die alle wichtigeren Gesetze in unbedingt zuverlässigem Abdruck und mit mustergültiger Erläuterung wiedergibt.

Guttentagsche Sammlung
Nr. 159. Deutscher Reichsgesetze. Nr. 159.
Textausgaben mit Anmerkungen und Sachregister.

Die

Industriebelastungsgesetze

vom 30. August 1924

nebst den Durchführungsbestimmungen
zum Gesetz über die Industriebelastung

Erläutert von

Dr. jur., Dr. rer. pol. **H. Höpker**
Oberregierungsrat

Berlin und Leipzig 1925

Walter de Gruyter & Co.

vormals G. J. Göschen'sche Verlagshandlung — J. Guttentag, Verlagsbuchhandlung — Georg Reimer — Karl J. Trübner — Veit & Comp.

Vorwort.

Während die Gesetze über die Industriebelastung vom 30. August 1924 am 1. September im Reichsgesetzblatt erschienen, stammen die ersten Durchführungsbestimmungen zum Gesetz über die Industriebelastung vom 28. Oktober und die zweite Verordnung zur Durchführung des gleichen Gesetzes vom 5. Dezember 1924. Es dürfte daher angezeigt sein, nunmehr unter Beachtung der ergangenen Durchführungsbestimmungen eine erläuterte Handausgabe der Industriebelastungsgesetze erscheinen zu lassen, die hoffentlich Wissenschaft und Praxis manche Erleichterungen bei dem Studium der Gesetze bringen wird.

Die eigentümliche Entstehungsgeschichte der Gesetze, besonders des Gesetzes über die Industriebelastung, ließ es erforderlich erscheinen, im weiten Umfange neben den Gesetzen und den Durchführungsbestimmungen auch die Gesetzesmaterialien zu veröffentlichen. Im Teil III sind diese Materialien, von den die Industriebelastung betreffenden Ausführungen des Berichts des Ersten Sachverständigenkomitees (Dawes-Gutachten) an, abgedruckt, da sie zum Verständnis des ganzen Gesetzes und zur Auslegung mancher der gesetzlichen Bestimmungen wertvoll sind. Unter diesen Gesetzesmaterialien haben schließlich auch die Bestimmungen Aufnahme gefunden, auf die das Gesetz zur Industriebelastung besonders verweist. Es handelt sich um das Gesetz, betreffend die gemeinsamen Rechte der Besitzer von Schuldverschreibungen, und die Vorschriften des Bürgerlichen Gesetzbuches über Hypotheken.

Auf ein umfassendes Sachregister ist besonderer Wert gelegt.

Berlin, den 16. Dezember 1924.

H. Höpker.

Inhaltsverzeichnis.

Seite
Vorwort V
Inhaltsverzeichnis VII
Abkürzungen XV

Teil I. Die Industriebelastungsgesetze.

A. Gesetz über die Industriebelastung (Industriebelastungsgesetz). Vom 30. August 1924.

I. Die Belastung der industriellen Unternehmer.

1. Der Kreis der Belasteten.

§ 1. Höhe und Art der Belastung 1
§ 2. Begriff der industriellen und gewerblichen Betriebe 6
§ 3. Freistellung öffentlicher Betriebe 12
§ 4. Freistellung von Unternehmern mit einem geringen Betriebsvermögen 13

2. Umlegung der Last.

§ 5. Erste Umlegung 14
§ 6. Neuumlegung 18

Seite

§ 7. Heranziehung zu den Lasten des Gesetzes zwischen zwei Umlegungen 20
§ 8. Verteilung der Gesamtbelastung 22

3. Ausstellung und Übergabe der Einzelobligationen.

§ 9. Pflicht zur Ausstellung und Übergabe der Einzelobligationen 24
§ 10. Inhalt der Einzelobligationen 25
§ 11. Feststellung der Last. Umtausch der Gesamtobligationen 26
§ 12. Die Einzelobligationen der Schiffahrts- und Bahnunternehmer 27
§ 13 Veräußerliche Obligationen 28
§ 14. Festsetzung und Folgen der Veräußerlichkeit . . . 30
§ 15. Nachprüfung des Betriebsvermögens bei veräußerlichen Einzelobligationen 32
§ 16. Die Rechtsfolgen einer Ermäßigung des Betriebsvermögens bei veräußerlichen Einzelobligationen . 34
§ 17. Veräußerung der veräußerlichen Einzelobligationen 36
§ 18. Rückgabe von veräußerlichen Obligationen an die Bank 37
§ 19. Veränderungen infolge von Neuumlegungen . . . 38
§ 20. Strafbestimmungen 39
§ 21. Ersatzausstellung von Einzelobligationen 40
§ 22. Verzinsung und Tilgung der Einzelobligationen . 41

II. Die Bank für deutsche Industrie-Obligationen.

1. Firma und Gegenstand des Unternehmens.

§ 23. Die Gründung der Bank 42
§ 24. Gegenstand des Unternehmens 43

2. Die Organe der Gesellschaft. Seite

§ 25. Gesellschaftsorgane 45
§ 26. Vorstand 45
§ 27. Aufsichtsrat 45

3. Verwaltungskosten.

§ 28. Kostentragung 47

4. Liquidation.

§ 29. Liquidation 47

5. Satzung.

§ 30. Inhalt der Satzung 48
§ 31. Satzungsänderungen 48

III. Industriebonds.

§ 32. Inhalt und Ausgabe der Industriebonds 49
§ 33. Bonds in ausländischer Währung 50
§ 34. Einzahlung der Zins- und Tilgungsbeträge . . . 52
§ 35. Tilgung der Industriebonds 53
§ 36. Bevorrechtigte Befriedigung der Besitzer der Industriebonds 54

IV. Rechte der Gläubiger ausgegebener Schuldverschreibungen.

§ 37. Vertretung der Gläubiger 55
§ 38. Gläubigerversammlung 56
§ 39. Vertreter der Gläubiger 57
§ 40. Gläubigervertreter und Ernennung des Treuhänders 58

V. Sicherungen.

Seite

§ 41. Entstehung und Inhalt der öffentlichen Last . . . 58
§ 42. Antragsrechte des belasteten Unternehmers . . . 66
§ 43. Veräußerung eines belasteten Grundstücks . . . 68
§ 44. Eintragung der Enthafteten in das Grundbuch . . 71
§ 45. Kosten der Grundbucheintragung 72
§ 46. Zwangsvollstreckung in das belastete Vermögen . 72
§ 47. Stellung der Einzelobligationen im Konkurs . . 75
§ 48. Stellung der veräußerten Obligationen im Konkurs 76
§ 49. Veräußerung und Liquidation des Betriebsvermögens 79
§ 50. Veräußerung und Liquidation des Betriebsvermögens bei veräußerlichen Obligationen 81

VI. Der Treuhänder.

§ 51. Ernennung und Stellung des Treuhänders . . . 82
§ 52. Aushändigung von Urkunden an den Treuhänder . 83
§ 53. Verwahrung der dem Treuhänder übergebenen Urkunden 83
§ 54. Treuhänder und Zinsen- und Tilgungsdienst . . . 84
§ 55. Aufsichtsbefugnisse des Treuhänders 85
§ 56. Kosten des Treuhänders 85

VII. Rückkauf.

§ 57. Rückkaufsmöglichkeit im allgemeinen 86
§ 58. Kaufsumme bei Rückkauf 86
§ 59. Zahlungsweise 87
§ 60. Rückkaufsvereinbarung 88
§ 61. Vernichtung zurückgekaufter Stücke 89

Seite

§ 62. Verringerung und Erlöschen der Last bei Rückkauf 90
§ 63. Wirkung des Rückkaufs auf alte Rechte 90
§ 64. Wirkung des Rückkaufs auf neue Rechte 91
§ 65. Zuwachs des Betriebsvermögens nach Rückkauf . 92
§ 66. Minderung des Betriebsvermögens nach Rückkauf . 94

VIII. Steuerbefreiung.

§ 67. Steuerbefreiung 94

IX. Garantie des Reichs.

§ 68. Gewährleistung des Reichs 95

X. Schiedsgericht.

§ 69. Zusammensetzung und Zuständigkeit des Schiedsgerichts 97

XI. Schlußbestimmungen.

§ 70. Übergabe der Obligationen 98
§ 71. Erlaß von Durchführungsbestimmungen 98
§ 72. Inkrafttreten des Gesetzes 99

B. Gesetz zur Aufbringung der Industriebelastung (Aufbringungsgesetz). Vom 30. August 1924.

§ 1. Aufbringung 100

I. Der Kreis der Belasteten.

§ 2. Pflichtige und nichtpflichtige Unternehmer . . . 100
§ 3. Freigrenze 104

II. **Umlegung der aufzubringenden Beträge.** Seite

§ 4. Bemessungsgrundlage 105

§ 5. Heranziehung zwischen zwei Umlegungen 107

III. **Verfahren.**

§ 6. Verfahren 107

§ 7. Bescheid 109

§ 8. Berichtigung der Bemessungsgrundlage 109

§ 9. Rechtsmittel 109

IV. **Sicherungen.**

§ 10. Sicherheitsrücklage der Bank. Erhebung von Zuschlägen 110

§ 11. Stellung der Leistungen im Konkurs 111

§ 12. Haftung des Erwerbers. Liquidation 111

V. **Rückkauf.**

§ 13. Rückkauf. Lastenausgleich 112

VI. **Steuerbefreiungen.**

§ 14. Kapitalverkehrssteuer usw. 113

VII. **Schlußvorschriften.**

§ 15. Durchführungsbestimmungen 114

§ 16. Inkrafttreten 115

Seite

Teil II. Die Durchführungsbestimmungen.

A. Die Durchführungsbestimmungen zum Gesetz über die Industriebelastung (Industriebelastungsgesetz) vom 30. August 1924. Vom 28. Oktober 1924.

I. Der Kreis der Belasteten. §§ 1—3 116
II. Die Bemessungsgrundlage. §§ 4—6 119
III. Freigrenze. § 7 120
IV. Die Umlegung der Last. §§ 8, 9 121
V. Zuständigkeit und Verfahren. §§ 10—18 . . . 122
VI. Rückkauf. §§ 19, 20 126
VII. Urkundspersonen bei der Bank für deutsche Industrie-Obligationen. §§ 21, 22 126
VIII. Schlußbestimmungen 127

B. Zweite Verordnung zur Durchführung des Gesetzes über die Industriebelastung (Industriebelastungsgesetz) vom 30. August 1924. Vom 5. Dezember 1924.

I. Eintragung des Vermerkes nach § 41 Abs. 4 des Gesetzes. § 1 129
II. Eintragung der öffentlichen Last. §§ 2—8 . . . 130
III. Löschung der öffentlichen Last. §§ 9—14 . . . 132
IV. Eintragung einer Eigentümergrundschuld. §§ 15, 16 134
V. Mitunternehmer. § 17 134
VI. Ehegatten. § 18 135
VII. Schlußbestimmungen. §§ 19—25 135

Teil III. Gesetzesmaterialien.

Seite

I. Auszug aus dem Bericht des Ersten Sachverständigenkomitees 138

II. Bericht des Vorläufigen Organisationskomitees für die Industrie-Obligationen 143

III. Amtliche Begründung zu den Industriebelastungsgesetzen 163

IV. Auszug aus den Erläuterungsbestimmungen des Reichsfinanzministeriums vom 4. November 1924. Der Begriff der Nebenbetriebe 180

V. Gesetz, betreffend die gemeinsamen Rechte der Besitzer von Schuldverschreibungen 185

VI. Die Vorschriften des Bürgerlichen Gesetzbuches über Hypotheken 190

Sachregister 196

Abkürzungen.

Anl.	Anlage.
Anm.	Anmerkung.
A.O.	Reichsabgabenordnung.
Aufbr.G. . .	Aufbringungsgesetz vom 30. August 1924.
Begr.	Amtliche Begründung zum Industriebelastungsgesetz und zum Aufbringungsgesetz (Reichsdrucksache 1924 Nr. 447).
BGB.	Bürgerliches Gesetzbuch.
D.B.	Erste Durchführungsbestimmung zum Gesetz über die Industriebelastung vom 28. Oktober 1924.
D.B. II . . .	Zweite Verordnung zur Durchführung des Gesetzes über die Industriebelastung vom 5. Dezember 1924.
Ges.	Gesetz.
IBG.	Industriebelastungsgesetz vom 30. August 1924.
NOG.	Reichsnotopfergesetz.
RFH.	Entscheidungen des Reichsfinanzhofes.
RGBl. . . .	Reichsgesetzblatt.
2. StNVO. .	2. Steuernotverordnung vom 19. Dezember 1923.
VStG. . . .	Vermögensteuergesetz vom 8. April 1922.
ZPO.	Zivilprozeßordnung.

A.

Gesetz über die Industriebelastung.

(Industriebelastungsgesetz.)

Vom 30. August 1924. (RGBl. II S. 257.)

Der Reichstag hat das folgende Gesetz beschlossen, das mit Zustimmung des Reichsrats hiermit verkündet wird:

I. Die Belastung der industriellen Unternehmer.

1. Der Kreis der Belasteten.

§ 1.

Höhe und Art der Belastung.

(1) Den Unternehmern¹) der industriellen und gewerblichen Betriebe²) mit Einschluß der bergbaulichen, der Schiffahrtsbetriebe (See- und Binnenschiffahrt), der Privatbahnen, Kleinbahnen und Straßenbahnen wird nach Maßgabe dieses Gesetzes die Last³) der Verzinsung und Tilgung eines Betrages von insgesamt 5 Milliarden Goldmark⁴) auferlegt. Diese Last wird durch eine Hypothek des öffentlichen Rechts (eine öffentliche Last)⁵) an erster Stelle gesichert und mit den in den §§ 46 bis 50 vorgesehenen Vorzugsrechten

ausgestattet. Von den einzelnen Unternehmern werden über sie Obligationen gemäß den Vorschriften der §§ 9 ff. ausgestellt.

(2) Dem Unternehmer steht der Eigentümer[6]) eines verpachteten oder mit einem Nießbrauch belasteten Betriebes gleich. Neben dem Eigentümer haftet der Pächter oder der Nießbraucher[7]) für die Zins- und Tilgungsbeträge als Gesamtschuldner.[8]) Die Bank für deutsche Industrieobligationen kann eine dieser Personen ganz oder zum Teil aus der Verpflichtung entlassen.[9])

(3) Die Reichsregierung kann Bestimmungen über die Verteilung der Last zwischen dem Eigentümer einerseits und dem Pächter oder Nießbraucher andererseits treffen.[10])

1. a) **Unternehmer** sind die Personen, die einen Betrieb auf eigene Rechnung und Gefahr betreiben. Bei einer Offenen Handelsgesellschaft wie bei einer Kommanditgesellschaft sind die Teilhaber die Unternehmer. Dagegen gehören zu den Unternehmern nicht die stillen Teilhaber. Über das Verhältnis bei den Kommanditgesellschaften auf Aktien vergleiche § 5 Anm. 2 a.

Die Staatsangehörigkeit ist ohne Einfluß auf die Zugehörigkeit zu dem Kreise der Unternehmer im Sinne des § 1. Also auch Ausländer mit Betrieben im Inland unterliegen dem Gesetz.

Nach den D.B. § 1 Abs. 2 bestimmt sich der Begriff des **Unternehmers** nach den Grundsätzen des Vermögenssteuergesetzes. Da der Ausdruck und Begriff „Unternehmer" dem Vermögenssteuergesetz unbekannt ist, dürfte wohl der Betriebssteuerpflichtige gemeint sein, obwohl zu der im vorliegenden Gesetz gemachten Unterscheidung zwischen Unternehmer und Eigentümer, der ja auch betriebssteuerpflichtig ist, der Ausdruck „Betriebssteuerpflichtige" nicht völlig stimmt. Über den Begriff „Unternehmer" sagen die D.B. § 1 Abs. 4 folgendes:

(4) Als Unternehmer gelten nicht solche Personen, die, ohne eine eigene unter das Industriebelastungsgesetz fallende industrielle oder gewerbliche Tätigkeit auszuüben, lediglich Aktien oder andere Anteile an solchen Erwerbsgesellschaften besitzen, die ihrerseits eine unter das Industriebelastungsgesetz fallende Tätigkeit ausüben. Erwerbsgesellschaften im Sinne dieser Bestimmung sind solche Gesellschaften, bei denen nicht die Gesellschafter im Sinne des Vermögenssteuergesetzes als Unternehmer (Mitunternehmer) des Betriebs angesehen werden, z. B. Aktiengesellschaften, Kommanditgesellschaften auf Aktien, Berggewerkschaften u. dgl.

Des weiteren ist über den Begriff des Unternehmers in den E.B. zu den D.B. noch hervorgehoben, daß ferner neben den G. m. b. H., den eingetragenen Genossenschaften und nichtrechtsfähigen Berggewerkschaften auch sonstige Personenvereinigungen mit wirtschaftlichem Geschäftsbetrieb, deren Zweck die Erzielung wirtschaftlicher Vorteile für sich und ihre Mitglieder ist, zu den Unternehmern gehören.

b) **Holdinggesellschaften** sind gemäß § 1 Abs. 4 D.B. nicht als Unternehmen anzusehen.

c) Den **Unternehmern**, nicht den **Betrieben** ist die Last auferlegt. Die Last ist also eine persönliche Verpflichtung, für die der Unternehmer nicht nur mit seinem Betriebsvermögen, sondern mit seinem ganzen Vermögen haftet (vergl. § 46). Dieses Rechtsverhältnis wird dadurch nicht beeinflußt, daß die Last durch eine Hypothek des öffentlichen Rechts an erster Stelle gesichert wird. Über die Beschränkungen, die die persönliche Verpflichtung des Unternehmers insbesondere bei einer Veräußerung des Unternehmens erfährt, vergl. Abschnitt V: Sicherungen, besonders die §§ 43 und 49, und für den Konkursfall die §§ 47 und 48.

2. Über den Begriff der **Betriebe** vergl. § 2.

3. a) Es ist also als **die Last** nicht das Kapital von 5 Milliarden Goldmark, sondern nur die **Verzinsung und Tilgung** dieses Betrages den Unternehmern auferlegt. Dieser volkswirtschaftliche und privatwirtschaftliche Unterschied wird dadurch verstärkt, daß nach § 5 diese Last sich im allgemeinen je nach den Ergebnissen jeder Vermögenssteuerveranlagung ändert. Die Last erhält hierdurch einen steuerähnlichen Charakter. Dazu kommt, daß diese Last nicht die wirkliche endgültige Belastung darstellt. Diese ergibt sich vielmehr aus den Vorschriften des Aufbringungsgesetzes.

Etwas anders geartet ist die Last, die den Unternehmern auferlegt ist, die nach § 13 des Gesetzes Einzelobligationen auszustellen haben; vergl. hierüber §§ 16, 19 Abs. 2, 48 und 50. Doch auch diese werden durch die Vorschriften des Aufbringungsgesetzes in gleicher Weise wie die übrigen Unternehmer von ihren Verpflichtungen entlastet.

b) **Buchung der Belastung.** Die Folgerungen, die sich aus der Last für die Buchführung ergeben, sind bereits verschiedentlich erörtert worden. Übereinstimmend ist man der Ansicht, daß bei allen denen, die keine veräußerlichen Industrieobligationen auszugeben haben, die nach dem vorliegenden Gesetz vorhandene Schuld ebensowenig unter die Passiven gehöre wie eine Vermögenssteuer. Dagegen ist eine Übereinstimmung der Meinungen noch nicht darüber erzielt, ob auch die Unternehmer, die veräußerliche Obligationen auszustellen haben und deren Haftung vor allem im Falle des Konkurses erheblich größer ist als die der anderen und über die Haftung von Steuern hinausgeht, ebenfalls das Recht haben, keine Passivposten in der Bilanz zu bilden. Aber selbst die, die dieses Recht zunächst verneint haben, meinen, daß durch besondere Maßnahmen seitens der Regierung dafür gesorgt werden müsse, daß die Bilanzen dieser Unternehmer durch das Industriebelastungsgesetz nicht ungünstiger gestaltet würden als die der anderen.

So wichtig diese Frage buchführungstechnisch ist, so wenig wird sie wohl volkswirtschaftlich und privatwirtschaftlich bedeuten, da jeder Kenner nicht auf die Zahlen der Buchbilanz, sondern darauf sieht, was hinter diesen Zahlen steht.

4. Nach § 14 ist die **Goldmark** gleich 1: 2790 kg Feingold. Die Goldmark hat demnach am Gold gemessen den gleichen Wert wie die frühere und jetzige Reichsmark.

5. Über die Art der **öffentlichen Last** siehe § 41.

6. Der Eigentümer muß dem Unternehmer in den Fällen, in denen er den Betrieb nicht selbst ausübt, gleichgestellt werden, weil nur der Eigentümer imstande ist, die Obligationen auszustellen und nur dem Eigentümer gegenüber die Hypothek des öffentlichen Rechts Platz greift.

7. Nicht nur der **Pächter** oder der **Nießbraucher** haftet neben dem Eigentümer, sondern nach dem Grundgedanken des Gesetzes jeder, der an Stelle des Eigentümers einen Betrieb nutzt, vor allem also auch der Unterpächter. Wegen des Grundes der Belastung vergleiche die Begründung zu §§ 1 bis 4 Abs. 2.

8. Die Rechtsverhältnisse der **Gesamtschuldner** sind in §§ 420 ff. BGB. geregelt. Die wichtigsten Paragraphen lauten:

§ 421. Schulden mehrere eine Leistung in der Weise, daß jeder die ganze Leistung zu bewirken verpflichtet, der Gläubiger aber die Leistung nur einmal zu fordern berechtigt ist (Gesamtschuldner), so kann der Gläubiger die Leistung nach seinem Belieben von jedem der Schuldner ganz oder zu einem Teil fordern. Bis zur Bewirkung der ganzen Leistung bleiben sämtliche Schuldner verpflichtet.

§ 426. Die Gesamtschuldner sind im Verhältnis zueinander zu gleichen Anteilen verpflichtet, soweit nicht ein anderes bestimmt ist. Kann von einem Gesamtschuldner der auf ihn entfallende Betrag nicht verlangt werden, so ist der Ausfall von den übrigen zur Ausgleichung verpflichteten Schuldnern zu tragen.

Soweit ein Gesamtschuldner den Gläubiger befriedigt und von den übrigen Schuldnern Ausgleichung verlangen kann, geht die Forderung des Gläubigers gegen die übrigen Schuldner auf ihn über. Der Übergang kann nicht zum Nachteil des Gläubigers geltend gemacht werden.

9. Nachdem die Reichsregierung (siehe Anm. 10) Bestimmungen erlassen hat, ist für eine derartige Tätigkeit der Bank kein Platz mehr.

10. Nach den D.B. gilt für das Verhältnis der Beteiligten (**Eigentümer und Pächter** usw.), soweit nicht etwas anderes vereinbart ist, folgendes:

a) Im Falle der Verpachtung oder der entgeltlichen Bestellung eines Nießbrauchs entfällt die Belastung auf den Eigentümer zu einem Viertel, auf den Pächter oder Nießbraucher zu drei Vierteln. Soweit die Verteilung der Last Pächter oder Verpächter, Nießbraucher oder Nießbrauchbesteller übermäßig belastet, hat eine Schiedsstelle auf Antrag eines Beteiligten eine anderweite Festsetzung des Entgelts vorzunehmen. Die Schiedsstelle besteht aus einem Obmann und zwei Beisitzern. Der Obmann wird von der für den Betrieb zuständigen öffentlich-rechtlichen berufsständischen Vertretung (Handelskammer u. dgl.), je ein Beisitzer wird von jeder Partei ernannt.

b) Im Falle der unentgeltlichen Bestellung eines Nießbrauchs gilt der Nießbraucher als allein belastet.

§ 2.

Begriff der industriellen und gewerblichen Betriebe.

(1) Industrielle oder gewerbliche Betriebe[1]) im Sinne dieses Gesetzes sind alle Betriebe[2]) mit Ausnahme der Landwirtschaft,[3]) des Verkehrsgewerbes,[4]) soweit es sich nicht um Schiffahrtsbetriebe, Privatbahnen, Kleinbahnen oder Straßenbahnen[5]) handelt, sowie mit Ausnahme derjenigen Betriebe, die ausschließlich[6]) das Bank-, Versicherungs-, Gast-, Schank- oder Beherbergungsgewerbe oder den Handel zum Gegenstand haben.[7]) [8])

(2) Die Reichsregierung kann im Einverständnis mit dem Treuhänder die Unternehmer bestimmter Arten von Betrieben, die für die Tragung der Last offenbar ungeeignet sind, von der Belastung ausnehmen.[9])

1. a) In dem Bericht des Sachverständigenkomitees vom 9. April 1924 ist nur von der Belastung der „**deutschen Industrie**" die Rede. Im Gesetz wird von industriellen und gewerblichen Betrieben gesprochen, um unzweifelhaft zum Ausdruck zu bringen, daß grundsätzlich die Handwerksbetriebe, die im allgemeinen nicht zur Industrie gezählt werden, auch dem Gesetz unterworfen sind, falls sie im übrigen den Bedingungen des Gesetzes entsprechen.

b) Nur die **deutsche** Industrie sollte belastet werden; vergl. vorige Anmerkung. Unter der deutschen Industrie kann aber m. E. (siehe jedoch übernächsten Absatz) nur die verstanden sein, die ihren Sitz in Deutschland hat, während die Industrie im Auslande, auch wenn sie Deutschen gehört, niemals zur deutschen Industrie zu rechnen ist. Diese außerhalb des Deutschen Reichs liegenden Betriebe dem Gesetz zu unterstellen, ist, trotzdem sie der Vermögenssteuerpflicht unterliegen, dem Sinn dieses Gesetzes widersprechend. Außerdem kann, abgesehen davon, daß diese ausländischen Betriebe gar nicht die Voraussetzungen besitzen, von denen das Gesetz sonst ausgeht, es nicht im Interesse der deutschen Volkswirtschaft liegen, einen ausländischen Betrieb durch eine derartige Belastung, wie sie die Industriebelastungsgesetze mit sich bringen, in seiner Konkurrenzfähigkeit gegenüber den nichtbelasteten ausländischen Betrieben desselben Landes erheblich zu schädigen. Vergleiche hierzu § 1 des Aufbr.G.

Als solche **ausländischen Betriebe**, die dem Gesetz nicht unterliegen, können aber nur selbständige Betriebe angesehen werden. Handelt es sich nur um **Nebenbetriebe**, auch Filialen, Einkaufs- und Verkaufsbüros, so können diese als Teile des in Deutschland gelegenen selbständigen Hauptbetriebes nicht von diesem getrennt werden. Sie gehören als Appendix zur deutschen Industrie.

Anderer Anschauung sind die E.B. Diese führen zu § 4 D.B. aus, daß, da grundsätzlich die Betriebsvermögen in gleichem Umfange zu belasten sind, in dem sie der Vermögenssteuer unterliegen, auch die ausländischen Betriebsvermögen der unbeschränkt steuerpflichtigen Personen belastet sind.

c) **Die Betriebe der Ausländer** dagegen, die in Deutschland liegen, sind, da sie der deutschen Industrie zuzurechnen sind, in Übereinstimmung mit dem Vermögenssteuergesetz durch das Gesetz mitgetroffen.

2. Die **Betriebe** sind also steuerpflichtig, ohne Rücksicht, ob sie mit **Erwerbsabsichten** geleitet werden oder nicht. Gemeinnützige und soziale Anstalten und Vereine, die nach dem Vermögenssteuergesetz steuerfrei sind, sind dem vorliegenden Gesetz auch deshalb schon nicht unterworfen, weil sie keine Betriebe sind. Hat dagegen ein derartiger Verein oder Anstalt einen Betrieb, wie z. B. eine Druckerei, die nicht nur für die eigenen Bedürfnisse arbeitet, so würde dieser Betrieb dem Gesetz unterliegen, auch wenn er nicht zur Vermögenssteuer herangezogen sein sollte.

Es liegt hier in Übereinstimmung mit den E.B. Nr. 2 zu § 1 D.B. ein wirtschaftlicher Geschäftsbetrieb vor, dessen Zweck die Erzielung wirtschaftlicher Vorteile für sich (Vereinigung oder Anstalt) ist.

In Ausnahmefällen ist es also möglich, daß die Vermögenssteuerpflicht und die Lastpflicht nach dem vorliegenden Gesetz auseinanderfällt. Wenn demgegenüber darauf hingewiesen wird, daß der § 5 von der Annahme ausgeht, daß die Steuerpflicht nach dem Vermögenssteuergesetz und die Lastpflicht nach dem vorliegenden Gesetz zusammenfällt, so ist daran zu erinnern, daß die Übereinstimmung in Wirklichkeit auch der § 5 schon deshalb nicht angenommen haben kann, weil gemäß § 4 der Belastung nur die Betriebsvermögen über 50 000 Goldmark unterliegen und bei vielen Betriebsvermögen die Teile des Vermögens, die auf die nach § 2 lastfreien Betriebe entfallen, ausgesondert werden müssen. Es muß demnach trotz der summarischen Berechnung, die anscheinend der § 5 vornimmt, auch bei der Umlegung der Verzinsungslast der 5 Milliarden eine Sichtung der Betriebe stattfinden.

3. a) Über den Begriff der Landwirtschaft sagen die E.B. zu § 1 der D.B. folgendes:

4. **Begriff der Landwirtschaft.** Bei der Begriffsbestimmung der Betriebe im § 1 Abs. 1, 3 J.B.G. D.B. ist darauf hinzuweisen, daß Landwirtschaft der Natur der Sache nach in Übereinstimmung mit § 2 des Aufbringungsgesetzes die Forstwirtschaft, die Gärtnerei, die Viehzucht, den Weinbau und die Fischerei mitumfaßt. Zur Fischerei gehört die Fischerei auf offener See, an den Küsten und in den Binnengewässern. Zur Viehzucht im Sinne dieser Bestimmung gehören auch Bienenzüchtung, Fischzucht, Vogelzucht und dergleichen.

Sonstige Bodenbewirtschaftung, wie die Gewinnung von Steinen, Schiefer, Kalk, Kreide, Kies, Sand, Lehm, Ton, Mergel, Torf und anderen Bodenbestandteilen, ist keine Landwirtschaft im vorstehenden Sinne, ebensowenig die **Eisgewinnung.** Diese Arten der Bodenbewirtschaftung begründen daher die Industriebelastung, es sei denn, daß es sich um landwirtschaftliche Nebenbetriebe handelt.

b) Auch die **Nebenbetriebe der Landwirtschaft,** die, falls sie selbständig wären, der Lastpflicht unterliegen würden, sind steuerfrei, da ein Nebenbetrieb nicht selbständig veranlagt wird, sondern zur Hauptsache gehört. Hat aber z. B. eine Brennerei oder Stärkefabrik eine eigene Rechtspersönlichkeit (z. B. G. m. b. H.), so liegen selbständige, zu veranlagende Betriebe vor.

4. Der größte Teil des Verkehrsgewerbes ist lastpflichtig, da sie im einzelnen im § 2 aufgezählt sind. Nichtlastpflichtig ist vor allem das **Speditionsgewerbe** und das Gewerbe des **Fuhrhalters**; auch Reitinstitute, Luftverkehr-, Reisebüros, Dienstmannsinstitute, Straßenreinigungsinstitute, Beerdigungsinstitute und ähnliches sind frei.

5. **Kleinbahnen oder Straßenbahnen** sind jedoch nicht lastpflichtig — wie überhaupt sonst lastpflichtige Betriebe —, sobald die Voraussetzungen des § 3 vorliegen. Vor allem also nicht die Kleinbahnen und Straßenbahnen, die den Gemeinden oder Gemeindeverbänden gehören.

6. a) Durch das Wort ausschließlich wird festgestellt, daß alle die hier aufgeführten Gewerbe der Steuerpflicht unterliegen,

sobald sie zu einem Hauptbetriebe mit einem der Last unterliegenden Betriebe vereinigt sind, und zwar ohne Unterschied, ob der nichtlastpflichtige Betrieb bloß eine Nebenabteilung des lastpflichtigen oder umgekehrt der lastpflichtige eine Nebenabteilung des an und für sich lastfreien Betriebes ist. Ein Handelshaus der Konfektion, das auch nur einen kleinen Teil seiner Waren selbst konfektioniert, selbst wenn es durch Heimarbeit geschieht, würde infolge des Wortes ausschließlich dem Gesetz unterliegen.

b) In Übereinstimmung mit dem J.A. § 2 hat der § 2 D.B. die **landwirtschaftlichen Nebenbetriebe** stets von der Belastung freigestellt.

c) Im übrigen folgen die Nebenbetriebe in ihrer Lastpflicht den Hauptbetrieben (vergl. § 2 D.B.).

d) Die Unterscheidung zwischen **selbständigem Betrieb, Nebenbetrieb und unselbständigem Bestandteil eines Betriebes** wird daher in allen Fällen, in denen lastpflichtige und lastfreie Betriebe in der Hand eines Unternehmers vereinigt sind, von außerordentlich großer Bedeutung. Ein sicheres Kriterium, das in allen Fällen zutrifft, wird sich nicht geben lassen, doch kann von vornherein angenommen werden, daß ein selbständiger Betrieb dann vorliegt, wenn dieser nicht nur ausschließlich für den andern in der Hand desselben Unternehmers befindlichen Betrieb arbeitet; wenn also die Schneiderwerkstatt des Konfektionshauses auch für andere Konfektionshäuser arbeitet. Besonders klar wird die Trennung in solchen Fällen dann, wenn auch jeder Betrieb selbständige Bücher führt und selbständig Bilanz macht.

Der Bedeutung der Unterscheidung entsprechend geben die E.B. der D.B. hierüber eingehende Anweisungen. Über den Begriff **„Nebenbetriebe"** siehe im Anhang unter Nr. IV.

7. Über die Begriffsabgrenzung des **Handelsgewerbes** zur Industrie sagen die E.B. zu § 1 D.B. folgendes:

Von Bedeutung ist hier insbesondere die Unterscheidung zwischen Handel und Industrie. Handel im Sinne des Industriebelastungsgesetzes liegt vor, wenn die gekaufte Ware ohne Be- oder Verarbeitung, also unter Wahrung ihrer Wesensart weiterveräußert wird. Eine Be- oder Verarbeitung ist nur insoweit nicht anzunehmen, als es sich um die reinen Zwecke der Sortierung, Reinigung und Erhaltung handelt.

Unter den Begriff des Handels fallen auch die Geschäfte der Kommissionäre, Handelsagenten und Handelsmakler und Buchverlagsgeschäfte. Dagegen gehören hierzu nicht die Geschäfte der Lagerhäuser und sonstige Aufbewahrungsanstalten, Druckereien und Apothekenbetriebe, sofern darin Medikamente und dergleichen hergestellt werden; diese Betriebe sind daher zu belasten.

8. Da auch noch die §§ 3 und 4 Befreiungen enthalten, seien hier der Übersicht wegen alle von dem Industriebelastungsgesetz **befreiten Betriebe** aufgeführt.

1. Ohne Rücksicht auf die Höhe des Betriebsvermögens und die Art des Betriebes:
   a) alle Betriebe des Reichs und der Länder,
   b) alle Betriebe, deren Erträge ausschließlich dem Reich und den Ländern zufließen,
   c) die Betriebe der Gemeinden und Gemeindeverbände, bis die Reichsregierung anderweitige Bestimmungen trifft.
2. Mit Rücksicht auf die Art des Betriebes, aber ohne Rücksicht auf die Höhe des Betriebsvermögens:
   a) der Betrieb der Landwirtschaft,
   b) das Verkehrsgewerbe, soweit es sich nicht um Schiffahrtsbetriebe, Privatbahnen, Kleinbahnen oder Straßenbahnen handelt,
   c) das Handelsgewerbe sowie das Bank- und Versicherungsgewerbe, das Gast-, Schank- und Beherbergungsgewerbe, falls diese nicht mit einem an und für sich lastpflichtigen Betrieb vereinigt sind,
   d) das Musik-, Theater- und Schaustellungsgewerbe (vergl. Anm. 9 b).
3. Nur mit Rücksicht auf die Höhe des Betriebsvermögens:
   alle Betriebe, deren Betriebsvermögen nicht 50 000 ℳ übersteigt, sofern sie nicht mit anderen lastpflichtigen Be-

trieben in der Hand eines pflichtigen Unternehmers liegen und sich dadurch zusammen ein Betriebsvermögen über 50 000 ℳ ergibt.

Das Aufbringungsgesetz ordnet die lastpflichtigen Betriebe anders. (Vergl. § 2 Aufbr.G.)

9. a) Eine derartige Bestimmung kann die Reichsregierung nach dem Wortlaut des Absatzes zu jeder Zeit während der Geltungsdauer des Gesetzes im Einverständnis mit dem Treuhänder erlassen, abändern oder aufheben.

b) Mit Zustimmung des Treuhänders sind bereits die Betriebe des Musik-, Theater- und Schaustellungsgewerbes, die unter Gewerbeabteilung c der D.B. § 1 Abs. 3 fallen, befreit; demnach auch Zirkusse, Lichtspieltheater, Varietés usw.

§ 3.

Freistellung öffentlicher Betriebe.

(1) Als industrielle oder gewerbliche Betriebe im Sinne dieses Gesetzes gelten nicht Betriebe des Reichs und der Länder sowie Betriebe, deren Erträge ausschließlich dem Reiche oder den Ländern zufließen.[1])

(2) Betriebe, für welche die Voraussetzungen des Abs. 1 erst nach dem Inkrafttreten dieses Gesetzes begründet werden, werden von der auf ihnen ruhenden Last dadurch nicht befreit.[2])

(3) Die Reichsregierung kann Bestimmungen darüber treffen, ob und in welcher Weise Betriebe der Gemeinden (Gemeindeverbände) zu der Aufbringung der aus diesem Gesetz erwachsenden Lasten beizutragen haben.[3])

1. a) Diese Unternehmungen nehmen aber an der Aufbringungspflicht teil gemäß der Vorschrift des § 2 Abs. 2 des Aufbr.G.

b) Die **Reichsbank** ist frei als Bankunternehmen gemäß § 2.

2. Diese Vorschrift ist getroffen, um der Privatindustrie keine stärkere Belastung auferlegen zu müssen, falls später etwa im Sinne des Sozialismus zahlreiche Privatbetriebe auf das Reich und die Länder übergehen sollten. Stichtag ist der 31. August 1924.

3. a) Durch § 3 D.B. hat die Reichsregierung bestimmt, daß auch die Betriebe der Gemeinden sowie die Betriebe, deren Erträge ausschließlich den Gemeinden (Gemeindeverbänden) zufließen, lastfrei sind.

b) Dagegen werden die **verpachteten Betriebe der Gemeinden** als steuerpflichtig zu gelten haben, da sie dadurch aufhören, Gemeindebetriebe zu sein.

c) Die **gemischten Gesellschaften,** an denen neben dem Reich, den Ländern oder den Kommunen Private beteiligt sind, sind nach den sonstigen Bestimmungen des Gesetzes lastpflichtig oder lastfrei.

d) Da ausdrücklich nur die Betriebe des Reichs, der Länder und, solange nichts anderes bestimmt wird, die der Gemeindeverbände steuerfrei sind, ist zu folgern, daß etwaige **Betriebe anderer öffentlicher Körperschaften** lastpflichtig sind.

Universitäten, Kirchen usw. sind an und für sich selbstverständlich frei, da sie keine Betriebe sind (vergl. jedoch § 2 Anm. 2).

§ 4.

Freistellung von Unternehmern mit einem geringen Betriebsvermögen.

(1) Von der Belastung bleiben Unternehmer befreit, wenn und solange ihr zur Vermögensteuer heranzuziehendes Betriebsvermögen den Betrag von 50 000 Goldmark nicht übersteigt.[1])

(2) Die Reichsregierung kann die Freigrenze im Einvernehmen mit der Bank und dem Treuhänder abweichend festsetzen.[2])

1. a) Nicht auf **das einem bestimmten Betrieb gewidmete Vermögen,** sondern auf das bei einem Unternehmer heran-

zuziehende Betriebsvermögen kommt es danach an. Doch kommt selbstverständlich bei dieser Rechnung nur das Vermögen in Frage, das an und für sich lastpflichtig ist. Ein Kaufmann, der in seinem Handelsgeschäft ein Betriebsvermögen von mehr als 50 000 M besitzt und daneben ein selbständiges lastpflichtiges Unternehmen mit einem Betriebskapital von 30 000 M hat, bleibt lastfrei.

Ebenso ist ein **Pächter**, der in dem gepachteten lastpflichtigen Betrieb 40 000 M eigenes Betriebsvermögen zu stecken hat und daneben ein eigenes lastfreies Unternehmen mit einem Betriebskapital von 40 000 M besitzt, mit seinem Betriebsvermögen lastfrei, da der von ihm gepachtete Betrieb nicht ihm, sondern nur dem Eigentümer zugerechnet wird, wenn er auch als Gesamtschuldner für die Aufbringung der Last neben dem Eigentümer haftet.

Teilhaber einer **Offenen Handelsgesellschaft** und Geschäftsinhaber einer **Kommanditgesellschaft** (Komplementäre) sind daher nur steuerpflichtig, falls das ihnen vermögenssteuerrechtlich zuzurechnende Betriebsvermögen 50 000 M übersteigt.

b) Da bei **Ehegatten** und **fortgesetzter Gütergemeinschaft** gemäß § 5 D.B. das Betriebsvermögen der Ehegatten oder das Gesamtgut zusammenzurechnen ist, richtet sich die Freigrenze nach der Summe der Vermögen.

2. Die **Freigrenze** kann demnach sowohl erniedrigt als erhöht werden. Auch kann eine anderweitige Festsetzung später wieder geändert und aufgehoben werden. Jede Veränderung bedarf aber ebenfalls der Übereinstimmung der Reichsregierung mit der Bank und dem Treuhänder.

2. Umlegung der Last.

§ 5.

Erste Umlegung.

(1) Der Betrag, mit dem der einzelne Unternehmer gemäß § 1 belastet wird, wird auf Grund seines zur Vermögensteuer[1]) veranlagten Betriebsvermögens festgestellt.[2])[3])

(2) Für die Zwecke der ersten Umlegung wird der Betrag von 5 Milliarden Goldmark auf die nach der Vermögensteuerveranlagung für das Jahr 1924 ermittelten Betriebsvermögen der Industrie und auf das durch Schätzung ermittelte Betriebsvermögen der Schiffahrtsunternehmungen, Privatbahnen, Kleinbahnen und Straßenbahnen verteilt.[4])

(3) Die Entscheidung über die Umlegung ist vorbehaltlich der Bestimmungen des § 15 endgültig.[5])

1. a) Es handelt sich um das Ergebnis der **Vermögenssteuerveranlagung** für das Jahr 1924 nach dem Vermögensstande vom 31. Dezember 1923.

b) Es kommt auf den **Stand der Veranlagung zur Zeit der Feststellung des Betrages** an. Soweit also die gegen die Vermögenssteuerveranlagung eingelegten Rechtsmittel nicht erledigt sind, ist die ursprüngliche Veranlagung des Finanzamtes allein maßgebend (vergl. § 6 D.B.).

2. a) Die Frage, ob ein Vermögensteil **Betriebsvermögen, Grundvermögen, Kapitalvermögen oder sonstiges Vermögen** ist, gewinnt nunmehr eine besondere Bedeutung, die auch für das Aufbringungsgesetz Geltung hat.

b) Die Fehler, die dadurch entstehen, daß bei der Vermögenssteuererklärung für 1924 bei dem **Betriebsvermögen** vielfach auch anderes Vermögen enthalten ist und umgekehrt auch häufig Betriebsvermögen unter anderen Vermögensarten aufgeführt ist, können für die erste Umlage nicht mehr verbessert werden. Es wird Sache der Veranlagungsbehörden einerseits und der Steuerpflichtigen andererseits sein, bei den zukünftigen Vermögenserklärungen auf die Unterscheidungen gleichen Wert zu legen wie auf die Vermögensteuererklärung selbst. Große Folgen werden die Fehler übrigens kaum haben, da die Verzinsung der Last und auch die zur Zahlung führende Umlage auf Grund des Aufbringungsgesetzes erst mit dem zweiten Jahre beginnt, bei dessen Beginn bereits die neue Veranlagung zur Vermögenssteuer für 1925 und eine danach berechnete Neuumlage vorliegen wird.

c) Eine ziemlich vollzählige Übersicht über die für einen Betrieb in Frage kommenden Gegenstände, die dem Betrieb gewidmet sind und demnach **Betriebsvermögen** sind, gibt Art. 10 III des Preußischen Ergänzungssteuergesetzes. Dort sind genannt:

a) die dem Betriebe dienenden Grundstücke, Gebäude, bauliche Anlagen, Wasserkräfte, Maschinen, Gerätschaften, Tiere und Futtervorräte, Vorräte an Erzeugnissen des Betriebes, fertigen Waren, Roh- und Hilfsstoffen, einschließlich der in der Bearbeitung, auf dem Transport, auf Niederlagen oder auswärtigen Lägern befindlichen;

b) die Vorräte an Geld, Gold und Silber, Papiergeld, Banknoten, Wechseln, Schuldscheinen und sonstigen Wertpapieren, die aus dem Betriebe herrührenden Außenstände einschließlich der laufenden Guthaben;

c) Gewerbeberechtigungen, Rechte auf Gebrauch oder Nutzung fremder Grundstücke, Wege, Kanäle, Privatflüsse, Seen und desgl. oder sonstige selbständige Rechte.

Bei Gegenständen übrigens, wie Auto, Wagen, Pferden, die zu verschiedenen Zeiten verschiedenen Zwecken dienen, dem persönlichen Gebrauch z. B. und dem Betrieb, wird es darauf ankommen, welchem Zweck der Gegenstand überwiegend gewidmet ist.

Bei Gegenständen, die zu gleicher Zeit zu verschiedenen Zwecken gebraucht werden, wie z. B. ein Haus, das zum Teil selbst bewohnt, zum Teil als Betriebsstätte gilt, wird eine Teilung des Wertes für das Betriebsvermögen und das andere Vermögen vorgenommen werden.

Arbeiterhäuser, auch sonstige Gebäude und Einrichtungen, die der Betriebsunternehmer für seine Arbeiter und Angestellten geschaffen hat, sind dagegen nicht als Betriebsvermögen anzusehen, da sie nicht unmittelbar dem Betriebe seinem Wesen nach gewidmet sind. Diese Einrichtungen könnten ebensogut einer Genossenschaft oder einem sonstigen Verein übertragen sein, ohne daß dadurch der Betrieb in seiner Art ein anderer würde.

Bei den **Betriebsschulden** ist die wirtschaftliche, nicht die rechtliche Beziehung letzten Endes maßgebend, doch wird unter Zulassung des Gegenbeweises von der Voraussetzung ausgegangen werden können, daß Hypotheken- und Grundschulden in wirtschaftlichem Zusammenhang mit dem Grundbesitz stehen und daher die Widmung des Grundbesitzes für den Betrieb oder nicht für den Betrieb zunächst maßgebend dafür ist, ob es sich um Betriebsschulden handelt oder nicht.

Im übrigen siehe über den Begriff des Betriebsvermögens die Kommentare zum Vermögenssteuergesetz § 6.

d) Im Gegensatz zu einer offenen Handelsgesellschaft und den Inhabern einer Kommanditgesellschaft haben die Inhaber (Komplementäre) einer **Kommanditgesellschaft auf Aktien** in ihrem in die Aktiengesellschaft eingebrachten Grundkapital kein Betriebsvermögen, da diese Inhaber überhaupt nicht Kaufleute im Sinne des Handesgesetzbuches sind. (Vergl. hierüber Staub, Kommentar zum Handelsgesetzbuch, § 320 Anm. 11.)

e) Unter **Betriebsvermögen** im Sinne des § 5 ist selbstverständlich aber nur das lastpflichtige Betriebsvermögen nach §§ 2 bis 4 des Gesetzes verstanden.

f) Alle Unternehmer werden ohne Rücksicht auf die Höhe ihres Betriebskapitals mit dem **gleichen Prozentsatz** herangezogen. Der Prozentsatz ergibt sich erst nach der Feststellung der Summe der gesamten Betriebsvermögen.

g) Diese Feststellung muß spätestens im Februar 1925 erfolgt sein, da nach § 70 Abs. 3 am 28. Februar 1925 bereits die auf Grund der Umlage ausgefertigten Einzelobligationen der Bank übergeben sein müssen.

h) Über die Form und die Folgen der Feststellung der Last vergl. §§ 9 ff.

3. a) **Zuständig** für die Feststellung sind die für die Veranlagung zur Vermögenssteuer zuständigen Finanzämter (§ 10 D.B.).

b) Über die bei der Durchführung der Belastung zu beachtenden gesetzlichen Vorschriften gibt § 11 D.B. Auskunft.

c) Bei Berechnung der Umlage wird das gesamte zu belastende Betriebsvermögen des einzelnen Unternehmens auf volle 1000 *M* nach unten abgerundet (vergl. § 9 D.B.).

d) **Der Belastungsschlüssel**, der wahrscheinlich 20 v. H. des veranlagten Betriebsvermögens betragen wird, soll Mitte Dezember bekanntgemacht werden.

e) Das Finanzamt erteilt einen Belastungsbescheid (vergl. § 12 D.B.). Die Zustellung des Belastungsbescheides gilt als Entscheidung über die Umlegung im Sinne des Abs. 3 des § 5.

4. Über den Grund dieser Regelung vergleiche Begründung zu §§ 5 bis 7 Abs. 1, vergleiche im übrigen hierzu § 12.

5. § 15 gibt nur den Unternehmern, die veräußerliche Obligationen nach § 13 ausstellen müssen, ein Nachprüfungsrecht.

§ 6.

Neuumlegung.

(1) Nach Maßgabe der Veranlagung zu späteren Vermögensteuern wird die auf den einzelnen Unternehmer entfallende Belastung neu umgelegt.[1]) Es kann hierbei auch auf die Ertragsfähigkeit[2]) der einzelnen Betriebsvermögen[3]) Rücksicht genommen werden.[4])

(2) Nach Ablauf von fünf Jahren seit dem Inkrafttreten dieses Gesetzes soll zwischen zwei Neuumlegungen der Belastung ein Zeitraum von mindestens zwei Jahren liegen.[5])

(3) Findet eine Veranlagung zur Vermögensteuer überhaupt nicht mehr oder nur noch in der Weise statt, daß ganze Gruppen der nach diesem Gesetz belasteten Unternehmer von der Veranlagung nicht mehr betroffen werden, so richtet sich die Neuumlegung nach den letzten für die Veranlagung zu einer alle Gruppen der belasteten Unternehmer umfassenden Vermögensteuer geltenden Grundsätzen.[6])

1. a) Hiernach muß also mit Maßgabe des Abs. 2 bei jeder **neuen Vermögensteuerveranlagung** auch eine neue Umlegung der Belastungen stattfinden.

b) Die **Neuumlegung** kann erst stattfinden, wenn die Veranlagung durch die Finanzämter vollständig durchgeführt ist, also erst viel später als die nächste Steuererklärung, da sonst die 5 Milliarden nicht richtig verteilt werden können. Dagegen ist auf die gegen die Veranlagung eingelegten Rechtsmittel keine Rücksicht zu nehmen. Im Gegensatz zu der Bestimmung im § 8 Aufbr.G. können die Einzelobligationen auch nicht verändert werden, falls im **Rechtsmittelverfahren** eine Herabsetzung des Betriebsvermögens erreicht wird.

Auch die spätere Neuumlage auf Grund einer neuen Vermögensteuerveranlagung kann das Ergebnis des eingelegten **Rechtsmittels** nicht berücksichtigen, da diese Neuumlegung wieder ausschließlich auf Grund des Ergebnisses der neuen Vermögensteuerveranlagung aufzubauen ist.

c) Die Umlegung der Last kann sich besonders in der späteren Zeit gegenüber der im § 1 genannten Last von 5 Milliarden und der Verzinsungs- und Tilgungslast von jährlich 300 Millionen erheblich verringern. Es widerspricht nämlich dem Sinne des Gesetzes, wenn die jährliche Umlage gleich hoch bleibt, nachdem außerhalb der regelmäßigen Tilgung und der dementsprechenden Verlosung die belasteten Unternehmer durch Aufkauf auf dem freien Markte oder durch ihr Rückkaufsrecht nicht nur ihre Last, sondern auch die Gesamtlast vermindert haben. Die Summe der hierdurch zurückgezahlten Beträge muß von der Summe der 5 Milliarden und die entsprechende Zinsen- und Tilgungsquote von den jährlichen 300 Millionen bei späterer Neuumlegung abgezogen werden, um keine Überbelastung bei den übrigen Unternehmern hervorzurufen.

Das Aufbringungsgesetz sieht auch eine dementsprechende Regelung im § 13 vor.

2. Auf die **Ertragsfähigkeit**, nicht auf den tatsächlichen Ertrag, kann Rücksicht genommen werden. Die Frage der Ertragsfähigkeit ergreift einen längeren Zeitraum als den für ein Jahr berechneten Ertrag. Vor allem sind bei der Ertragsfähigkeit immer die Ertragsaussichten der Zukunft mitzuprüfen. Die Ertragsfähigkeit kann daher sowohl größer als geringer sein als der zur Zeit der Neuumlage tatsächlich erzielte Ertrag.

3. Aus diesem Wortlaut ist nicht mit voller Sicherheit zu entnehmen, ob, falls die Ertragsfähigkeit überhaupt berücksichtigt wird, sie bei allen Betriebsvermögen zu berücksichtigen ist — „der einzelnen" Betriebsvermögen, nicht „einzelner" —, oder ob nur bei einzelnen Betriebsvermögen die Ertragsfähigkeit mitberücksichtigt werden kann. Auf den zweiten Standpunkt hat sich anscheinend die Begründung gestellt bei der Frage der späteren Behandlung der Finanzierungs- oder Holdinggesellschaften; vergl. Begründung zu §§ 5 bis 7, 2. Abs. (vergl. über die Besteuerung der Holdinggesellschaften § 1 Anm. 1 b).

4. Es darf also die **Neuumlage** nicht ausschließlich oder sogar auch nur hauptsächlich auf die **Ertragsfähigkeit** aufgebaut werden. Die Grundlage der Umlage muß vielmehr das Vermögen bleiben.

5. Auch dann muß die Neuumlegung sich an die letztvorhergehende Vermögenssteuerveranlagung knüpfen, da diese stets den Maßstab bildet.

6. Will man also die Grundsätze für die Umlage ändern, so müßte man eine neue allgemeine Vermögenssteuerveranlagung vornehmen. Nur die Berücksichtigung der Ertragsfähigkeit kann auch im Falle des Abs. 3 ohne neue Vermögenssteuerveranlagung neuberücksichtigt, eingeführt oder aufgehoben werden.

§ 7.

Heranziehung zu den Lasten des Gesetzes zwischen zwei Umlegungen.

(1) Unternehmer, die in der Zeit zwischen zwei Umlegungen der Belastung einen Betrieb eröffnen oder das dem Betriebe gewidmete Vermögen durch Erweiterung ihres Kapitals vergrößern, werden zu

entsprechenden Jahresleistungen[1]) mit demselben Satz[2]) wie die übrigen Unternehmer herangezogen.[3]) Die Vorschriften der §§ 2 bis 4 finden entsprechende Anwendung.

(2) Die Heranziehung erfolgt im Anschluß an die Vermögensteuerveranlagung, soweit die Betriebe auf Grund des Eintritts in die Steuerpflicht oder deren Erweiterung veranlagt werden.[4]) Im übrigen setzt die Bank die Höhe der Belastung fest. Gegen die Festsetzung der Bank ist die Beschwerde an die im § 15 vorgesehene Spruchkammer gegeben.[5]) Diese entscheidet endgültig.

(3) Die Leistungen gemäß Abs. 1 werden einer Ausgleichs- und Sicherungsrücklage zugeführt.[6])

1. a) Also nur zu den Jahresleistungen. Obligationen sind nicht auszustellen bis die ordentliche Veranlagung bei der nächsten Umlegung erfolgt.

b) Diese Jahresleistungen beziehen sich nur auf die Summe, um die das Betriebsvermögen des Unternehmers vergrößert ist. Für das alte Betriebsvermögen bleibt die bereits ausgestellte Einzelobligation bestehen, da sonst die 5 Milliarden nicht voll gedeckt sein würden.

c) Diese **Regelung** ist nur getroffen worden, weil zwischen zwei Umlegungen für eine Einreihung in die Gesamtbelastung der Industrie nach den sonstigen Vorschriften des Gesetzes kein Raum ist. Die Zahlungen dieser im § 7 genannten Betriebe ist eine Mehreinnahme über die jährliche Leistung von 300 Millionen, und ihre Belastung würde zugleich ein Hinausgehen über die Schuld von 5 Milliarden bedeuten.

Sobald eine **Neuumlegung** dagegen erfolgt, werden diese neugegründeten Betriebe wie auch die Erweiterungen von alten Betrieben genau so behandelt wie das sonstige Betriebsvermögen aller Unternehmer.

2. Der Ausdruck „mit demselben Satz wie die übrigen Unternehmer" schließt ein, daß, wenn der neueröffnete Betrieb ebenso wie der erweiterte Betrieb einem der in § 8 genannten Industriegruppe angehört, die etwa besonders für diese Industriezweige festgesetzten Sätze in Frage kommen.

3. Dieses Verfahren findet nach dem Wortlaut der Vorschrift nur bei der Neueröffnung eines Betriebes und der Vergrößerung eines Betriebskapitals statt, nicht bei dem **Übergang des Betriebes auf einen anderen Unternehmer,** sei es durch Kauf, Erbschaft oder auf Grund eines sonstigen Rechtsvorgangs. (Hierüber siehe § 49.)

4. Eine Veranlagung nach dem Vermögenssteuergesetz findet nicht statt erstens im Falle des § 6 Abs. 3 und zweitens im Falle der Erweiterung des Kapitals zwischen zwei Veranlagungszeiträumen.

5. Auf Grund der Beschwerde hat die Spruchkammer auch die von der Bank festgesetzte Belastung auf die richtige Anwendung der Vorschriften des Vermögenssteuergesetzes usw. zu prüfen.

6. Da die **Jahresleistungen** der auf Grund des § 7 herangezogenen Betriebe nicht die Zinsen und Amortisationen der bereits umgelegten 5 Milliarden zu decken haben, können sie der Sicherheitsrücklage, die gemäß § 10 des Aufbringungsgesetzes zu bilden ist, zugeführt werden.

§ 8.

Verteilung der Gesamtbelastung.

(1) Bei der Umlegung (§ 5) oder einer Neuumlegung (§ 6) sollen die nachstehend aufgeführten Gruppen von Unternehmern mindestens die dabei vermerkten Prozentsätze der Gesamtbelastung tragen.

1. Schwerindustrie, (Bergbau, Eisen- und Stahlerzeugung) . . . . 20 v. H.
2. Maschinen- und elektrische Industrie einschl. der Elektrizitätserzeugung . . . . 17 v. H.

3. Chemische Industrie . . . . 8 v. H.
4. Textilindustrie . . . . 7 v. H.[1])

(2) Ergibt sich, daß diese Prozentsätze um mehr als 10 v. H. unterschritten sind, so ist bei der nächsten Umlegung ein Ausgleich dadurch zu schaffen, daß der betreffenden Gruppe eine entsprechende Mehrbelastung in Höhe des Unterschieds zwischen den um 10 v. H. verminderten Sätzen des Abs. 1 und den tatsächlich erreichten Sätzen unter Entlastung der übrigen belasteten Unternehmer auferlegt wird.[2]) Der Treuhänder kann auf diesen Ausgleich ganz oder teilweise verzichten, wenn ihm nachgewiesen wird, daß das Unterschreiten der Prozentsätze nicht auf einem Mangel des Umlegungsverfahrens, sondern auf der natürlichen Entwicklung oder auf einer vorübergehenden Krise des betreffenden Industriezweiges beruht.[3])

(3) Erklärt der Treuhänder, auf die Vornahme des Ausgleichs nicht zu verzichten, so kann die Bank[4]) innerhalb einer Frist von einem Monat nach Empfang dieser Erklärung das in § 69 vorgesehene Schiedsgericht anrufen.[5]) Das Schiedsgericht kann anordnen, daß der Ausgleich ganz oder teilweise zu unterbleiben hat; es kann auch für eine bestimmte Zeit die Herabsetzung der in Abs. 1 genannten Mindestsätze anordnen.[6])

1. Im ganzen also 42 v. H. Die Bestimmung kann nur getroffen sein, um zu verhüten, daß die deutsche Regierung durch möglichst geringe Belastung dieser für den Export hauptsächlich in Betracht kommenden **Industriegruppen** die Konkurrenzfähigkeit dem Auslande gegenüber stärkt.

2. Die **Mehrbelastung**, die gegenüber einer gleichmäßigen Verteilung hierdurch entstehen kann, kann außerordentlich hoch sein. Die Gefahr, die darin für bestimmte Industriezweige liegt,

wird bis auf die Vorschrift des § 48 d. G. im Falle eines Konkurses bei den vom Treuhänder tatsächlich veräußerten Obligationen durch die Vorschriften des Aufbringungsgesetzes aufgehoben.

3. Der **Treuhänder** darf also nur verzichten, wenn dieser Nachweis erbracht ist.

4. Eine **Industriegruppe,** die sich belastet fühlt, kann also ihre Ansprüche nur dadurch geltend machen, daß die Bank sie anerkennt und vertritt.

5. Aus der Fassung des § 69 ist zu folgern, daß die Bank das Schiedsgericht auch anrufen kann, wenn der Treuhänder seine Erklärung ungebührlich lange hinauszieht. Der Schiedsrichter (das Schiedsgericht) wird dann zunächst nur zu entscheiden haben, bis zu welchem Zeitpunkt der Treuhänder eine Entscheidung zu fällen hat.

6. Die **Folgen einer günstigen Erklärung des Treuhänders** oder des Schiedsgerichts müssen zu einer vollkommenen Neuverteilung der Obligationen führen, da sich alsdann die Sätze sämtlicher Industrien und Industriegruppen ändern.

3. Ausstellung und Übergabe der Einzelobligationen.

§ 9.

Pflicht zur Ausstellung und Übergabe der Einzelobligationen.

In Höhe der auf sie entfallenden Belastung (§ 5) haben die Unternehmer Einzelobligationen[1]) auszustellen und durch Vermittlung der Finanzämter der Bank bis zu dem von der Reichsregierung zu bestimmenden Zeitpunkt zu übergeben.[2])[3])

1. Es gibt neben den **gewöhnlichen Einzelobligationen** noch die **veräußerlichen Obligationen** (§ 13). Über die Ausnahme der Ausstellung einer Generalobligation siehe § 12.

2. Der Zeitpunkt ist gemäß § 70 Abs. 3 spätestens der 28. Februar 1925.

3. Über die Art der Ausstellung der Obligationen und über die Personen, die die Obligationen auszustellen haben, vgl. §§ 13, 14 D.V.

§ 10.

Inhalt der Einzelobligationen.

(1) Die Einzelobligationen lauten auf Goldmark.

(2) Als Goldmark im Sinne dieses Gesetzes gilt der Preis von $^1/_{2790}$ kg Feingold.[1]) Dieser Preis ist auf Grund des Londoner Goldpreises am dritten Börsentage[2]) vor der Fälligkeit der einzelnen Leistungen festzustellen. Der Umrechnung in die deutsche Währung ist der Mittelkurs der letzten amtlichen Berliner Notierung für Auszahlung London am dritten Börsentage vor der Fälligkeit der einzelnen Leistungen zugrunde zu legen. Bei vereinbarungsgemäßer Zahlung vor Fälligkeit tritt für die Berechnung der Goldmark an Stelle des Fälligkeitstages der Tag der Zahlung.[3])

(3) Die Einzelobligationen lauten auf den Namen der Bank.[4]) Sie sind für den Gläubiger unkündbar[5]) und für den Schuldner nach Maßgabe der §§ 13 Abs. 4, 57 bis 66 rückzahlbar.[6])

(4) Die Einzelobligationen sind im ersten Jahre, das mit dem von der Reichsregierung bestimmten Zeitpunkt beginnt,[7]) unverzinslich, im zweiten Jahre mit 2½ v. H., im dritten mit 5 v. H. zu verzinsen und im vierten und in den folgenden Jahren mit 5 v. H. zu verzinsen und mit 1 v. H. zuzüglich der ersparten Zinsen zu tilgen.[8])

1. Eine **Goldmark** ist hiernach gleich dem Goldwerte einer früheren Reichsmark.

2. Gemeint sind die **Börsentage von London.** Börsentage sind nur die Tage, an denen eine Börse stattfindet.

3. Bei Zahlung nach Fälligkeit gilt demnach keine besondere Regelung. Die Umrechnung erfolgt vielmehr in diesem Falle nach der allgemeinen Bestimmung des vorigen Satzes. Die Folgen der Versäumnis der Zahlungsfrist richten sich nach A.O. und St.B.B. (vergl. § 11 D.B.).

4. Mit Ausnahme der veräußerlichen Einzelobligationen dienen die **Einzelobligationen** nur der Bank als Unterlage für die Ausgabe der Industriebonds.

5. Die **Obligationen** müssen unkündbar sein, da nach § 1 den Belasteten nur die Verzinsung und Tilgung des 5-Milliardenbetrages auferlegt ist.

6. Durch die **Rückzahlung** befreit der Belastete nicht nur sich, sondern auch seinen Betrieb von der Verpflichtung der Verzinsung und Amortisation (vergl. im übrigen §§ 57 bis 66).

7. Der Zeitpunkt ist durch § 16 D.B. auf den 1. September 1924 festgesetzt.

8. Im zweiten Jahre sind demnach im ganzen 125 Millionen, im dritten Jahre 250 Millionen und im weiteren Jahre 300 Millionen zu zahlen. Über die Zahlungstermine vergl. § 22 Abs. 1.

§ 11.

Feststellung der Last, Umtausch der Gesamtobligationen.

(1) Die Finanzämter[1]) haben den einzelnen Unternehmern die auf sie entfallenden Beträge der Last mitzuteilen[2]) und sie unter Übermittlung eines Musters[3]) zur Unterzeichnung der Einzelobligationen aufzufordern.[4])

(2) Die Einzelobligationen sind über die auf volle 500 Goldmark nach oben abzurundende Gesamtlast[5]) der einzelnen Unternehmer, die auf volle 500 Goldmark nach oben abgerundet sind, auszustellen.[6])

(3) Die Bank und der Treuhänder können gemeinsam den Umtausch dieser Gesamtobligationen in Teil-

stücke verlangen. Der Betrag der einzelnen Stücke wird dabei von der Bank und dem Treuhänder angegeben. Er soll, soweit dies nicht zum Ausgleich von Spitzen erforderlich ist, 5000 Goldmark nicht unterschreiten.

1. Als **Finanzämter** können nur hier die für die Vermögenssteuerveranlagung zuständigen Finanzämter gemeint sein.

2. **Rechtsmittel** gegen die nach der Mitteilung auf den einzelnen entfallende Belastung sind im allgemeinen gemäß § 5 Abs. 3 nicht gegeben. Eine Ausnahme besteht nur in § 15 und in § 7 Abs. 2. Doch bleibt es den Betroffenen unbenommen, auf Unrichtigkeiten, die seiner Meinung nach in der Mitteilung enthalten sind, aufmerksam zu machen und um eine neue berichtigte Mitteilung zu bitten: z. B. wenn die Betriebsschulden versehentlich von dem Betriebsvermögen nicht abgesetzt sind.

3. Vergl. hierzu Anm. 3 zu § 9.

4. Die **Ausstellung der Einzelobligationen** kann nach § 20 erzwungen oder nach § 21 durch eine Aufstellung der Urkunde seitens des Leiters des zuständigen Finanzamtes ersetzt werden.

5. Über die **Gesamtlast** des einzelnen Unternehmers, also nicht über den einzelnen Betrieb, ist eine Obligation auszustellen (siehe jedoch folgende Anmerkung).

6. Über die von den **Schiffahrts- und Bahnunternehmungen** zunächst auszustellenden Obligationen vergl. § 12.

§ 12.

Die Einzelobligationen der Schiffahrts- und Bahnunternehmer.

Bei der ersten Umlegung ist über die gesamte Belastung, die nach der Schätzung (§ 5 Abs. 2) auf die Schiffahrtsunternehmer sowie auf die Bahnunternehmer (Privatbahnen, Kleinbahnen und Straßenbahnen) entfällt, je eine einheitliche Obligation auszustellen. Die

Obligation ist von zwei Generalvertretern der Schiffahrtsunternehmer und der Bahnunternehmer zu unterzeichnen, die von der Reichsregierung bestellt werden. Die Aufteilung der Last auf die einzelnen Unternehmer erfolgt bei der nächsten Umlegung. Bis dahin haften die einzelnen Unternehmer für Zins- und Tilgungsbeträge im Verhältnis ihres Betriebsvermögens zu dem durch Schätzung ermittelten Gesamtbetrage der Last.[1])

1. a) Bis zur **Aufteilung der Last** können danach die einzelnen Unternehmer, je nachdem die Schätzung über den Anteil der betreffenden Unternehmungen im Verhältnis zu dem Anteil der mit ihnen statistisch zusammen erfaßten Unternehmungen zu hoch oder zu niedrig ist, mit zu hohen oder zu geringen Sätzen herangezogen werden. Im übrigen wird durch eine falsche Schätzung auch die Belastung der sonstigen Betriebsvermögen zu hoch oder zu niedrig werden.

b) Später sind **Einzelobligationen** auszustellen. Diese Einzelobligationen sind aber gemäß § 13 Abs. 2 niemals veräußerlich.

§ 13.

Veräußerliche Obligationen.

(1) Der Treuhänder ist befugt, von den Einzelobligationen der Unternehmer, die für die Vermögenssteuer des Jahres 1924 mit den größten Betriebsvermögen veranlagt sind und deren Belastung zusammen den Betrag von 1,5 Milliarden Goldmark erreicht, einen Betrag im Nennwert von 500 Millionen Goldmark gemäß der Vorschrift des § 14 zu veräußern.[1]) Die Obligationen eines einzelnen Unternehmers dürfen nur bis zur Höhe der Hälfte der bei dieser Umlegung auf ihn entfallenden Belastung veräußert werden.[2])

(2) Für die Obligationen der Schiffahrtsunternehmer und der Bahnunternehmer besteht das Recht des Treuhänders zur Veräußerung nicht.[3])

(3) Die vom Treuhänder nicht veräußerten Einzelobligationen dienen als Sicherheit für die von der Bank ausgegebenen Industriebonds.[4])

(4) Die Tilgung der in Abs. 1 bezeichneten Einzelobligationen erfolgt im Wege der Auslosung mit den aus den Jahresleistungen angesammelen Tilgungsbeträgen.[5]) Die näheren Bedingungen werden vom Treuhänder im Einvernehmen mit der Bank festgesetzt. Der Unternehmer kann eine verstärkte Tilgung vornehmen, indem er solche Einzelobligationen im freien Markt ankauft und vernichtet.[6]) Vom 1. Januar 1937 ab kann der Unternehmer eine Gesamtkündigung der Anleihe vornehmen.

1. Über die Art der Feststellung der 1,5 Milliarden vergl. § 14.

2. Auf die Gesamtzahl der an Betriebsvermögen reichsten Besitzer entfällt demnach im Höchstfalle ein Drittel ihres gesamten **Betriebsvermögens** auf veräußerliche Obligationen. Der einzelne der unter diese Zahl fallenden Unternehmer kann dagegen bis zur Hälfte seines lastpflichtigen Betriebsvermögens zur Ausstellung von veräußerlichen Obligationen gezwungen sein.

3. Bei der **Feststellung** der im Abs. 1 genannten **1,5 Milliarden** werden die Obligationen der Schiffahrtsunternehmer usw. nicht mitgerechnet, da die Feststellung der 1,5 Milliarden nach den Einzelobligationen, die auf Grund der Vermögensteuer für das Jahr 1924 festgestellt werden, erfolgt und nach § 12 die Schiffahrtsunternehmer usw. zunächst keine Einzelobligationen, sondern eine einheitliche Obligation auszustellen haben.

4. In Höhe der **nicht veräußerten Einzelobligationen,** die an die Bank zurückgehen, gibt die Bank weitere **Industriebonds**

über den Betrag von 4¼ Milliarden an den Treuhänder, vergl. § 18 Abs. 2.

5. a) Gemeint sind hier nur die Jahresleistungen der angesammelten Tilgungsbeträge aus den Einzelobligationen des Abs. 1. Die Tilgungsquoten der sonstigen Einzelobligationen, die an die Bank gehen, müssen zu deren Auslosung benutzt werden, vergl. § 35.

b) Über die Art der **Auslosung** der verkauften Einzelobligationen sind Bestimmungen noch nicht getroffen.

6. Der Unternehmer wird durch Rechtsverordnung verpflichtet werden müssen, der Bank unmittelbar nach dem Kauf Mitteilung zugehen zu lassen. Über eine ähnliche Bestimmung vergleiche § 60.

§ 14.

Festsetzung und Folgen der Veräußerlichkeit.

(1) Auf Grund der Ergebnisse der ersten Umlegung stellt die Bank unverzüglich gemeinsam mit dem Treuhänder diejenigen Unternehmer fest, deren Einzelobligationen gemäß § 13 vom Treuhänder veräußert werden können, und macht ihnen von dem Ergebnis ihrer Feststellung Mitteilung.[1])

(2) Auf Verlangen[2]) des Treuhänders haben diese Unternehmer die von ihnen über die Gesamtlast ausgestellten Einzelobligationen bei der Bank gegen auf den Inhaber lautende neue Stücke[3]) einzutauschen.[4]) Diese sind dabei nach den Angaben des Treuhänders auf 500 Goldmark, 1000 Goldmark oder ein Vielfaches von 1000 Goldmark zu stellen.[5])

(3) Die Veräußerlichkeit ist auf den Stücken von der Bank und dem Treuhänder zu vermerken.

(4) Der Treuhänder kann die Stücke selbst verwahren oder in seiner und der Bank gemeinsamer Verwahrung belassen.

1. a) Die **Umlegung** kann erst erfolgen, nachdem die Bank die Einzelobligationen erhalten hat, da sie erst aus ihnen die Ergebnisse feststellen kann.

b) Die Mitteilung der Bank über die Veräußerlichkeit der Einzelobligationen muß eine Belehrung darüber enthalten, welches Rechtsmittel zulässig ist und binnen welcher Frist und wo es einzulegen ist (§ 17 D.B.).

2. Der **Treuhänder** ist in seiner Entschließung unabhängig.

3. Die neuen Stücke erhalten also die rechtliche Stellung von **Inhaberpapieren.** Über das Muster dieser Inhaberpapiere hat gemäß § 71 die Reichsregierung mit Zustimmung des Treuhänders Vorschriften zu geben.

4. a) Nach dem Wortlaut müßten also die Unternehmer in Höhe der Gesamtbelastung bei der Bank den **Eintausch der Einzelobligationen** vornehmen. Da aber der Treuhänder nur die Hälfte der Gesamtbelastung jedes einzelnen seinerseits veräußern darf und nach § 32 die Bank für 4¼ Milliarden dem Treuhänder von vornherein Industriebonds übergeben muß und ihm demnach überhaupt nur noch 750 Millionen veräußerliche Einzelobligationen ausliefern kann, um die genügende Deckung der 4¼ Milliarden für die Industriebonds zu erhalten, so dürfte es zweckmäßig sein, daß auch bei der Bank jeder Unternehmer den Eintausch nur für die Hälfte seiner Gesamtbelastung vornimmt.

Hier liegt übrigens ein Fall vor, in dem eine Stückelung der Einzelobligationen gemäß § 11 nicht nur vorgenommen werden kann, sondern vorgenommen werden muß, um den Umtausch der Hälfte der Belastung zu bewerkstelligen.

b) Vergl. § 21 Anm. 1.

5. Da die Gesamtbelastung auf Grund der Abstimmung mit einem Betrag von 500 ℳ, z. B. 100 500 ℳ, enden kann, so wird sich, da diese Summe für die veräußerlichen Obligationen halbiert werden muß, häufig eine Spitze von 250 ℳ ergeben, die der Treuhänder wohl veräußern darf, aber nicht in Inhaberpapiere verwandeln kann, da die kleinsten Stücke der Inhaberpapiere auf 500 ℳ lauten müssen.

§ 15.[1])

Nachprüfung des Betriebsvermögens bei veräußerlichen Einzelobligationen.

(1) Der betroffene Unternehmer kann innerhalb einer Frist von einer Woche nach Empfang der Mitteilung[2]) (§ 14 Abs. 1) beantragen, daß der Wert des Betriebsvermögens, soweit er die Grundlage für die getroffene Feststellung bildet, durch eine besondere Spruchkammer nachgeprüft wird.[3]) Die Spruchkammer wird durch die Reichsregierung berufen, sie besteht aus einem Mitglied des Reichsfinanzhofes als Vorsitzenden, einem Mitglied des Reichswirtschaftsgerichts und einem Vertreter der belasteten Unternehmer; sie regelt das Verfahren selbst. Mit der Entscheidung kann auch ein Senat des Reichsfinanzhofs betraut werden, dessen Zusammensetzung von der Reichsregierung bestimmt wird.[3])

(2) Die Entscheidung der Spruchkammer ist für die Verpflichtung zur Ausstellung der im § 14 Abs. 2 bezeichneten Einzelobligationen[4]) endgültig; sie bindet die Finanzbehörden für die Beurteilung der Vermögenssteuerpflicht nicht.[5])

(3) Bestreitet der Unternehmer seine Verpflichtung zur Ausstellung veräußerlicher Einzelobligationen nur der Höhe nach,[6]) so hat er die Obligationen gemäß § 14 Abs. 2 zum unstreitigen Betrag auszustellen; für den streitigen Betrag tritt die Verpflichtung zur Ausstellung erst nach Erlaß und nach Maßgabe der Entscheidung der Spruchkammer ein.

(4) Ist die Entscheidung bis zum Ablauf von drei Monaten nach Empfang der in § 14 Abs. 1 vorgesehenen Mitteilung nicht ergangen, so sind ohne Rücksicht auf

das schwebende Verfahren die Einzelobligationen auch über den streitigen Betrag auszustellen.[7])

1. Über den Grundgedanken dieser Vorschrift vergleiche amtliche Begründung zu §§ 9 bis 22.

2. Bei der Bedeutung, die die Mitteilung für die Wahrnehmung einer Frist hat, wird die Mitteilung zugestellt werden müssen.

c) Der Antrag auf **Nachprüfung** kann nach dem Wortlaut der Vorschrift ganz allgemein gestellt werden, also auch dann, wenn der Pflichtige keine Rechtsmittel gegen seine Vermögensveranlagung eingelegt hat oder sein Einspruch im Rechtsmittelverfahren endgültig zurückgewiesen ist.

b) Der Antrag wird sich vornehmlich in Fällen, in denen die **Vermögenssteuerveranlagung** nicht angefochten ist, darauf richten, daß unter dem deklarierten Betriebsvermögen sich Vermögen befindet, das nicht als Betriebsvermögen anzusehen ist.

3. a) Da über einen **Termin**, für den der Wert des Betriebsvermögens nachgeprüft werden soll, nicht gesagt ist, ergibt sich, daß auch bei diesem Rechtsmittelverfahren der Wert des Betriebsvermögens am 31. Dezember 1923 wie für die Vermögensveranlagung für 1924 maßgebend ist.

4. Nur für die Frage der **Verpflichtung zur Ausstellung veräußerlicher Obligationen** ist das Rechtsmittel zulässig. Auch wenn das Rechtsmittel Erfolg hat, wird die Gesamtlast nicht verändert. Dies folgt aus § 16, der ausdrücklich sagt, daß die Obligationen, bei denen auf Grund der Ermäßigung nach § 15 der Veräußerungsvermerk gestrichen wird, den nichtveräußerlichen Einzelobligationen gleichstehen. Auch würde eine andere Regelung dem Gedanken widersprechen, daß die Last der 5 Milliarden im ganzen nicht verringert werden darf.

5. Es können also in der gleichen Sache zwei verschiedene Urteile ergehen.

6. Der Antragsteller wird meist so verfahren, daß er zunächst die Höhe des **Betriebsvermögens** bestreitet, und daß er für den

Fall, daß bei anderweitiger Festsetzung sein Betriebsvermögen nicht mehr unter die 1,5 Milliarden fiele, er seine Pflicht zur Ausstellung veräußerlicher Obligationen überhaupt bestreitet.

Da nur der Antrag auf andere **Festsetzung des Wertes des Betriebsvermögens** innerhalb einer Woche gestellt werden muß, so kann m. E. der ursprüngliche Antrag auf Herabsetzung der Höhe auch später erweitert werden auf Bestreitung der Ausstellungspflicht überhaupt. Die etwa schon ausgestellten veräußerlichen Obligationen sind dann gemäß § 16 zu behandeln.

7. Dieser Absatz soll nur verhindern, daß nicht zum Nachteil der Ausstellung von veräußerlichen Obligationen das Verfahren in die Länge gezogen wird.

8. Gemäß § 18 D.B. ist für die Nachprüfung ein Senat des Reichsfinanzhofs zuständig, den der Reichsfinanzminister noch bestimmen wird. Das Rechtsmittel ist bei dem Senat einzulegen. Die Einlegung beim Finanzamt oder bei der Bank für deutsche Industrieobligationen genügt.

§ 16.

Die Rechtsfolgen einer Ermäßigung des Betriebsvermögens bei veräußerlichen Einzelobligationen.

(1) Ist auf Grund der Nachprüfung durch die Spruchkammer (§ 15) die Pflicht eines Unternehmers zur Ausstellung von veräußerlichen Einzelobligationen niedriger festgesetzt worden als auf den Nennbetrag der dem Treuhänder bereits ausgehändigten Einzelobligationen, so ist bei den über die Verpflichtung hinaus ausgestellten Obligationen der Veräußerungsvermerk von der Bank und dem Treuhänder zu streichen.[1]) Die Obligationen sind alsdann auf den Namen der Bank zu stellen und in den gemeinsamen Gewahrsam der Bank und des Treuhänders zu überführen. Sie

stehen von der Streichung des Veräußerungsvermerks ab den nicht veräußerlichen Einzelobligationen gleich.[2])

(2) Für den infolge der Herabsetzung der Pflicht einzelner Unternehmer zur Ausgabe veräußerlicher Einzelobligationen zur Gesamtzahl von 750 Millionen fehlenden Betrag kann[3]) der Treuhänder die Aushändigung veräußerlicher Einzelobligationen derjenigen Unternehmer verlangen, die nach der Größe ihrer veranlagten Betriebsvermögen auf die bis dahin zur Ausgabe veräußerlicher Einzelobligationen herangezogenen Unternehmer folgen. Die §§ 14, 15 finden entsprechende Anwendung.[4])

1. Dieser Fall ist nur gegeben, wenn sich das Verfahren über drei Monate nach der Mitteilung hingezogen hat (vergl. § 15 Abs. 4), und wenn ein Antrag, der ursprünglich nur die Höhe der auszustellenden veräußerlichen Obligationen bemängelt, später erweitert wird, vergl. § 15 Anm. 6.

2. Für diese **nichtveräußerlichen Einzelobligationen** sind Industriebonds analog der Vorschrift des § 18 Abs. 2 auszugeben.

3. Der **Treuhänder** ist danach nicht verpflichtet, ein derartiges Verlangen zu stellen. Ein derartiges Verlangen liegt auch nicht unbedingt in seinem Interesse, solange die ihm zur Verfügung gestellten 750 Millionen nicht unter die 500 Millionen sinken, die zu veräußern er nur berechtigt ist.

4. a) Die Frage, ob **veräußerliche Obligationen** auszustellen sind, kann danach für bestimmte Unternehmer sich monatelang hinziehen. Es kann auch vorkommen, daß ein Unternehmer, der auf Grund seines Antrages von der Pflicht, veräußerliche Obligationen auszustellen, freigesprochen ist, dadurch wieder in die Reihe der Verpflichteten hineinkommt, daß einer seiner Vordermänner im Spruchverfahren ein geringeres Betriebsvermögen festgestellt erhält als er.

b) Vergl. § 21 Anm. 1.

§ 17.

Veräußerung der veräußerlichen Einzelobligationen.

(1) Der Treuhänder kann die veräußerlichen Einzelobligationen nach Ablauf der den belasteten Unternehmern gemäß § 60 für die Ausübung des Rückkaufs zustehenden Frist veräußern.[1])

(2) Bevor er zur Veräußerung schreitet, hat er den Unternehmern, deren Obligationen er zu veräußern beabsichtigt, von seiner Absicht mit der Angabe von Zahl und Nennwert der Stücke Mitteilung zu machen und ihnen während einer Frist von einem Monat Gelegenheit zum Rückkauf zu geben.[2]) Die Unternehmer können innerhalb dieser Frist die Überlassung dieser Obligationen verlangen.[3]) In keinem Falle darf von dem Unternehmer mehr als der Nennwert gefordert werden.

(3) Von der erfolgten Veräußerung hat er der Bank Kenntnis zu geben; die Bank vernichtet alsdann in gleichem Nennbetrag die bei ihr verbliebenen Industriebonds.[4])

1. a) § 60 Abs. 2 gibt eine Frist von sechs Monaten.

b) Die **Veräußerung** ist aber nach der anderen Seite **an keine Frist** gebunden. Da gemäß § 18 der Treuhänder erst zur Rückgabe der noch in seinem Besitz befindlichen Einzelobligationen an die Bank gezwungen ist, wenn er für 500 Millionen Goldmark Nennwert Einzelobligationen veräußert hat, so kann er selbst bei der Veräußerung von 490 Millionen Goldmark noch 260 Millionen veräußerliche Einzelobligationen (490 + 260 = 750) behalten.

2. Die **zweite Frist** beginnt erst nach Ablauf der ersten. Der Wortlaut des Abs. 2 könnte auch zu einer anderen Auffassung führen. Die erste Auffassung, die auch mehr dem Sinne entspricht, wird aber außerdem gestützt durch den Bericht des Organisationskomitees in dem Absatz „Veräußerliche Einzelobligationen". Nachdem im Abs. 1 von der in § 60 kodifizierten Frist von sechs Monaten gesprochen ist, lautet der Abs. 2 folgendermaßen: „Nach Ablauf dieser Frist hat er (der Treuhänder), bevor er zur Veräußerung dieser Einzelobligationen schreitet, das betreffende Unternehmen von dieser seiner Absicht in Kenntnis zu setzen und ihm zur Aussicht des Rückkaufs eine Frist von einem Monat zu lassen."

3. Über die Folgen der Überlassung dieser Obligationen siehe § 62.

4. Nach § 32 hat die Bank 750 Millionen Industriebonds zur Verfügung, die den dem Treuhänder übergebenen 750 Millionen veräußerlicher Obligationen entsprechen. Da die Gesamtsumme aber nicht über 5 Milliarden betragen darf, so müssen nach Klärung der Frage der Veräußerung für die veräußerten Obligationen Industriebonds vernichtet werden.

§ 18.

Rückgabe von veräußerlichen Obligationen an die Bank.

(1) Sobald der Treuhänder 500 Millionen Goldmark Einzelobligationen veräußert hat, hat er die noch in seinem Besitz befindlichen veräußerlichen Einzelobligationen der Bank zurückzugeben. Er kann bereits vorher Einzelobligationen, auf deren Veräußerung er verzichtet, der Bank aushändigen. Die Vorschriften des § 16 finden entsprechende Anwendung.[1])

(2) Für den zurückgegebenen Betrag hat die Bank dem Treuhänder Industriebonds auszuhändigen.[2])

1. Die **Verweisung auf § 16** ist nicht genau. Es kann nur § 16 Abs. 1 gemeint sein, da es ausgeschlossen ist, daß auch in einem solchen Falle analog dem Abs. 2 des § 16 der Treuhänder das Recht hat, andere Einzelobligationen zur Veräußerung zu verlangen. Dies würde der klaren Vorschrift des § 13 widersprechen, nach der der Treuhänder nur befugt ist, die Einzelobligationen zur Veräußerung von denen zu verlangen, die für

die Vermögenssteuer des Jahres 1924 mit dem größten Betriebsvermögen veranlagt sind und deren Belastung zusammen den Betrag von 1,5 Milliarden Goldmark erreicht.

2. Die Aushändigung der **Industriebonds** erfolgt aus dem bei der Bank noch zurückgehaltenen Betrage von 750 Millionen (§ 32).

§ 19.

Veränderungen infolge von Neuumlegungen.

(1) Soweit sich bei der Neuumlegung Veränderungen in der Höhe der Belastung ergeben, sind die gemäß § 11 übergebenen Einzelobligationen von der Bank im Einverständnis mit dem Unternehmer entsprechend zu berichtigen oder, wenn sich der Unternehmer mit der Berichtigung durch die Bank nicht einverstanden erklärt, durch neue zu ersetzen.[1])

(2) Eine Berichtigung der veräußerlichen Einzelobligationen findet nicht statt.[2]) Veränderungen im Betriebsvermögen der mit solchen Obligationen belasteten Unternehmer ist durch Berichtigung der von ihnen der Bank übergebenen nicht veräußerlichen Einzelobligationen Rechnung zu tragen. Hat sich das Betriebsvermögen so stark vermindert, daß eine ausreichende Berücksichtigung durch Berichtigung der nicht veräußerlichen Einzelobligationen nicht möglich ist, so hat die Bank für denjenigen Betrag, um den die Gesamtlast eines Unternehmers hinter den von ihm übergebenen Obligationen zurückbleibt, einen Ausgleich zu schaffen; sie kann zu diesem Zwecke ihm Industriebonds zur Verfügung stellen.[3])

1. a) Der Ersatz durch **neue Obligationen** ist nach § 20 erzwingbar, auch kann die Ersatzausstellung gemäß § 21 vorgenommen werden.

b) Vergl. § 21 Anm. 1.

2. Unter den **veräußerlichen Einzelobligationen** sind nur die zu verstehen, die der Treuhänder bereits veräußert hat oder über die er noch verfügen kann, dagegen nicht die, die er nach § 16 oder § 18 zurückgegeben hat. In § 16 ist ausdrücklich gesagt, daß die zurückgegebenen den nichtveräußerlichen Einzelobligationen gleichstehen. Für § 18 muß dies analog angenommen werden.

3. Die Zahlung der Zinsen und Tilgungsraten für die **veräußerlichen Einzelobligationen** würde dann zweckmäßig durch Verrechnung auf die Zinsen und Tilgungsraten der Industriebonds erfolgen. Ein Recht auf Aufrechnung hat der Pflichtige aber nicht, da seine Zins- und Tilgungspflicht eine öffentliche Last ist. Sein Einspruch gegen die Bank ist nur privatrechtlicher Natur.

§ 20.

Strafbestimmungen.

Die Ausstellung der Einzelobligationen und ihr Umtausch (§ 11 Abs. 2, § 14 Abs. 2, § 19) können durch Geldstrafe nach Maßgabe des § 202 der Reichsabgabenordnung vom 13. Dezember 1919 (Reichsgesetzbl. S. 1993) erzwungen werden. Die Höhe der einzelnen Geldstrafe ist unbeschränkt. Die Dauer der Haft, die an die Stelle der Geldstrafe treten soll, kann bis auf 6 Wochen festgesetzt werden.[1])

1. Der § 202 der RAbgO. lautet:

„Die einzelne Geldstrafe darf 5000 Goldmark nicht übersteigen. Wird die Strafe gegen natürliche Personen festgesetzt, so ist zugleich die Dauer der Haft festzusetzen, die für den Fall des Unvermögens an die Stelle der Geldstrafe treten soll. Die Haft darf vier Wochen nicht übersteigen. Bei der Umwandlung der Geldstrafe ist ein Betrag von 10 bis 50 ℳ einer eintägigen Haftstrafe gleichzuachten. Sind mehrere Strafen nebeneinander zu vollstrecken, so hat das Finanzamt, das die höchste Haftstrafe festgesetzt hat, die Strafen in eine Gesamtstrafe zusammenzuziehen; diese besteht in einer Erhöhung der verwirkten höchsten Strafen und darf drei Monate nicht übersteigen. Auf Ersuchen des Finanzamtes hat die zur Vollstreckung gerichtlich erkannter Haftstrafen zuständige Behörde die Haftstrafe zu vollstrecken. Nachdem der Anspruch auf die Geldstrafe verjährt ist, darf die Haft nicht mehr vollstreckt werden.

Die Kosten der Ausführung durch Dritte und des unmittelbaren Zwanges können im voraus in einem vorläufig zu veranschlagenden Betrage zwangsweise eingezogen werden.

Unmittelbarer Zwang darf nur angewandt werden, wenn die Anordnung sonst nicht durchführbar ist oder Gefahr im Verzuge liegt.

Gegen öffentliche Behörden sind Zwangsmittel nicht zulässig.

Bevor ein Zwangsmittel festgesetzt wird, muß der Pflichtige unter Androhung des Zwangsmittels mit Setzung einer angemessenen Frist zur Vornahme der von ihm geforderten Handlung aufgefordert werden. Die Aufforderung und die Androhung müssen schriftlich geschehen, außer wenn Gefahr im Verzuge liegt.

Wer meint, zur Erfüllung der Aufforderung nicht verpflichtet zu sein, hat dies dem Finanzamt rechtzeitig unter Darlegung der Gründe mitzuteilen."

Die in § 202 vorgesehenen Strafen sind hiernach weiter verschärft, da die Höhe der einzelnen Geldstrafen unbeschränkt ist und die Höchsthaft statt auf vier Wochen auf sechs Wochen festgesetzt werden kann.

§ 21.

Ersatzausstellung von Einzelobligationen.

Kommt ein Unternehmer der Verpflichtung zur Ausstellung der Einzelobligationen nicht oder nicht rechtzeitig nach,[1]) so hat der Leiter des zuständigen Finanzamts die betreffende Urkunde mit Wirkung für den Unternehmer auszustellen.

1. Hierzu sagt der § 15 D.B.:

„Auf die Ausstellung der Einzelobligationen im Falle des § 21 des Industriebelastungsgesetzes und auf den Umtausch der Einzelobligationen gemäß § 11 Abs. 3, § 12, § 14 Abs. 2, § 16 Abs. 2, § 19 des Industriebelastungsgesetzes finden die für die Ausstellung der Einzelobligationen durch den Unternehmer geltenden Vorschriften sinngemäße Anwendung. Die Vorschriften des § 71 Abs. 2 des Industriebelastungsgesetzes bleiben unberührt."

§ 22.

Verzinsung und Tilgung der Einzelobligationen.

(1) Die Zins- und Tilgungsbeträge für alle Einzelobligationen sind von den belasteten Unternehmern an die Bank und, soweit die Einzelobligationen veräußerlich sind, von der Bank auf das Konto des Agenten für die Reparationszahlungen bei der Reichsbank für Rechnung des Treuhänders zu entrichten. Nähere Bestimmungen über Zahlstellen und Zahlungstermine werden von der Bank im Einvernehmen mit dem Treuhänder bekanntgegeben.[1])

(2) Durch die Zahlung an die Bank wird der Unternehmer, durch die Zahlung auf das Konto des Agenten für die Reparationszahlungen für Rechnung des Treuhänders wird die Bank dem Gläubiger gegenüber befreit.[2])

1. Die Bestimmungen sind noch nicht ergangen.

2. **Rückständige Beträge** der Bank können also nicht bei den Unternehmern durch den Treuhänder, selbst wenn es sich um veräußerliche Obligationen handelt, geltend gemacht werden, falls die Unternehmer ihrer Pflicht gegenüber der Bank genügt haben. § 46 kann also in einem solchen Falle nicht angewandt werden.

II. Die Bank für deutsche Industrie-Obligationen.

1. Firma und Gegenstand des Unternehmens.

§ 23.

Die Gründung der Bank.

(1) Innerhalb eines Monats nach Inkrafttreten dieses Gesetzes wird unter Beteiligung deutscher Banken eine Aktiengesellschaft gegründet, die den Namen „Bank für deutsche Industrie-Obligationen" erhält.

(2) Das Grundkapital der Gesellschaft beträgt 10 Millionen Goldmark. Der Sitz der Gesellschaft ist Berlin.

(3) Die Gesellschaft wird auf Ersuchen der Reichsregierung in das Handelsregister eingetragen; das Ersuchen ersetzt die in § 195 Abs. 1 bis 3 des Handelsgesetzbuchs vorgesehenen Erklärungen und Nachweise.

(4) Auf die Gesellschaft finden die Vorschriften des Handelsgesetzbuches Anwendung, soweit sich nicht aus den Bestimmungen dieses Gesetzes oder der Satzung etwas Abweichendes ergibt.

1. Die **Begründung** für die Schaffung der Bank enthält der Bericht des Organisationskomitees in dem Abschnitt „Bank für deutsche Industrie-Obligationen".

2. Über die Organisation der Bank vergleiche neben den folgenden Paragraphen die Satzung Seite 48.

3. Das Grundkapital wird jedoch zunächst gemäß § 3 der Satzung nur mit 25 v. H. des Nennbetrages eingezahlt. Weitere Einzahlungen sind erst nach Beschluß des Aufsichtsrats zu leisten.

4. a) Handelsgesetzbuch §§ 172 ff. Die wichtigste Änderung ist das der **Generalversammlung** genommene Wahlrecht des Aufsichtsrats, vergl. § 27.

b) Die Ausdrucksweise des Absatzes 4 spricht dagegen, daß auch durch die Rechtsverordnungen, die auf Grund des § 71 zur Durchführung des Gesetzes erlassen werden können, ebenfalls Abweichungen gegenüber den Vorschriften des Handelsgesetzbuches bestimmen können. Da die Satzung aber gemäß § 31 später geändert werden kann, so ist es auch auf diesem Wege möglich, noch weitere Vorschriften des Handelsgesetzbuchs außer Kraft zu setzen. Immerhin ist dieser Weg erheblich schwieriger.

§ 24.

Gegenstand des Unternehmens.

(1) Gegenstand des Unternehmens ist die Ausgabe der in § 32 bezeichneten Industriebonds, die Regelung des Zins- und Tilgungsdienstes für diese Industriebonds, die Entgegennahme, Verwahrung und Verwaltung der als Sicherheiten dienenden Einzelobligationen[1]) der Unternehmer sowie alle hiermit zusammenhängenden und dadurch veranlaßten Geschäfte.[2])

(2) Die Bank kann auch diejenigen Summen und Einzelobligationen entgegennehmen und verwalten, die zum Ausgleich der in diesem Gesetz vorgesehenen Belastung anderen Zweigen der deutschen Wirtschaft auferlegt werden.[3])

(3) Die Bank ist auch befugt, für die in § 19 Abs. 2 und in § 48 Abs. 4 vorgesehenen Zwecke weitere Industriebonds bis zur Höhe von 200 Millionen Goldmark auf Grund besonderer Deckung auszugeben.[4])

(4) Dadurch, daß zum Ausgleich auch anderen Zweigen der deutschen Wirtschaft Lasten auferlegt werden (Abs. 2), wird die den Unternehmern nach diesem Gesetz obliegende Haftung nicht berührt. Soweit die Bank gemäß Abs. 2 Beträge von anderen Zweigen der deutschen Wirtschaft erhält, ist sie befugt,

von der Einhebung der ihr nach § 22 geschuldeten einzelnen Jahresleistungen Abstand zu nehmen.[5])

1. Über die **Einzelobligationen** vergl. § 9. Die veräußerlichen Einzelobligationen fallen erst soweit hierunter, als sie auch als Sicherheiten für die Industriebonds nach Rückgabe durch den Treuhänder gemäß § 18 dienen.

2. Der außerordentlich große Umfang der **Verwaltungstätigkeit der Bank** ergibt sich bereits aus dem Gesetz selbst. In folgenden Paragraphen des Gesetzes hat die Bank Aufgaben übertragen erhalten: §§ 1, 7, 8, 9, 17 bis 19, 32, 34 bis 36, 39, 41, 43, 44, 47, 49, 54, 55, 57, 61, 63, 64, 69. Außerdem hat sie zugleich mit dem Treuhänder und gegebenenfalls auch mit der Reichsregierung noch in den Fällen folgender Paragraphen zu wirken: §§ 4, 11, 13, 14, 33, 42, 46, 48, 53, 68, 70, 71.

3. Hiernach dehnt sich die **Tätigkeit der Bank** auch auf das Aufbringungsgesetz aus. Die nach diesem Gesetz tatsächlich zu bezahlenden Beträge werden ihr wahrscheinlich nicht unmittelbar, sondern durch Vermittlung der Finanzbehörden zugehen, um ihr ihre Aufgabe nicht zu erschweren.

4. Zu anderen Zwecken dürfen also die über die 5 Milliarden hinaus ausgegebenen **Industriebonds** nicht verwandt werden.

5. Die Tatsache, daß durch das **Aufbringungsgesetz** die Lasten anderweitig aufgebracht werden als nach den Vorschriften des vorliegenden Gesetzes, befreit die Unternehmer demnach von ihrer Haftung noch nicht. Erst dadurch, daß die Beträge, die die Unternehmer nach dem vorliegenden Gesetz zu zahlen haben, bei der Bank eingegangen sind, können sie aus ihrer Haftung entlassen werden. Nachdem ein nach dem vorliegenden Gesetz lastpflichtiger Unternehmer seinen auf ihn nach dem Aufbringungsgesetz entfallenden Lastenteil gezahlt hat, haftet er für den noch nicht gezahlten Unterschied zwischen seiner Aufbringungslast und der ihm nach dem vorliegenden Gesetz obliegenden Last, bis sämtliche Beträge, also jährlich 300 Millionen, bei der Bank eingegangen sind. Die Haftentlastung für ein laufendes Jahr wird demnach von der Bank meist erst sehr viel später nach Zahlung sämtlicher

Rückstände aus dem Aufbringungsgesetz ausgesprochen werden können. Erleichtert wird diese Haftung durch die Bestimmung des § 10 des Aufbringungsgesetzes, wonach Zuschläge von 10 v. H. über die geschuldeten Beträge zunächst erhoben werden, die die Möglichkeit bieten, unvermeidliche Verluste bei der Erhebung der Aufbringungslast fast bis zur Höhe von 10 v. H. zu decken.

2. Die Organe der Gesellschaft.

§ 25.

Gesellschaftsorgane.

Organe der Gesellschaft sind der Vorstand, der Aufsichtsrat und die Generalversammlung.[1])

1. Vergleiche hierzu den Bericht des Organisationskomitees über die **„Organisation der Bank"** und die amtliche Begründung zu §§ 23 bis 31 und die Satzung der Bank.

§ 26.

Vorstand.

(1) Der Vorstand besteht aus einem oder mehreren Direktoren, die Deutsche sein müssen und dem Aufsichtsrat nicht angehören dürfen.

(2) Der Vorstand führt die Geschäfte der Gesellschaft unter der Aufsicht und nach den Weisungen des Aufsichtsrats.

(3) Die Mitglieder des Vorstandes werden erstmalig von der Reichsregierung für die Dauer von drei Monaten bestellt, später vom Aufsichtsrat mit einer Mehrheit von ¾ der abgegebenen Stimmen ernannt.

§ 27.

Aufsichtsrat.

(1) Der Aufsichtsrat besteht einschließlich des Präsidenten aus 15 Mitgliedern, von denen 4 von den

nichtdeutschen Mitgliedern des Generalrats der Reichsbank, 3 von der Reparationskommission und 7 von der Reichsregierung, und zwar 3 als Vertreter der Reichsregierung und 4 aus den Kreisen der belasteten Unternehmer und der Aktionäre, ernannt werden.

(2) An der Spitze des Aufsichtsrats steht der Präsident, der ein Deutscher sein muß und der jährlich zu Beginn des Geschäftsjahres vom Aufsichtsrat mit mindestens 10 Stimmen gewählt wird. Wiederwahl ist zulässig.[1])

(3) Die Mitglieder des Aufsichtsrats werden auf drei Jahre ernannt; am Ende des ersten und des zweiten Geschäftsjahres scheiden je fünf durch das Los zu bestimmende Mitglieder aus; Wiederernennung ist zulässig. Auf die Ernennung der an Stelle der ausscheidenden neu zu ernennenden Mitglieder finden die Vorschriften des Abs. 1 Anwendung.

1. a) Die erste Amtshandlung der nach Abs. 1 bestellten **Aufsichtsratsmitglieder** ist demnach die Wahl des Präsidenten. Wird ein Mitglied des Aufsichtsrats als Präsident gewählt, was durchaus möglich ist, so würde ein neuer Vertreter ernannt werden müssen.

b) Keine Bestimmung ist getroffen worden für den Fall, daß zehn Mitglieder nicht ihre Stimme auf den gleichen vereinen.

c) Nur der **Präsident** selbst muß ein Deutscher sein, seine Vertretung kann auch ein Ausländer haben.

2. Über die **Generalversammlung** ist im Gesetz selbst nichts enthalten, außer daß sie nach § 31 bei den Änderungen der Satzungen mitzuwirken hat. Den Aufsichtsrat hat er im Gegensatz zu der Befugnis nach dem Handelsgesetzbuch auf Grund der vorliegenden Vorschrift nicht zu wählen. Seine Tätigkeit ist im übrigen durch § 10 der Satzung geregelt.

3. Verwaltungskosten.

§ 28.

Kostentragung.

(1) Die Kosten der Ausstellung der Einzelobligationen und der Industriebonds sowie ihrer Aushändigung an den Treuhänder deckt die Bank. Alle Kosten, die nach der Aushändigung dieser Papiere an den Treuhänder entstehen, wie die Kosten der Schaffung von Titeln anderer Art oder die Kosten der Teilung von Titeln, gehen zu Lasten des Treuhänders[1]) mit Ausnahme der in § 14 Abs. 2 vorgesehenen Teilung der veräußerlichen Einzelobligationen, deren Kosten die Bank trägt.

(2) Die anderen durch die Geschäftsführung der Bank entstehenden Kosten werden zu zwei Dritteln von der Bank und zu einem Drittel von dem Treuhänder getragen.[2])

1. Nach § 56 werden aber die Kosten des **Treuhänders** aus den jährlichen Gesamtleistungen des Reichs bestritten.

2. Vergleiche hierzu die Ausführungen des Berichts des Organisationskomitees über „**Die Organisation der Bank**".

4. Liquidation.

§ 29.

Liquidation.

Die Gesellschaft tritt nach Tilgung sämtlicher Industriebonds in Liquidation; das nach Berichtigung aller Schulden und nach Rückzahlung des Aktienkapitals verbleibende Vermögen fällt dem Reich zu.[1])

Da nach § 35 die Bank die **Industriebonds** stärker, als gesetzlich vorgeschrieben ist, tilgen kann und die stärkere Tilgung der veräußerlichen Einzelobligationen nach § 13 in das Belieben des Unternehmers gestellt ist, spricht die Wahrscheinlichkeit dafür, daß die Bank eher zu liquidieren ist, als die veräußerlichen beim Treuhänder sich befindenden Einzelobligationen oder die bereits veräußerten getilgt sind. Da die Bank auch für deren Zins- und Tilgungsdienst die Vermittlungsstelle bilden muß, ist für diesen Fall eine besondere Regelung notwendig.

5. Satzung.

§ 30.

Inhalt der Satzung.

Die näheren Bestimmungen über die Form und Ausgabe der Aktien,[1]) über die Verfassung der Gesellschaft und über die Form, in der Erklärungen und Bekanntmachungen der Gesellschaft erfolgen, trifft die Satzung.[2])[3])

1. Die Form der **Aktien** ist gemäß § 3 der Satzung nebst ihrem Inhalt dem Aufsichtsrat übertragen. Die Art der Ausgabe der Aktien ist in dem gleichen Paragraphen geregelt.

2. Mit Ausnahme der Bestimmung über die **Generalversammlung** enthält die Satzung über die Verfassung der Gesellschaft nur eine Wiederholung des Gesetzes.

3. Die Bekanntmachungen der Gesellschaft erfolgen im **Deutschen Reichsanzeiger.**

§ 31.

Satzungsänderungen.

Änderungen der Satzung können, soweit sie nicht lediglich Bestimmungen dieses Gesetzes wiedergibt, nur auf Vorschlag des Aufsichtsrates[1]) durch Beschluß der Generalversammlung mit Zustimmung des Treuhänders und mit Genehmigung der Reichsregierung vorgenommen werden.

1. Der **Aufsichtsrat** muß also hiernach zu einer Satzungsänderung die Initiative ergreifen. Drei Instanzen — die Generalversammlung, der Treuhänder und die Reichsregierung — müssen alsdann ihre Zustimmung geben.

III. Industriebonds.[1])

§ 32.

Inhalt und Ausgabe der Industriebonds.

(1) Die Bank stellt auf Grund der ihr übergebenen Einzelobligationen und der zu ihrer Sicherung begründeten öffentlichen Lasten Industriebonds im Gesamtbetrage von 5 Milliarden Goldmark aus und übergibt davon Stücke im Gesamtbetrage von 4¼ Milliarden Goldmark zu dem von der Reichsregierung bestimmten Zeitpunkt dem Treuhänder.[2])

(2) Die Industriebonds lauten auf den Inhaber;[3]) sie sind seitens der Gläubiger unkündbar und für die Bank nach Maßgabe des § 35 rückzahlbar. Sie werden in zwei Serien[4]) von je 2½ Milliarden Goldmark geteilt, von denen die eine vom ersten Jahre des Zinsenlaufs ab mit 5 v. H. zu verzinsen und vom dritten Jahre ab mit 5 v. H. zu verzinsen und mit 1 v. H. zuzüglich der ersparten Zinsen zu tilgen ist, während die andere Serie im ersten Jahre des Zinsenlaufs unverzinslich, vom zweiten Jahre ab mit 5 v. H. zu verzinsen und vom dritten Jahre ab mit 5 v. H. zu verzinsen und mit 1 v. H. zuzüglich der ersparten Zinsen zu tilgen ist.[5])

1. Vergl. zu diesem Abschnitt die amtliche Begründung zu §§ 32 bis 36 und den Bericht des Organisationskomitees über Industriebonds.

2. a) **750 Milliarden** muß die Bank zunächst behalten als Gegenwert für die dem Treuhänder zur Verfügung gestellten veräußerlichen Obligationen (vergl. § 13).

b) Außerdem kann die Bank noch gemäß § 24 bis zu **200 Millionen** besondere Industriebonds ausgeben, über die sie allein zu verfügen hat.

3. Die Industriebonds sind also Inhaberpapiere. Einerseits können die Rechte aus diesen Papieren nur durch Vorlegung des Wertpapiers ausgeübt werden und andererseits genügt die Vorlage als Beweis der Berechtigung.

4. Über den Grund der Serienausgabe vergleiche Bericht des Organisationskomitees über Industriebonds Abs. 2.

5. Da nach § 10 Abs. 4 die Zinszahlung für die Einzelobligationen erst mit dem zweiten Jahre beginnt, ist **unter dem ersten Jahre des Zinsenlaufs** das zweite, unter dem zweiten Jahre das dritte und unter dem dritten Jahre das vierte Jahr nach Ausgabe der Einzelobligationen und Industriebonds zu verstehen.

§ 33.

Bonds in ausländischer Währung.

(1) Der Treuhänder kann unter Zustimmung der Reichsregierung mit der Bank vereinbaren, daß gegen Rückgabe von Industriebonds auf Grund der in § 32 Abs. 1 bezeichneten Deckung Bonds in ausländischer Währung ausgestellt werden.[1]) Die Gesamtschuld der Bank von 5 Milliarden Goldmark und 300 Millionen Goldmark Jahresleistungen darf dadurch nicht erhöht werden.[2])

(2) Den auf ausländische Währung gestellten Bonds können verschieden geartete Vorrechte und besondere Sicherungen eingeräumt werden.[3]) Diese Vorrechte und Sicherungen dürfen jedoch in keiner Weise die

Rechte und Interessen der Inhaber bereits veräußerter Industriebonds oder Einzelobligationen beeinträchtigen.[4])

(3) Die Bank und der Treuhänder stellen gemeinschaftlich Form und Inhalt dieser Bonds fest.

(4) Auf die Bonds finden, soweit in diesem Gesetz nichts Abweichendes bestimmt ist, die für die Industriebonds geltenden Vorschriften Anwendung.

1. a) Über die Begründung dieser Maßregel vergleiche den Bericht des Organisationskomitees über die Industriebonds letzter Absatz.

b) Nur **Industriebonds — veräußerliche Obligationen** dagegen nicht — dürfen auf ausländische Valuta ausgestellt werden. Im anderen Falle hätte § 14, der in Abs. 2 den Umtausch der veräußerlichen Einzelobligationen in Inhaberpapiere regelt, dieses ausdrücklich vermerkt.

2. **Der Inhalt dieser Bestimmung** erscheint nur auf den ersten Blick als selbstverständlich und die Bestimmung daher als überflüssig. Sie besagt, daß in den auf ausländische Valuta ausgestellten Bonds die ausländische Valuta in eine feste Relation zur Goldmark, wie sie in § 10 festgelegt ist, gesetzt werden muß. Im anderen Falle würde bei einer Steigerung einer heutigen ausländischen Valuta gegenüber der Goldmark tatsächlich eine Mehrbelastung eintreten.

3. a) Diese **Vorrechte und Sicherungen** dürfen aber auch, abgesehen von der Bestimmung des nächsten Satzes in dem vorliegenden Paragraphen, nicht die Bestimmung des § 36 Abs. 2 verletzen, denn wie Abs. 4 des vorliegenden Paragraphen sagt, finden auch auf diese Bonds die Vorschriften für die Industriebonds Anwendung, und nach § 36 Abs. 2 haben hinsichtlich der für die weiteren Industriebonds bestimmten besonderen Deckung die weiteren Industriebonds, die gemäß § 24 Abs. 3 ausgegeben sind, den Vorrang vor allen übrigen Ansprüchen, also auch den

Ansprüchen aus den Industriebonds einschließlich der Bonds auf ausländische Währung, selbst wenn also diese weiteren Industriebonds erst später ausgegeben werden.

b) Hiernach können die **Industriebonds** in deutscher Währung verschiedenartige Vorrechte und Sicherungen besitzen.

4. Daher werden im Falle der Ausgabe von **ausländischen Bonds die Industriebonds** in weitere Serien eingeteilt werden müssen, je nachdem sie vor oder nach der Ausstellung der ausländischen Bonds veräußert sind. Die Möglichkeit ist gegeben, daß die Kursbildung dieser Serien voneinander infolge der etwa abweichenden Sicherheit sich gestaltet.

§ 34.

Einzahlung der Zins- und Tilgungsbeträge.

(1) Die Zins- und Tilgungsbeträge der Industriebonds werden von der Bank für Rechnung des Treuhänders auf das Konto des Agenten für die Reparationszahlungen bei der Reichsbank eingezahlt.[1])

(2) Durch die Einzahlung der Zins- und Tilgungsbeträge auf das Konto des Agenten für die Reparationszahlungen wird die Bank den Inhabern der Industriebonds und der Zinsscheine gegenüber befreit.[2])

1. Der **weitere Zins- und Tilgungsdienst** für die Industriebonds liegt gemäß § 54 Abs. 1 dem Treuhänder ob, der also für die Zahlung dieser Beträge an die Käufer oder die Übernehmer der Industriebonds zu sorgen hat.

2. a) Da die Bank nur durch die Einzahlung der Zins- und Tilgungsbeträge von ihrer Verpflichtung befreit wird, so muß die Bank auch in dem Falle, daß ihr gemäß § 54 Abs. 2 die Besorgung des Zins- und Tilgungsdienstes an die Gläubiger übertragen wird, zunächst diese Überweisung auf das angegebene Konto vornehmen.

b) Für die Befreiung der Bank hinsichtlich der Zahlungen für die veräußerten Obligationen, für die keine Industriebonds ausgegeben sind, ist der § 22 maßgebend.

§ 35.[1])

Tilgung der Industriebonds.

(1) Die Tilgung der Industriebonds erfolgt im Wege der Auslosung mit den aus den Jahresleistungen angesammelten Tilgungsbeträgen.[2]) Die näheren Bedingungen werden von der Bank im Einvernehmen mit dem Treuhänder festgesetzt.

(2) Die Bank kann eine verstärkte Tilgung vornehmen, indem sie Industriebonds im freien Markte ankauft und vernichtet.[3])

(3) Vom 1. Januar 1937 ab kann die Bank eine Gesamtkündigung der Anleihe vornehmen.[4])

1. Der § 35 ordnet die **Tilgung der Industriebonds** in analoger Weise wie der § 13 Abs. 4 die Tilgung der **veräußerlichen Einzelobligationen.** Das hier Gesagte gilt daher auch für die Auslegung des § 13 Abs. 4.

2. Daß die **Auslosung** vor dem 1. Januar 1937 bereits beginnen kann, ist durch den Abs. 3 klargestellt, der nur die Gesamtkündigung der Anleihe an diesen Termin bindet. Zweifelhaft bleibt dagegen, ob andererseits die Auslosung zugleich mit dem Beginn der Amortisierung der Einzelobligationen anfangen muß. Es ist anzunehmen, daß auch ein späterer Termin für den Beginn der Auslosung gesetzt werden kann; erstens kann ein späterer Beginn für den Absatz der Industriebonds von Bedeutung sein, und andererseits werden dadurch die Schuldner (belastete Unternehmer) nicht geschädigt, da die etwa durch die Amortisationsraten aufgesammelten Beträge zum späteren freihändigen Ankauf der Industrieobligationen verwandt werden oder für die Gesamtkündigung bereitgestellt werden können.

3. Die **verstärkte Tilgung** kann dadurch erfolgen, daß die Anlage der Rücklage aus § 10 b des Aufbringungsgesetzes in Industriebonds erfolgt.

4. Das Recht der **Gesamtkündigung** wird für den Fall bedeutungsvoll, daß die allgemeine Marktlage eine Verringerung des Zinssatzes auf weniger als 5 v. H. zuläßt. Die Bank könnte dann zu einer Konversierung der Industriebonds schreiten.

§ 36.

Bevorrechtigte Befriedigung der Besitzer der Industriebonds.

(1) In Ansehung der Befriedigung aus den für die Bank begründeten Einzelobligationen mit allen für sie bestehenden Sicherungen und Rechten gehen die Forderungen aus den Industriebonds (§ 32) allen anderen Ansprüchen gegen die Bank vor.[1])

(2) Hat die Bank gemäß § 24 Abs. 3 weitere Industriebonds ausgegeben, so gehen in Ansehung der Befriedigung aus der für diese bestimmten besonderen Deckung die Ansprüche aus den weiteren Industriebonds allen anderen Ansprüchen gegen die Bank vor.[2])[3])

1. Nur die **Industriebonds aus § 32** haben dieses Vorrecht, nicht die nach § 24 ausgegebenen besonderen Industriebonds. Nur um diesen Unterschied klarzustellen, kann im Paragraphen hinter dem Worte „Industriebonds" der § 32 ausdrücklich genannt sein. Diese Unterscheidung entspricht außerdem dem Sinne des Gesetzes.

2. Für die **besonderen Industriebonds** ist also nur das besondere Vorrecht aus Abs. 2 geschaffen.

3. Die Forderungen aus den **Industriebonds** haben hiernach im Gegensatz zu der Bestimmung des § 47 auch den **Vorrang** vor den im § 61 unter Nr. 1 der Konkursordnung genannten Forderungen.

IV. Rechte der Gläubiger ausgegebener Schuldverschreibungen.

§ 37.[1])

Vertretung der Gläubiger.

(1) Das Gesetz über die gemeinsamen Rechte der Besitzer von Schuldverschreibungen vom 4. Dezember 1899 in der Fassung des Gesetzes vom 14. Mai 1914 (Reichsgesetzbl. 1899 S. 691, 1914 S. 121), insbesondere die Bestimmungen über die Bestellung eines Vertreters der Gläubiger, finden auf die Einzelobligationen und Industriebonds Anwendung, und zwar auf erstere jeweils, sobald der Treuhänder von der Gesamtsumme der veräußerlichen Einzelobligationen eines Unternehmers ein Fünftel, auf letztere, wenn der Treuhänder ein Zehntel der Gesamtsumme der Industriebonds veräußert hat.[2])

(2) Bei der Anwendung des Gesetzes gelten die in den §§ 38 bis 40 mit Rücksicht auf die Rechte des Treuhänders vorgesehenen Abweichungen.

1. Vergleiche amtliche Begründung zu §§ 37 bis 40.

2. a) Alle wichtigen Bestimmungen des Gesetzes befinden sich im Anhang S. 173 ff.

b) Von den **Industriebonds** müßte hiernach der Treuhänder mindestens 425 Millionen veräußert haben, ehe das in Frage kommende Gesetz zur Anwendung gelangt. Hat der Treuhänder der Bank ursprünglich veräußerliche Obligationen gegen Aushändigung von weiteren Industriebonds zurückgegeben, so erhöht sich die angegebene Summe entsprechend.

c) Da bei dem Einzelunternehmer die Hälfte seiner Obligationslast unveräußerlich ist, so muß auch von seinen gesamten Einzelobligationen ebenfalls ein Zehntel veräußert sein, ehe das Gesetz Anwendung findet.

d) Die Bedeutung der Anwendbarkeit des Gesetzes über die gemeinsamen Rechte der Besitzer von Schuldverschreibungen besteht darin, daß einerseits auch der Schuldner gemäß § 3 die Versammlung berufen kann und andererseits die in Frage kommenden Gläubiger nicht Einzelpersonen, sondern auch Staaten sein können und vermutlich sein werden, die auf diese Weise imstande sein würden, ihre Interessen nach dem vorstehenden Gesetz, jedoch unter Beachtung der Vorschriften der §§ 38 und 39 des Gesetzes zu vertreten.

e) Es kommt auf die Zahl der **veräußerten** Industriebonds oder Einzelobligationen an, also wenn auch durch Kauf auf dem freien Markte oder durch Auslosung die Zahl der im Umlauf befindlichen Industriebonds oder Einzelobligationen unter ein Zehntel bezw. ein Fünftel des Bestandes gesunken sein sollten, so bleibt doch das Gesetz vom 4. Dezember 1899 anwendbar. Für die untere Grenze ist jedoch alsdann nur § 2 des genannten Gesetzes maßgebend.

§ 38.

Gläubigerversammlung.

Der Treuhänder wird für die noch in seinem Besitze befindlichen Industriebonds und veräußerlichen Einzelobligationen durch die Beschlüsse der Gläubigerversammlung nicht gebunden.[1]) Er hat das Recht, selbst oder durch Entsendung eines Vertreters an den Versammlungen teilzunehmen. Ein Stimmrecht steht ihm nicht zu. Von den Beschlüssen der Gläubigerversammlung ist dem Treuhänder Mitteilung zu machen.[2])

1. Hinsichtlich der **veräußerten Industriebonds und veräußerten Einzelobligationen** beschließt dagegen die Gläubiger-

versammlung selbständig. Die Wirksamkeit ihrer Beschlüsse ist von der Zustimmung des Treuhänders nicht abhängig.

2. Wenn auch dem **Treuhänder** kein Stimmrecht zusteht, so ist doch aus der Bedeutung der Stellung, die dem Treuhänder nach dem Gesetz zukommt, zu folgern, daß die Gläubigerversammlung, zu der der Treuhänder nicht geladen ist, keine rechtsgültigen Beschlüsse fassen kann.

§ 39.

Vertreter der Gläubiger.

Sofern ein Vertreter der Gläubiger nicht bestellt ist, werden die Rechte der Gläubiger vom Treuhänder nach Maßgabe dieses Gesetzes wahrgenommen. Die Befugnis der einzelnen Gläubiger zur selbständigen Geltendmachung ihrer Rechte gilt insoweit als ausgeschlossen. Ein für die Gläubiger der Bank für die Industriebonds oder für die Gläubiger der einzelnen mit veräußerlichen Obligationen belasteten Unternehmer bestellter Gläubigervertreter kann seine Befugnisse nur in Gemeinschaft mit dem Treuhänder ausüben.[1]) Der Treuhänder hat, wenn er seinerseits Rechte gegen den Schuldner geltend zu machen beabsichtigt, etwa vorhandenen Gläubigervertretern Gelegenheit zur Mitwirkung zu geben.[2])

1. Im Gegensatz zu der Gläubigerversammlung ist der von dieser bestellte **Gläubigervertreter** in seinen Befugnissen an die Zustimmung des Treuhänders gebunden.

2. Der **Treuhänder** ist im Gegensatz zu dem **Gläubigervertreter** auch hinsichtlich seiner Handlungen selbst dann unabhängig, wenn er Rechte gegen einen Schuldner geltend machen will, dessen Obligationen er veräußert hat, da er dem Gläubigervertreter nur Gelegenheit zur Mitwirkung zu geben hat.

§ 40.

Gläubigervertreter und Ernennung des Treuhänders.

Vor der Ernennung eines neuen Treuhänders durch die Reparationskommission sind die etwa vorhandenen Gläubigervertreter über die Person des in Aussicht Genommenen um ihre Meinung zu befragen.[1])

1. a) Der erste Treuhänder wird gemäß § 51 von der Reparationskommission auf fünf Jahre ernannt.

b) Irgendeinen tatsächlichen Einfluß haben die Gläubigervertreter danach auf die Ernennung des Treuhänders nicht.

V. Sicherungen.

§ 41.[1])

Entstehung und Inhalt der öffentlichen Last.

(1) Gehören zum Betriebsvermögen[2]) eines belasteten Unternehmers inländische Grundstücke, Erbbaurechte, Kohlenabbaugerechtigkeiten, Bergwerkseigentum oder Bahneinheiten,[3]) so entsteht an ihnen im Zeitpunkt des Inkrafttretens dieses Gesetzes[4]) zur Sicherung für die Ansprüche auf die Jahresleistungen an Zinsen und Tilgungsbeträgen die öffentliche Last (§ 1).[5]) Die Vorschriften der §§ 1120 bis 1137, 1148, 1150 des Bürgerlichen Gesetzbuches finden entsprechende Anwendung.[6])

(2) Ist der Wert der zum Betriebsvermögen gehörenden Grundstücke und grundstücksgleichen Rechte im Verhältnis zu dem auf Grund der ersten Umlegung (§ 5 Abs. 2) festgestellten Wert des Gesamtbetriebsvermögens so gering, daß eine übermäßige Beschränkung

des Kredits des belasteten Unternehmers oder eine unbillige Benachteiligung Dritter eintritt, die vor dem Inkrafttreten dieses Gesetzes dingliche Rechte an dem Grundstück oder Rechte erworben haben, so kann der Treuhänder auf Verlangen des Grundstückseigentümers oder des aus dem Rechte Berechtigten oder eines benachteiligten Gläubigers[7]) die öffentliche Last auf den Bruchteil des Wertes des Grundstücks oder Rechtes beschränken, der dem Wertverhältnis zwischen den Grundstücken und Rechten einerseits und dem Gesamtbetriebsvermögen andererseits entspricht.[8])

(3) Die öffentliche Last geht allen anderen Rechten im Range vor. Die Bestimmungen des Deutsch-Schweizerischen Staatsvertrages vom 25. März 1923 über die Goldhypotheken sowie des dazu ergangenen Gesetzes vom 23. Juni 1923 (Reichsgesetzbl. II S. 284) bleiben unberührt.

(4) Die öffentliche Last bedarf zu ihrer Entstehung und Wirksamkeit gegenüber dem öffentlichen Glauben nicht der Eintragung in das Grundbuch oder Register. Nach näherer Bestimmung der Reichsregierung kann ein Vermerk von Amts wegen eingetragen werden, aus dem hervorgeht, daß das Grundstück oder das Recht nach Maßgabe dieses Gesetzes belastet ist.[9])

(5) Auf Antrag des Eigentümers, des Inhabers des belasteten Rechtes, der Bank oder des Treuhänders ist die öffentliche Last zugunsten der jeweiligen Gläubiger der Einzelobligationen in das Grundbuch oder Register einzutragen.[10])

1. Vergleiche die amtliche Begründung zu §§ 41 bis 50 und den Bericht des Organisationskomitees über „Inhalt der Garantie".

2. a) Über den Begriff des Betriebsvermögens vergl. § 5.

b) Nur die **zum Betriebsvermögen gehörenden inländischen Grundstücke** usw., nicht also alle sonstigen dem belasteten Unternehmer eigenen Grundstücke, wie Wohnhäuser oder Grundstücke, die zu einem nicht belasteten Betriebsvermögen gehören, wie das Betriebsvermögen des Handelsgewerbes (vergl. über die belasteten Betriebsvermögen § 2), sind hiernach mit der öffentlichen Last belegt. Gehört aber ein inländisches Grundstück usw. zu einem lastpflichtigen Betriebsvermögen, so haftet es grundsätzlich für die gesamte öffentliche Last, die dem Unternehmer obliegt. Demnach sind z. B. die Grundstücke, die zu einem Betriebsvermögen unter 50 000 ℳ gehören, mit der Haftung für die ganze öffentliche Last belegt, falls nur das gesamte Betriebsvermögen des belasteten Unternehmers sich auf mehr als 50 000 ℳ beläuft.

In Übereinstimmung hiermit bestimmt auch § 18 D.B. II, daß, falls zum Betriebsvermögen eines **Ehegatten** belastete Grundstücke gehören, diese für die beiden Ehegatten auferlegte Last haften, solange die Ehegatten gemeinsam belastet sind, und daß diese Haftung auch im Falle der allgemeinen **Gütergemeinschaft** und entsprechend bei der fortgesetzten Gütergemeinschaft gilt.

Eine besondere Regelung hat die Haftung der Grundstücke, die **mehreren Unternehmern zur gesamten Hand** zustehen, gefunden. Hier bestimmt § 17 D.B. II folgendes:

„Gehören zu einem Betriebsvermögen, das mehreren Unternehmern zur gesamten Hand zusteht, belastete Grundstücke, so haften diese für die Last jedes Unternehmers, soweit sie ihm auf Grund dieses Anteils an diesem Betriebsvermögen, nicht aber, soweit sie ihm auf Grund seines sonstigen Grundvermögens auferlegt ist."

Die zur Sicherung der Lasten der Mitunternehmer an gemeinschaftlichen Grundstücken bestehenden öffentlichen Lasten haben untereinander den gleichen Rang.

c) Unter Betriebsvermögen ist nur das Vermögen der nach §§ 2 bis 4 belasteten Betriebe gemeint.

3. Nur die **hier ausdrücklich aufgeführten Rechte** sind den Grundstücken gleichgestellt. Andere Rechte, wie z. B. Erbpacht, können mit der öffentlichen Last nicht belastet werden (siehe hierüber die Begründung).

4. a) Die **öffentliche Last** entsteht mit dem Zeitpunkt des Inkrafttretens des Gesetzes. Grundstücke, die nach der Veranlagung für die Vermögenssteuer nach dem Stande vom 31. Dezember 1923 zum Betriebsvermögen gehörten, aus diesem aber vor dem 1. September 1924 ausgeschieden sind, werden danach von der Last nicht getroffen.

b) Daraus, daß nach dem Wortlaut die **öffentliche Last** im Zeitpunkt des Inkrafttretens des Gesetzes entsteht, kann nicht gefolgert werden, daß Grundstücke, die zu einem Betriebsvermögen erst später während der Geltungsdauer des Gesetzes zu rechnen sind, dieser öffentlichen Last nicht unterliegen. Eine derartige Regelung würde dem Sinne des Gesetzes widersprechen, das auf Grund des Sachverständigengutachtens nach Möglichkeit gerade für eine hypothekarische Bindung der belasteten Betriebe sorgen sollte. Es ist auch nicht einzusehen, warum die Unternehmer, die erst später lastpflichtige Betriebe eröffnen oder später neue Grundstücke in den Betrieb einbringen, hinsichtlich der Verhaftung ihrer Grundstücke besser gestellt sein sollten als die Unternehmer mit lastpflichtigen Betrieben zur Zeit des Inkrafttretens des Gesetzes. Bei der langen Dauer der Belastung und den vielen zu erwartenden Veränderungen in den Betriebsverhältnissen würde es auch sonst wohl geschehen können, daß ein sehr erheblicher Teil der beabsichtigten hypothekarischen Sicherheit später überhaupt fortgefallen ist. Hiermit stimmt überein, daß in dem Bericht des Organisationskomitees über den Inhalt der Garantie ausdrücklich gesagt worden ist, daß das Organisationskomitee aus der allgemeinen Fassung des Sachverständigengutachtens hergeleitet habe, daß es „eine dingliche Sicherheit in der Form einer Hypothek soweit schaffen muß, als die deutsche Gesetzgebung eine hypothekarische Belastung kennt". „Nach dem Gesetzentwurf des Komitees wird der Grundbesitz der

Unternehmungen mit einer Hypothek des öffentlichen Rechts (öffentliche Last) belegt." Hiernach wollte also das Organisationskomitee die hypothekarische Sicherheit, soweit wie irgendeine rechtliche Möglichkeit vorhanden war, schaffen. Ein rechtlicher Hinderungsgrund, mit der öffentlichen Last auch die später in ein Betriebsvermögen eingebrachten Grundstücke mit der Last zu belegen, ist nicht vorhanden. Demgegenüber kann nicht ins Gewicht fallen, daß die Hypotheken, die jetzt auf nicht dem Betriebsvermögen angehörenden Grundstücken ruhen oder sogar später auf solche Grundstücke gelegt werden, bei dem Übergang eines derartigen Grundstücks in ein belastetes Betriebsvermögen durch den Vorrang der öffentlichen Last erheblich schlechter gestellt werden wie vorher. Die schon bisher ruhenden Hypotheken würden bei dem Übergang der belasteten Grundstücke in das Betriebsvermögen keine schlechtere Stellung erhalten und mit ebensowenig und mit ebensoviel Recht wie die Hypotheken der von vornherein dem Betriebsvermögen angehörenden Grundstücke, und bei neu gegebenen Hypotheken ist der Gläubiger imstande, die sofortige Fälligkeit der Hypotheken zu bedingen, falls das Grundstück in ein belastetes Betriebsvermögen eingebracht werden sollte.

Der Sinn des Wortlauts ist daher dahin zu verstehen, daß vom Zeitpunkt des Inkrafttretens dieses Gesetzes an alle Grundstücke, die zu einem Betriebsvermögen gehören (oder gehören werden), der öffentlichen Last unterliegen.

c) Aus dem oben Gesagten folgt, daß umgekehrt auch ein **verhaftetes Grundstück,** abgesehen vom § 43 dieses Gesetzes, aus der Haft ausscheidet, sobald es aufhört, einen Teil eines Betriebsvermögens zu bilden. Dies ist auch schon aus dem Grunde vollkommen folgerichtig, weil das Grundstück auch sonst nur soweit haftet, wie die Last geht. Wird das gesamte Betriebsvermögen eines Unternehmers geringer oder wird der Prozentsatz der Umlage niedriger, so ist auch die Haftung der Grundstücke selbsttätig eine niedrigere geworden.

Dieses Ausscheiden eines derartigen Grundstücks aus der Haft enthält auch deshalb für den Gedanken des Gesetzes keinen

Nachteil, weil nach dem in der Anm. 1 b Gesagten die Haftung des Grundstücks mit dem Eintritt in ein Betriebsvermögen wiederauflebt.

Entsprechend dem Gedanken des Gesetzes ordnet auch D.B. II in §§ 9 ff. an, daß die Eintragung der öffentlichen Last zu löschen ist, sobald die öffentliche Last selbst erloschen ist. Zu den Fällen, durch die die Last erlischt, zählt das Gesetz auch noch besonders den Fall der Neuumlegung auf Grund des § 6 des Industriebelastungsgesetzes, d. h. die Eintragung der Last ist zu löschen, sobald infolge einer Neuumlegung der Unternehmer selbst, dem das Grundstück gehört, freigestellt wird. Im § 2 sehen die gleichen Durchführungsbestimmungen auch die Möglichkeit vor, daß die Haftung des Grundstücks für die öffentliche Last infolge ihrer Herabsetzung geringer wird, und lassen eine entsprechende Eintragung zu.

5. Für verschiedene Möglichkeiten der späteren Gestaltung ergeben sich hieraus folgende Folgerungen:

a) Je nach dem Geringerwerden oder dem Steigen der Last des Unternehmers fällt und steigt auch die Verhaftung der Grundstücke für die öffentliche Last.

Verringert sich aber die Last durch Rückkauf gemäß §§ 57 ff. und § 17 oder durch Aufkauf veräußerter Einzelobligationen auf freiem Markte nach § 13 Abs. 4, so sind mit dem verhältnismäßigen Erlöschen der Last des Unternehmers gemäß § 63 auch die haftenden Grundstücke von dem entsprechenden Teil der Last dauernd befreit.

b) Sinkt das Betriebsvermögen des Unternehmers unter die Grenze von 50 000 ℳ (§ 4), so werden auch die Grundstücke von der öffentlichen Last befreit, da nach § 41 nur auf den Grundstücken die öffentliche Last ruht, die einem belasteten Unternehmen gehört.

c) Scheidet ein Grundstück aus dem Betriebe durch Veräußerung aus, während der Betrieb im übrigen fortgeführt wird, so bleibt die Last nach den Vorschriften des § 43 auf dem veräußerten Grundstück liegen.

d) Wird der Betrieb aufgelöst, so werden die Grundstücke, die zu dem Betrieb gehörten, von der Last frei. Vornehmlich aus diesem Grunde muß auch für die Rückstände der Jahresleistungen ein Kapital sichergestellt werden (vergl. § 49 Abs. 2).

Das gleiche gilt auch bei der Auflösung eines Betriebes, dessen Unternehmer veräußerliche Obligationen ausstellen mußte. Hier wird die Sicherstellung der später fällig werdenden Jahresleistungen voraussichtlich der Hauptsache nach darin bestehen, daß der Unternehmer an Stelle der untergegangenen öffentlichen Last eine Hypothek an erster Stelle auf seinen sämtlichen Grundbesitz eintragen muß [vergl. § 50).

e) Werden die Einzelobligationen — ob veräußerlich oder nicht veräußerlich, macht keinen Unterschied — gemäß §§ 57 ff. vollständig zurückgekauft, so erlischt die Last überhaupt. Eine Neubelastung kann nur im Umfange des § 65 stattfinden. Dasselbe gilt bei Kauf dieser Obligationen nach §§ 13 und 17.

Auch der Käufer eines solchen Unternehmens oder ein sonstiger Rechtsnachfolger ist in dem gleichen Maße wie der ursprünglich belastete Unternehmer ebenso wie von der öffentlichen Last, so auch von der Verhaftung der Grundstücke für diese Last befreit.

f) Scheidet ein Grundstück aus dem Betriebsvermögen des belasteten Unternehmers dadurch aus, daß dieser es zu anderen Zwecken verwendet, z. B. aus einem Fabrikraum ein Wohnhaus macht, so wird auch dieses Grundstück von der Haftung frei, da nach § 41 nur der zum Betriebsvermögen gehörende Grundbesitz haftet und der § 43, der die Weiterhaftung eines Grundstücks bestimmt, nur für den Fall der Veräußerung gegeben ist.

6. Die in Frage kommenden Vorschriften des Bürgerlichen Gesetzbuchs sind im Anhang unter V abgedruckt.

7. Der Antrag muß also von einer der genannten Personen

ausgehen. Der **Treuhänder** kann nach freiem Ermessen entscheiden. Er ist hier nicht an eine Zustimmung der Bank gebunden, andererseits kann seine mangelnde Zustimmung auch nicht durch eine Entscheidung des Schiedsgerichts nach § 69 ersetzt werden.

8. a) Da der Treuhänder das Recht hat, **die öffentliche Last auf den Bruchteil des Wertes des Grundstücks** oder Rechts zu beschränken, der dem Wertverhältnis zwischen den Grundstücken einerseits und dem Gesamtvermögen des Betriebes andererseits entspricht, so kann er auch einen höheren Bruchteil nehmen, niemals aber einen niedrigeren.

b) Da hier im Gegensatz zum § 43 der **Zeitpunkt,** nach dem das **Wertverhältnis festgestellt** werden soll, nicht angegeben ist, so ist der Treuhänder auch in der Wahl dieses Zeitpunkts unabhängig. Vor allem kann er einen Zeitpunkt für seine Wertermittlung nehmen, der nach der Stellung des Antrages liegt.

c) Über die Form, in der die öffentliche Last in diesem Falle einzutragen ist, vergl. § 4 D.B. II. § 7 D.B. II bestimmt außerdem, daß, falls der Treuhänder die öffentliche Last gemäß § 41 Abs. 2 des Industriebelastungsgesetzes auf einen Bruchteil des Wertes des Grundstücks beschränkt hat, ihre Höhe (in Goldmark) durch eine Bescheinigung der Bank nachgewiesen wird.

9. Durch § 1 D.B. II ist inzwischen folgendes bestimmt worden: Zeigt die Bank für deutsche Industrieobligationen im Grundbuchamte an, daß ein Grundstück nach dem Industriebelastungsgesetz haftet, so ist von Amts wegen auf dem Grundbuchblatt einzutragen: „Das Grundstück ist nach Maßgabe des Industriebelastungsgesetzes belastet.“ Die Mitbelastung anderer Grundstücke wird nicht erkennbar gemacht.

Weder hier noch an einer anderen Stelle ist der Bank eine Verpflichtung auferlegt, eine derartige Anzeige dem Grundbuchamt zu erstatten. Da die öffentliche Last zur Entstehung ihrer Wirksamkeit nicht der Eintragung in das Grundbuch bedarf, so wird der Erwerber eines Grundstücks, da veräußerte Grundstücke nach § 43 weiterhaften, im Falle des Fehlens eines solchen

Vermerks anderweitig sich darüber Gewißheit verschaffen, ob das Grundstück auf Grund des Industriebelastungsgesetzes belastet ist oder nicht.

Der Nachweis, daß ein Grundstück auf Grund des Industriebelastungsgesetzes nicht belastet ist, wird gemäß § 13 D.B. II von einem Zeitpunkt an, den die Reichsregierung bestimmt, durch eine Bescheinigung der Bank geführt. Doch ist gemäß § 14 a. a. O. die Bank vor Erteilung der betreffenden Bescheinigung zur Nachprüfung der von den Unternehmern gemachten Angaben nur verpflichtet, wenn Form und Inhalt dieser Angaben oder sonstige der Bank bekannte Tatsachen bei Anwendung der erforderlichen Sorgfalt zu Zweifeln Anlaß geben.

10. Die in dem letzten Absatz des § 41 vorgesehene Eintragung der öffentlichen Last auf Antrag des Eigentümers usw. ist zu unterscheiden von der im Abs. 4 des § 41 vorgesehenen Eintragung des Vermerks. Über die Art der Eintragung der öffentlichen Last, und zwar sowohl über ihr Bestehen, über die Änderung in ihrer Höhe, ihre Löschung und ähnliches, vergl. §§ 2 ff., besonders auch § 5, und wegen der Löschung der öffentlichen Last § 9 D.B. II.

§ 42.

Antragsrechte des belasteten Unternehmers.

(1) Der belastete Unternehmer kann bei der Bank und dem Treuhänder beantragen,

a) daß die öffentliche Last auf die einzelnen Grundstücke und die den Grundstücken gleichgestellten Rechte nach dem Verhältnisse ihres Wertes verteilt wird,[1])

b) falls der Wert des Grundstücks oder der ihnen gleichgestellten Rechte die Belastung erheblich übersteigt, daß die öffentliche Last auf bestimmte

Grundstücke oder Rechte oder auf bestimmte Arten von ihnen beschränkt wird,[2])

c) daß an die Stelle der Sicherung durch die öffentliche Last eine Sicherung durch ein in den Besitz des Treuhänders oder Gläubigervertreters (§ 37) übergehendes Pfand tritt,[3])

d) daß an die Stelle der Sicherung durch die öffentliche Last eine andere dem Treuhänder und dem Gläubigervertreter genehme Garantie tritt.[4])

(2) Wenn die Bank und der Treuhänder dem Antrag übereinstimmend stattgeben oder ihn übereinstimmend ablehnen, so ist diese Entscheidung endgültig.

(3) Besteht zwischen der Bank und dem Treuhänder keine Übereinstimmung, so entscheidet in den Fällen des Abs. 1 a bis c das in § 69 vorgesehene Schiedsgericht. Das Schiedsgericht kann Sachverständige mit beratender Stimme zuziehen.[5])

(4) Die Vorschrift des § 41 Abs. 5 findet Anwendung.[6])

1. a) Daraus, daß hier im Gegensatz zu § 43 **nicht der Zeitpunkt genannt** ist, für den die Wertverhältnisse festgestellt werden müssen, ist zu folgern, daß hier, wo es sich auch um ein freiwilliges Entgegenkommen des Treuhänders und der Bank handelt, der Zeitpunkt der Wertfeststellung von diesen Instanzen frei bestimmt werden kann. Als frühesten Termin werden sie die Zeit der Stellung des Antrages nehmen, sie werden aber auch einen späteren Zeitpunkt bis zur Entscheidung berücksichtigen, falls sich die Wertverhältnisse in der Zwischenzeit geändert haben.

b) Vergleiche über die Art der Eintragung §§ 4 und 8 D.B. II.

2. Hier gilt das gleiche wie bei der Ziffer a, vergl. Anm. 1.

3. Vergl. auch § 48 Abs. 2.

4. Die Ablehnung des Treuhänders genügt hier zur Abweisung. Über die Stellung der Bank siehe Anm. 5.

5. Hiernach ist die Bank auch im Falle des Abs. 1 d zu hören. Falls sie sich im Gegensatz zu dem Treuhänder gegen die Annahme der Sicherheit ausspricht, so ist das im § 69 vorgesehene Schiedsgericht vom Treuhänder anzurufen. Falls dagegen der Treuhänder ablehnt, steht der Bank in Übereinstimmung mit dem in Anm. 4 Gesagten nicht die Möglichkeit zu, das Schiedsgericht anzurufen.

6. Diese Vorschrift besagt, daß auf Antrag des Eigentümers als Inhaber des belasteten Rechts, der Bank oder des Treuhänders die durch die übereinstimmende Entscheidung der Bank oder des Treuhänders oder die Entscheidung des Schiedsgerichts entstandenen Änderungen in der Belastung der Grundstücke und Rechte in das Grundbuch einzutragen sind.

§ 43.

Veräußerung eines belasteten Grundstücks.

(1) Im Falle der Veräußerung eines Grundstücks[1]) geht die öffentliche Last in der Höhe auf den Erwerber über, die sich aus der im Zeitpunkt der Veräußerung maßgebenden[2]) Umlegung ergibt.[3])[5]) Sind mehrere Grundstücke belastet, so haben auf Antrag des Veräußerers die Bank und der Treuhänder die Verteilung der Last zwischen dem zu veräußernden Grundstück und dem übrigen Grundbesitz (Grundstücken und Rechten) nach dem Wertverhältnisse im Zeitpunkt der Stellung des Antrages vorzunehmen.[4])[5]) In der danach bestimmten Höhe bleibt die Last ohne Rücksicht auf spätere Erhöhungen in der Belastung des Veräußerers jedem dritten Erwerber gegenüber wirksam.[6]) Vor der Veräußerung ist die Höhe der Zins- und Tilgungs-

beträge, für die das Grundstück in Zukunft haftet, in das Grundbuch einzutragen.[6])

(2) Zu einer Veräußerung unter abweichenden Bedingungen, insbesondere zu einer Entlassung des Grundstückes aus der Haftung, bedarf es einer Einigung mit der Bank und dem Treuhänder.[7])

(3) Einer Einigung mit der Bank und dem Treuhänder bedarf es nicht,[8]) wenn Grundstücke oder Grundstücksteile ohne Übergang der Last veräußert werden sollen, deren Wert nicht mehr als ein Zehntel des Wertes des gesamten Grundbesitzes des Unternehmers beträgt.[9]) Dies gilt nicht, wenn der Wert der seit der Entstehung der Last veräußerten Grundstücke oder Grundstücksteile den Betrag von 50 000 Goldmark oder die Hälfte des Wertes des gesamten Grundbesitzes des Unternehmers im Zeitpunkt der letzten Veräußerung übersteigt.

(4) Die Vorschriften der Abs. 1 bis 3 finden auf die den Grundstücken gleichgestellten Rechte entsprechende Anwendung.

(5) Die Vorschriften des § 42 Abs. 2, 3 finden entsprechende Anwendung.[10])

1. Vergl. hierzu § 41 Anm. 5 g.

2. Maßgebend ist stets die letztvorhergehende Umlegung.

3. Bis zu dieser Höhe bleibt also das Grundstück bis zur Tilgung der Gesamtschuld, für die es mitverhaftet war, haftbar. Die Folge davon ist, daß, wenn auch mehrere Jahre hindurch der Vorbesitzer mit einem geringeren Betriebsvermögen zu der Last herangezogen wird und erst dann wieder später sein Betriebsvermögen vergrößert, sei es durch Abstoßung von Schulden, sei es selbst durch Vergrößerung des Betriebes, der Erwerber bis zu der ursprünglichen Höhe zu haften hat.

Über die Art der Zwangsvollstreckung gegen den Erwerber vergl. § 46 Anm. 2.

4. Hier liegt eine Muß-Vorschrift vor. Der Streit zwischen der Bank und dem Treuhänder kann sich also nur auf die Art der Verteilung erstrecken, nicht über die Frage der Verteilung selbst. Nur über die Art der Verteilung würde dann auch das Schiedsgericht gemäß § 69 zu entscheiden haben.

5. Vergleiche über die Art der Eintragung der öffentlichen Last §§ 4 und 8 D.B. II.

6. a) Demnach ist in Übereinstimmung zu dem in Anm. 3 Gesagten das Grundstück nur für den Betrag nicht verhaftet, der über der Veranlagung des Veräußerers zur Zeit der Veräußerung liegt.

b) Hierzu bestimmt § 12 D.B. II folgendes: Im Falle der Veräußerung eines Grundstücks bedarf es der im § 43 Abs. 1 des Industriebelastungsgesetzes vorgesehenen Eintragung der öffentlichen Last erst von dem Zeitpunkt an, in dem die Höhe der Zins- und Tilgungsbeträge festgestellt werden kann. Den Zeitpunkt bestimmt die Reichsregierung.

Auf Antrag ist die nachträglich nach § 43 Abs. 1 des Industriebelastungsgesetzes festgestellte Höhe der Zins- und Tilgungsbeträge, für die das Grundstück in Zukunft haftet, in das Grundbuch einzutragen.

7. Nach dem Wortlaut ist anzunehmen, daß abweichende Bedingungen nur zulässig sind, wenn sowohl die Bank als der Treuhänder damit einverstanden sind, daß also für das Schiedsgericht bei nichterzielter Übereinstimmung kein Platz ist. Nach dieser Auffassung würde der Abs. 5, der die Entscheidung des Schiedsgerichts gemäß § 42 Abs. 3 vorsieht, für den Abs. 2 in § 43 nicht in Frage kommen.

8. Danach müssen hier, sobald die weiteren Bedingungen des Absatzes erfüllt sind, die Bank und der Treuhänder die im § 44 vorgesehene Bescheinigung ausstellen. Damit sie die Bescheinigung für die spätere Eintragung in das Grundbuch ausstellen können, muß aber ein Antrag des Veräußerers vorliegen, auf Grund dessen Inhalt Bank oder Treuhänder sich darüber schlüssig werden müssen, ob die Voraussetzungen des Abs. 3 auch tatsächlich erfüllt sind. Da hierüber Bank und Treuhänder verschiedener Meinung sein können, ist für den Abs. 3 die Möglichkeit der Anwendung des Abs. 5, d. h. der Entscheidung des Schiedsgerichts nach § 42 Abs. 3 gegeben.

9. a) In analoger Anwendung des Abs. 1 wird auch hier für die Beurteilung der Wertverhältnisse der Zeitpunkt der Stellung des Antrages maßgebend sein.

b) Gemäß § 11 D.B. II wird der Nachweis, daß es einer Einigung mit der Bank und dem Treuhänder zur lastenfreien Veräußerung eines Grundstücks oder Grundstücksteils nicht bedarf, durch eine Bescheinigung des (zuständigen) Finanzamts geführt.

10. Diese Vorschrift ist anwendbar im Falle des Abs. 1 und im Falle des Abs. 3, m. E. nicht aber im Falle des Abs. 2, vergl. hierzu Anm. 6 und 7.

§ 44.

Eintragung der Enthafteten in das Grundbuch.

Wird ein Grundstück oder ein den Grundstücken gleichgestelltes Recht von der Haftung frei oder wird die darauf ruhende Last verteilt, so ist dies auf Antrag des Eigentümers oder des Inhabers des Rechtes einzutragen. Dem Antrage ist eine Bescheinigung über die Befreiung oder Verteilung beizufügen; die Bank und der Treuhänder haben die Bescheinigung auf Verlangen des Eigentümers oder des Inhabers des Rechtes zu erteilen.[1])

1. Wird dem Antrage auf Bescheinigung von seiten der Bank und des Treuhänders nicht entsprochen, so wird auch hier der § 69 analog den Bestimmungen in § 42 Abs. 3 zu entscheiden haben. Die Ausfertigung der Entscheidung wird gegebenenfalls als rechtsgültiger Ersatz für die mangelnde Bescheinigung anzusehen sein.

§ 45.

Kosten der Grundbucheintragung.

Die Eintragung sowie die Löschung des in § 41 Abs. 4 vorgesehenen Vermerkes erfolgt kostenfrei. Die Reichsregierung wird ermächtigt, mit Zustimmung des Reichsrats weitere Eintragungen, die sich auf die öffentliche Last beziehen, und die dazu erforderlichen gerichtlichen Beurkundungen und Beglaubigungen von Gebühren und sonstigen Kosten zu befreien.

§ 46.

Zwangsvollstreckung in das belastete Vermögen.

(1) Wegen der Ansprüche aus der Belastung findet auf Antrag der Bank[1]) im Einvernehmen mit dem Treuhänder die sofortige Zwangsvollstreckung in das gesamte bewegliche und unbewegliche Vermögen des belasteten Unternehmers statt.[2]) Der Antrag ersetzt den vollstreckbaren Titel.

(2) Die Zwangsvollstreckung erfolgt nach den Vorschriften der Zivilprozeßordnung und, soweit es sich um die Vollstreckung in die belasteten Grundstücke und in die diesen gleichgestellten Rechte handelt, nach den Bestimmungen des Gesetzes über die Zwangsversteigerung und Zwangsverwaltung in der Fassung der Bekanntmachung vom 20. Mai 1898 (Reichsgesetzbl. S. 713) und nach den hierfür geltenden besonderen Landesgesetzen.[3])

(3) Im Falle der Zwangsversteigerung oder der Zwangsverwaltung[4]) nehmen die rückständigen An-

sprüche sowie die künftigen Ansprüche, soweit sie bis zum Ende des Jahres fällig werden, in dem die Neuumlegung[5]) erfolgt, an dem im § 10 Nr. 3 und im § 155 Abs. 2 des vorbezeichneten Gesetzes für die Ansprüche auf die laufenden Beträge festgesetzten Rang teil.[6]) Soweit Einzelobligationen vom Treuhänder veräußert worden sind, erstreckt sich der Vorrang der künftigen Ansprüche im Falle der Zwangsversteigerung auf die bis zum Zuschlage, im Falle der Zwangsverwaltung auf die bis zu ihrer Aufhebung fällig werdenden Ansprüche.[7])

1. a) Vergl. die amtliche Begründung zu §§ 41 bis 50 und den Bericht des Organisationskomitees über „Ansprüche im Falle der Nichtzahlung oder des Konkurses oder der Liquidation".

b) Der Antrag muß also **von der Bank,** nicht von dem Treuhänder ausgehen. Im Falle der Weigerung der Bank steht dem Treuhänder der § 69 zur Seite, aber auch die Bank kann nicht vorgehen, wenn sie nicht vorher die Zustimmung des Treuhänders erhalten hat. Versagt dieser seine Zustimmung, so wird die Bank ihrerseits das Schiedsgericht aus § 69 anzurufen haben.

2. Nur gegen den **belasteten Unternehmer** richtet sich demnach die in diesem Paragraphen gegebene Zwangsvollstreckung, nicht gegen den Erwerber eines Grundstücks, das für die Last des Veräußerers nach § 43 weiter haftet. Bei einer Zwangsvollstreckung gegen diesen gelten nur die allgemeinen Vorschriften des bürgerlichen Rechts.

3. Die **Zwangsvollstreckung** findet also im Gegensatz zu der Zwangsvollstreckung im Aufbringungsgesetz nach den Vorschriften der Reichsabgabenordnung statt.

4. Die **Zwangsversteigerung oder Zwangsverwaltung,** die hier gemeint ist, kann auch von einer dritten Person ausgehen, die Ansprüche gegen den belasteten Unternehmer geltend zu machen hat.

5. Das **Jahr der Neuumlegung** steht, wie aus § 6 hervorgeht, nicht unbedingt fest. Es wird also in Übereinstimmung mit der Vorschrift im § 49 das Jahr genommen werden müssen, in dem voraussichtlich die Neuumlegung erfolgt.

6. Der § 10 des Zwangsversteigerungsgesetzes lautet:

„Ein Recht auf Befriedigung aus dem Grundstück gewähren nach folgender Rangordnung, bei gleichem Range nach dem Verhältnis ihrer Beträge:

1. der Anspruch eines die Zwangsverwaltung betreibenden Gläubigers auf Ersatz seiner Ausgaben zur Erhaltung oder nötigen Verbesserung des Grundstücks, im Falle der Zwangsversteigerung jedoch nur, wenn die Verwaltung bis zum Zuschlage fortdauert und die Ausgaben nicht aus den Nutzungen des Grundstücks erstattet werden können;
2. bei einem land- oder forstwirtschaftlichen Grundstücke die Ansprüche der zur Bewirtschaftung des Grundstücks oder zum Betrieb eines mit dem Grundstücke verbundenen land- oder forstwirtschaftlichen Nebengewerbes angenommenen, in einem Dienst- oder Arbeitsverhältnisse stehenden Personen, insbesondere des Gesindes, der Wirtschafts- und Forstbeamten, auf Lohn, Kostgeld und andere Bezüge wegen der laufenden und der aus dem letzten Jahre rückständigen Beträge;
3. die Ansprüche auf Entrichtung der öffentlichen Lasten des Grundstücks wegen der laufenden und der aus den letzten zwei Jahren rückständigen Beträge usw."

§ 155 Abs. 2:

„Aus den Nutzungen des Grundstücks sind die Ausgaben der Verwaltung sowie die Kosten des Verfahrens mit Ausnahme derjenigen, welche durch die Anordnung des Verfahrens oder den Beitritt eines Gläubigers entstehen, vorweg zu bestreiten.

Die Überschüsse werden auf die im § 10 Nr. 1 bis 5 bezeichneten Ansprüche verteilt, auf die Ansprüche der zweiten, dritten und vierten Klasse jedoch nur insoweit, als laufende Beträge wiederkehrender Leistungen zu berichtigen sind.

Nach dem Zuschlage bezw. nach Aufhebung der Zwangsverwaltung treten der Ersteher oder der Grundstückseigentümer wieder als zahlungsfähige Schuldner ein. Die bis dahin fälligen Ansprüche müssen an dem Verfahren teilnehmen, da eine Neuumlegung für die veräußerlichen Einzelobligationen keine weitere Haftung für diese Obligationen herbeiführt (vergl. § 19 Abs. 2)."

7. a) Es handelt sich hier nur um die vom Treuhänder **tatsächlich veräußerten**, nicht um die veräußerlichen noch im Besitz des Treuhänders befindlichen Einzelobligationen.

b) Daneben gilt auch der erste Satz des Abs. 3 für die veräußerten Einzelobligationen.

§ 47.[1])

Stellung der Einzelobligationen im Konkurs.

Im Falle des Konkurses eines belasteten Unternehmers genießen die Ansprüche der Bank und des Treuhänders aus den in ihrer Hand befindlichen Einzelobligationen, welche die Grundlage der Industriebonds[2]) sind, für die rückständigen, die laufenden und für künftige Ansprüche, soweit sie bis zum Ende des Jahres fällig werden, in dem die Neuumlegung[3]) erfolgt, an erster Stelle das Vorrecht des § 61 Nr. 2 der Konkursordnung in der Fassung der Bekanntmachung vom 20. Mai 1898 (Reichsgesetzbl. S. 612),[4]) so daß nur die Ansprüche der Angestellten auf ihre Dienstbezüge vorgehen.[5]) Eine Fälligkeit der künftigen Jahresleistungen kommt im übrigen nicht in Betracht.

1. Vergl. Anm. 1 zu § 46.

2. Es handelt sich hier, wie aus § 48 hervorgeht (vergl. Anm. 2 zu § 48), **auch um die veräußerlichen Einzelobligationen,** falls sie sich von einem Unternehmer noch vollständig in den Händen des Treuhänders befinden.

3. Vergl. § 46 Anm. 5.

4. § 61 der Konkursordnung lautet:

„Die Konkursforderungen werden nach folgender Rangordnung, bei gleichem Rang nach dem Verhältnis ihrer Beträge berichtigt:

1. die für das letzte Jahr vor der Eröffnung des Verfahrens oder beim Ableben des Gemeinschuldners rückständigen Forderungen an Lohn, Kostgeld oder anderen Dienstbezügen der Personen, welche sich dem Gemeinschuldner für dessen Haushalt, Wirtschaftsbetrieb oder Erwerbsgeschäft zur Leistung von Diensten verdungen haben;
2. die Forderungen der Reichskassen, der Staatskassen und der Gemeinden, sowie der Amts-, Kreis- und Provinzialverbände wegen öffentlicher Abgaben, welche im letzten Jahre vor der Eröffnung des Verfahrens fällig geworden sind oder nach § 65 als fällig gelten; es macht hierbei keinen Unterschied, ob der Steuererheber die Abgabe bereits vorschußweise zur Kasse entrichtet hat;

3. bis 5. . . .“

5. Über das Verhältnis der Forderungen im Falle des Konkurses aus dem vorliegenden Gesetz und nach den Forderungen aus dem Aufbringungsgesetz siehe § 11 des Aufbringungsgesetzes.

§ 48.[1])

Stellung der veräußerten Obligationen im Konkurs.

(1) Im Falle des Konkurses des Unternehmers, dessen Einzelobligationen vom Treuhänder ganz oder teilweise veräußert sind,[2]) besteht der in § 47 vor-

gesehene Anspruch auf bevorrechtigte Befriedigung nach § 61 Nr. 2[3]) der Konkursordnung für die rückständigen und die laufenden Beträge.[4])

(2) Ist nach Auffassung des Treuhänders der Anspruch auf die künftigen Beträge nicht durch eine öffentliche Last auf den Grundbesitz[5]) oder sonst gemäß § 42 Abs. 1 c ausreichend gesichert, oder einigen sich die Bank und der Treuhänder nicht über eine Abfindung durch Industriebonds im Nennbetrage der Last, so kann der Treuhänder mit dem gleichen Vorrecht nach § 61 Nr. 2[6]) der Konkursordnung auch die für die Zukunft noch fällig werdenden Beträge, jedoch keinesfalls mehr als den Kapitalbetrag der Last,[7]) geltend machen. In diesem Falle kann er verlangen, daß die auf die künftigen Jahresleistungen entfallenden Beträge auf ein Sperrkonto des Treuhänders bei einer von diesem im Einvernehmen mit der Reichsbank zu bestimmenden Bank angelegt werden. Aus diesem Konto werden die Jahresleistungen gedeckt.[8])

(3) Mit der Übernahme der Industriebonds[9]) durch den Treuhänder gehen die Rechte aus den Einzelobligationen[10]) auf die Bank über. Die Bank kann alsdann die Auslieferung dieser Obligationen verlangen.

(4) Zur Abfindung gemäß Abs. 2 dürfen nur solche Industriebonds verwendet werden, die von der Bank mit verfügbaren Mitteln erworben oder auf Grund einer Erweiterung der Deckung neu ausgegeben worden sind.[11])

(5) Hält der Treuhänder die Sicherung (Abs. 2) nicht für ausreichend, so kann die Bank das in § 69 vorgesehene Schiedsgericht anrufen.[12])

1. Vergl. § 46 Anm. 1.

2. Unter **teilweiser Veräußerung** hat man jede Veräußerung, auch die nur von **einer** Obligation zu verstehen, da selbst in diesem Falle der Gestaltung der veräußerlichen Obligationen entsprechend besonders für die Zahlung der fälligen Beträge ohne Rücksicht auf Neuumlegung gesorgt werden muß.

3. Vergl. § 47 Anm. 4.

4. Für die künftigen Beträge ist die Regelung in dem nächsten Absatz gegeben.

5. Der Erwerber eines Grundstücks oder des gesamten Grundbesitzes, sei es, daß er den Betrieb fortführt oder nicht, übernimmt danach mit dem Zuschlage die öffentliche Last als Hypothek und hat für die Verzinsung und Amortisation der Einzelobligationen unbeschadet der besonderen Bestimmung des Aufbringungsgesetzes in dem gleichen Umfang zu haften wie der Vorbesitzer, soweit nicht mit Zustimmung des Treuhänders und der Bank auf Grund der vorliegenden Vorschrift des § 48 oder der §§ 42 und 43 eine teilweise oder vollständige Enthaftung eingetreten ist.

6. Vergl. Anm. 3.

7. Es kann sich nur noch **um die bestehende Last** handeln, d. h. die Verringerung der Last, die durch den Rückkauf nach §§ 57 ff. oder durch Aufkauf der Obligationen auf offenem Markte erfolgt ist, ist zu berücksichtigen. Durch die Auslosung auf Grund der allgemein vorgeschriebenen Amortisation findet dagegen keine Verringerung der Last statt, vergl. hierzu § 62.

8. Nach vollständiger Befriedigung des Treuhänders werden die gesperrten Konten zugunsten der Konkursgläubiger oder, falls diese befriedigt sind, zugunsten des Unternehmers frei.

9. Es handelt sich um die **Industriebonds**, die der Treuhänder nach Abs. 2 als Abfindung übernimmt.

10. Es kann sich auch um einen Teil der **veräußerlichen Einzelobligationen** handeln, da aus Abs. 2 anzunehmen ist, daß der Treuhänder nicht nur unter den verschiedenen Arten der Deckung wählen kann, sondern teils diese, teils jene Deckung zu nehmen imstande ist.

11. Es dürfen nicht die **durch Auslosung von der Bank erworbenen Industriebonds** Verwendung finden, wohl aber die Industriebonds, die in § 35 Abs. 2 genannt sind, sowie die in § 24 Abs. 3 aufgeführten. Daneben muß es auch der Bank gestattet sein, Bonds zu geben, die es gemäß § 32 gerade für die jetzt wieder in seinen Besitz nach § 48 übergegangenen Einzelobligationen zurückbehalten hat.

12. Die Bank hat hiernach in Übereinstimmung mit der Vorschrift des § 46 die Initiative und hat dem Treuhänder über die Frage der Sicherung Vorschläge zu unterbreiten.

§ 49.[1])

Veräußerung und Liquidation des Betriebsvermögens.

(1) Geht das Betriebsvermögen eines belasteten Unternehmers im ganzen oder zu einem Bruchteil auf einen anderen über, oder werden die zum Betriebsvermögen gehörenden Gegenstände zum Zwecke der Veräußerung des Unternehmens übertragen, so haftet der Erwerber für die Verpflichtungen aus Rückständen, aus laufenden Jahresleistungen und für diejenigen Beträge, welche bis zum Ende des Kalenderjahres, in welchem die Neuumlegung voraussichtlich erfolgt, fällig werden, an Stelle des Veräußerers.[2])[4])

(2) Wird der Betrieb des belasteten Unternehmers liquidiert oder freiwillig aufgegeben oder aufgelöst, ohne daß das Betriebsvermögen als Ganzes oder die zu ihm gehörenden Gegenstände zum Zwecke der Veräußerung des Unternehmens auf einen Dritten übergehen, so ist für die Rückstände der Jahresleistungen, für die laufenden Jahresleistungen und für die Jahresleistungen bis zum Ende des Kalenderjahres, in dem

die nächste Umlegung voraussichtlich erfolgt, ein Kapital unter Aufsicht der Bank in der im § 48 Abs. 2 bezeichneten Weise sicherzustellen.[3]) Über die rechtzeitige Anzeige von der bevorstehenden Liquidation oder die Geschäftsaufgabe oder Geschäftsauflösung sowie über das Verfahren im Falle nicht rechtzeitiger Anzeige und Sicherstellung wird die Reichsregierung zu gegebener Zeit besondere Bestimmungen erlassen.[4])

1. Vergl. § 46 Anm. 1.

2. a) **Grundstücke,** die übergegangen sind, haften außerdem nach der Vorschrift des § 43 weiter für die öffentliche Last.

b) Ist nur ein Bruchteil übergegangen, so tritt an Stelle des Veräußerers der Erwerber nur für diesen Bruchteil, da für den im Eigentum des Veräußerers verbliebenen er selbstverständlich weiter haftet. Eine etwas andere Regelung hat der § 12 des Aufbringungsgesetzes vorgenommen.

c) Hier haftet bei **teilweiser Veräußerung** sowohl der Veräußerer als der Erwerber auch weiter, wenn das in den Händen des einen oder des anderen befindliche Betriebsvermögen unter die Grenze von 50 000 *M* gesunken ist.

d) Nach der Umlegung werden beide, soweit sie Betriebsvermögen haben, neu veranlagt.

e) Für den **Erwerber** findet dagegen § 7 keine Anwendung, da für die dort angegebene nachträgliche Belastung hier kein Raum ist.

f) Über die Belastung des Erwerbers, im Falle Rückkäufe seitens des Veräußerers stattgefunden haben, vergl. § 62.

g) Über die Rechtsverhältnisse bei gleichen Rechtsvorgängen hinsichtlich veräußerlicher Obligationen vergl. § 50.

3. a) Vergl. hierzu auch die Anmerkungen zu Abs. 2 des § 48.

b) Über die etwaigen Folgen der Liquidation nach Rückkauf vergl. § 66.

c) In dem Falle des Abs. 2 wird der Grundbesitz von der **öffentlichen Last** frei. Die öffentliche Last entsteht bei ihnen erst neu, wenn sie wiederum einem Betriebsvermögen gewidmet wird.

4. Über die entsprechenden Rechtsverhältnisse im Falle einer Erbschaft vergl. Anm. 4 zu § 50.

§ 50.[1])

Veräußerung und Liquidation des Betriebsvermögens bei veräußerlichen Obligationen.

(1) Tritt der Übergang des Betriebsvermögens oder der zu ihm gehörenden Gegenstände (§ 49) bei einem Unternehmer ein, dessen Einzelobligationen veräußerlich sind, so haftet der Erwerber des Betriebsvermögens auch für die später fällig werdenden Jahresleistungen.[2])

(2) Liegen bei einem solchen Unternehmer die Voraussetzungen des § 49 Abs. 2 vor, so ist die Sicherstellung auch für die später fällig werdenden Jahresleistungen vorzunehmen.[3]) [4])

1. Vergl. Anm. 1 zu § 46.

2. Im übrigen gelten die Regeln des § 49 Abs. 1.

3. Auch hier gilt im übrigen der § 49 Abs. 2.

4. Die §§ 49 und 50 handeln, abgesehen von der Frage der Liquidation, nur von dem Übergang des Betriebsvermögens im Falle der Veräußerung. Mangels irgendwelcher Vorschriften bei dem ganzen oder teilweisen Übergang des Betriebsvermögens **durch Erbschaft** oder der **Auflösung der Betriebe bei einer solchen Erbschaft** muß man annehmen, daß in den Erbschaftsfällen die §§ 49 und 50 analog Anwendung finden. Die Erben und zunächst die ungeteilte Erbschaftsmasse haften also in der gleichen Weise wie die Käufer und werden, soweit es sich um unveräußerliche Einzelobligationen handelt, bei der nächsten Umlegung neu veranlagt.

VI. Der Treuhänder.[1])

§ 51.

Ernennung und Stellung des Treuhänders.

(1) Für die Zwecke der Durchführung dieses Gesetzes wird von der Reparationskommission ein Treuhänder ernannt. Die Ernennung erfolgt erstmalig auf mindestens 5 Jahre; sie wird der Reichsregierung zur Kenntnis gebracht. Im Falle der Ernennung eines neuen Treuhänders gelten die Vorschriften des § 40.[2])

(2) Der Treuhänder hat seinen Sitz in Berlin bei der Bank, die ihm die erforderlichen Räume zur Verfügung stellt. Im Einvernehmen mit der Reichsregierung kann der Treuhänder seinen Sitz an einem anderen Orte innerhalb oder außerhalb Deutschlands nehmen. In diesem Falle hat er den Ort seines Sitzes im Reichsanzeiger anzuzeigen.

(3) Der Treuhänder ist von allen landesrechtlichen Beschränkungen beim Erwerb von Grundstücken befreit. Er kann vor deutschen Gerichten auftreten; er hat seinen Gerichtsstand im Bezirk des Amtsgerichts Berlin-Mitte, auch wenn er seinen Sitz außerhalb Deutschlands nimmt.[3])

(4) Der Treuhänder ist von der Zahlung gerichtlicher Gebühren und Auslagen befreit. § 90 Abs. 4 des Gerichtskostengesetzes vom 21. Dezember 1922 (Reichsgesetzbl. 1923 I S. 12) gilt entsprechend.[4])

1. Der **Treuhänder** besitzt eine außergewöhnlich wichtige Stellung, die auch darin zum Ausdruck kommt, in wie zahlreichen Bestimmungen des Gesetzes ihm Aufgaben oder Entscheidungen zugeteilt sind. Die Tätigkeit des Treuhänders ist begründet in folgenden Paragraphen: §§ 2, 4, 8, 11, 13, 14, 16 bis 18, 31,

33 bis 35, 37 bis 44, 46, 48, 52 bis 61, 68 bis 71. In vielen Fällen hat er seine Aufgabe zusammen mit der Bank zu lösen und mit ihr eine übereinstimmende Willensmeinung zu suchen. Über die Fälle, in denen ein derartiges gemeinsames Arbeiten vorgesehen ist, siehe Anmerkung zu § 23. Besonders hervorzuheben ist auch seine Tätigkeit als Vertreter der Gläubiger gemäß § 39.

2. § 40 enthält die Bestimmung, daß bei der Ernennung neuer Treuhänder etwa vorhandene Gläubigervertreter um ihre Meinung zu befragen sind.

3. Der Treuhänder hat den Gerichtsstand nur in dieser seiner Eigenschaft beim Bezirk des Amtsgerichts Berlin-Mitte, nicht auch als Privatperson.

4. § 90 Abs. 4 des Gerichtskostengesetzes lautet: „Soweit demjenigen, welchem die Gebührenfreiheit zusteht, Kosten des Verfahrens auferlegt sind oder von ihm übernommen werden, sind Gebühren überhaupt nicht zu erheben und erhobene zurückzuzahlen."

§ 52.

Aushändigung von Urkunden an den Treuhänder.

Dem Treuhänder werden ausgehändigt:

a) die Industriebonds,

b) die Einzelobligationen der Unternehmer,

c) etwaige Urkunden über die für die Einzelobligationen gestellten Sicherheiten.[1])

Es kommen hier vor allem die im § 4 c und d genannten Sicherheiten und Pfänder in Frage. Vergl. daneben auch §§ 48 und 49.

§ 53.

Verwahrung der dem Treuhänder übergebenen Urkunden.

(1) Die ihm übergebenen Industriebonds[1]) darf der Treuhänder mit Genehmigung der Reparationskommission und zu deren Gunsten verkaufen oder als Unterlage für die Neuemissionen benutzen.

(2) Die im § 52 unter b und c bezeichneten Einzelobligationen und Urkunden werden vom Treuhänder unter gemeinsamem Verschluß mit der Bank im gemeinsamen Interesse der Gläubiger der Industriebonds und der Bank verwahrt;[2]) die Bank darf über sie nicht ohne Zustimmung des Treuhänders verfügen; dem Treuhänder stehen die im § 13 bezeichneten Rechte zu.

(3) Der Treuhänder hat darauf zu achten, daß die Deckung für die ihm übergebenen Industriebonds jederzeit vorhanden ist; er führt die Aufsicht über die auf seinen Namen errichteten Sperrkonten (§ 48 Abs. 2, § 50 Abs. 2).

1. Über die Industriebonds vergl. § 32.

2. a) Der **Treuhänder,** nicht die Bank, ist also der Verwahrer.

b) Über die Verwahrung der veräußerlichen Einzelobligationen vergl. jedoch § 14 Abs. 4.

§ 54.

Treuhänder und Zinsen- und Tilgungsdienst.

(1) Der Zinsen- und Tilgungsdienst für die Industriebonds und für die gemäß § 14 übergebenen Einzelobligationen wird, soweit diese Papiere verkauft sind, vom Treuhänder mit Hilfe der ihm vom Agenten für die Reparationszahlungen zu diesem Zwecke überwiesenen Geldmittel besorgt.[1])

(2) Der Treuhänder ist berechtigt, der Bank die Besorgung dieses Zins- und Tilgungsdienstes für ihn und auf seine Kosten zu übertragen.[2])

1. Die Vorschrift ist eine Folge des § 34 Abs. 2.

2. Hierdurch wird nur die Bank als solche von der Tragung der Kosten befreit. Letzten Endes werden auch diese Kosten gemäß § 56 vom Reiche bezahlt.

§ 55.

Aufsichtsbefugnisse des Treuhänders.

(1) Der Treuhänder hat das Recht, jederzeit die Bücher und alle Schriftstücke der Bank einzusehen und zu prüfen, welche die Industriebonds und deren Deckung betreffen. Er ist von allen Generalversammlungen und Vollsitzungen des Aufsichtsrates rechtzeitig zu benachrichtigen und kann an ihnen teilnehmen.

(2) Wenn er die Sicherheit der Industriebonds oder den Zinsen- und Tilgungsdienst durch eine Verwaltungsmaßnahme ernstlich gefährdet findet, kann er die Einberufung des Aufsichtsrates fordern und diesem sowie der Leitung der Bank entsprechende Mitteilung machen und verlangen, daß die Bank die erforderlichen Maßnahmen ergreift. Er kann insbesondere verlangen, daß die Bank gegen Unternehmer, die mit der Zahlung von Zins- und Tilgungsbeträgen im Rückstande sind, mit den ihr nach diesem Gesetz zustehenden Mitteln vorgeht. Ist die Bank selbst mit Zahlungen im Rückstande, so ist sie hierzu auch ohne besonderes Verlangen des Treuhänders verpflichtet.

(3) Ist eine Einigung über die von der Bank zu ergreifenden Maßnahmen nicht zu erzielen, so entscheidet auf Antrag eines der Beteiligten das im § 69 vorgesehene Schiedsgericht. Ist die Bank mit Zahlungen gegenüber dem Treuhänder im Rückstand, so hat sie den Forderungen des Treuhänders auch vor der Entscheidung des Schiedsgerichts alsbald Folge zu leisten.

§ 56.

Kosten des Treuhänders.

Die Kosten des Treuhänders werden aus den jährlichen Gesamtleistungen des Reiches bestritten.

VII. Rückkauf.[1])

§ 57.

Rückkaufsmöglichkeit im allgemeinen.

Der belastete Unternehmer kann nach Maßgabe der folgenden Bestimmungen die von ihm ausgestellten Einzelobligationen, sei es, daß sie auf die Bank, sei es, daß sie auf den Inhaber lauten, zurückkaufen, solange sie in der Hand des Treuhänders sind.[2])

1. Vergl. zu dem VII. Abschnitt die Begründung zu §§ 57 bis 66 und den Bericht des Organisationskomitees über „Rückkauf".

2. a) Dem in diesem Abschnitt behandelten **Rückkauf** steht der in § 17 genannte Rückkauf gleich, der, wie aus dem Sinn des Gesetzes und dem in § 17 gebrauchten Ausdruck „Rückkauf" hervorgeht, unter die Bestimmungen dieses Abschnittes fällt.

Zweifelhaft ist die Behandlung der **verstärkten Tilgung**, die der Unternehmer, der verkäufliche Einzelobligationen ausgestellt hat, durch Ankauf auf freiem Markte vornehmen kann. Aus dem Umstande, daß er nach der Vorschrift des § 13 aber auch diese aufgekauften Einzelobligationen zu vernichten hat, ist zu folgern, daß durch diesen Aufkauf die Last erlischt und deshalb der § 62 auch für diesen Fall der verstärkten Amortisation anzuwenden ist und ebenso selbstverständlich die §§ 63 bis 64, die nur die Rechtsfolge der Erlöschung der Last behandeln. Dagegen dürfte die Bestimmung des § 65 nicht anwendbar sein, da die in dieser Vorschrift enthaltenen Vorteile nur für den Fall des Rückkaufs gegeben sind.

b) Über die Folgen des Rückkaufs für die Aufbringungsfrage vergl. § 13 des Aufbringungsgesetzes.

§ 58.

Kaufsumme bei Rückkauf.

Der Belastete ist berechtigt, die von ihm ausgestellten Einzelobligationen, solange sie in der Hand des Treuhänders sind, ganz oder teilweise zum Nennbetrage zurückzukaufen.[1])

1. a) Der § 58 wiederholt den § 57, nur ist noch hinzugefügt, daß der Kaufpreis beim Rückkauf der Nennbetrag ist.

b) Da der Belastete hiernach berechtigt ist, die Einzelobligationen auch zum Teil zurückzukaufen, § 11 Abs. 2 aber bestimmt, daß über die Gesamtlast eine Einzelobligation auszustellen ist, ergibt sich, daß neben dem Recht der Bank und des Treuhänders aus § 11 Abs. 3 auch der Belastete hier das Recht hat, den Umtausch in Teilstücke zu verlangen. Da sein Rückkaufsrecht auch der Summe nach nicht beschränkt ist, muß man sogar annehmen, daß die Tilgung auch unter 5000 ℳ im Gegensatz zu der Vorschrift des § 11 Nr. 3 heruntergehen kann.

§ 59.

Zahlungsweise.

(1) Der Rückkauf kann in gleicher Weise[1]) durch Hingabe von Industriebonds zu ihrem Nennbetrage oder durch Zahlung in Gold, in ausländischen Geldsorten oder Devisen sowie in deutscher Reichswährung erfolgen, sofern diese Währung die Goldparität hat. Den Industriebonds stehen solche durch Einzelobligationen oder Industriebonds gedeckte Titel gleich, die von dem Treuhänder selbst oder auf seine Veranlassung ausgegeben worden sind.[2])

(2) Der Rückkauf in Gold, ausländischen Geldsorten, Devisen oder deutscher Reichswährung kann nur insoweit ausgeübt werden, als nicht durch ihn die Deckung der im Umlauf befindlichen Industriebonds unter deren Nennbetrag herabgemindert wird.[3])

1. Der Ausdruck „in gleicher Weise“ würde zu dem Schluß führen, daß die Arten der Zahlungen sich alle gleichstehen. Aus Abs. 2 ergibt sich aber, daß der Rückkauf mit Industriebonds ein Vorzugsrecht hat.

2. a) Es sind demnach als **Zahlungsarten** zugelassen:

1. die Industriebonds und neben ihnen die Bonds in ausländischer Währung, die auf Grund des § 33 ausgegeben sind,
2. die Zahlung in Gold unter Berücksichtigung der Bestimmung des § 10,
3. die Zahlung in ausländischen Geldsorten oder Devisen ohne Beschränkung auf ihre Parität — selbstverständlich ist aber das jeweilige Kursverhältnis zugrunde zu legen —,
4. die Zahlung in deutscher Reichswährung, doch nur wenn diese die Goldparität besitzt.

b) Über die Möglichkeit anderer **Zahlungsarten** vergl. § 60.

3. Diese Bestimmung war notwendig, vergl. hierzu den Bericht des Organisationskomitees über den Rückkauf Abs. 1. Sind z. B. 4,25 Milliarden Industriebonds ausgegeben und davon 4 Milliarden bereits im Umlauf, so können nicht mehr als für 250 Millionen unveräußerliche Einzelobligationen in Geld usw. zurückgekauft werden, da sonst weniger unveräußerliche Einzelobligationen vorhanden wären, als sich Industriebonds im Umlauf befinden.

§ 60.

Rückkaufsvereinbarung.

Unbeschadet der Vorschrift des § 58 kann der Treuhänder binnen 6 Monaten nach Ablauf der im § 9 bestimmten Frist jeden Vorschlag des belasteten Unternehmers für den sofortigen oder allmählichen Rückkauf annehmen.[1]) Der Treuhänder wird bis zum Ablauf der 6 Monate über die Einzelobligationen nicht verfügen.[2]) Der Treuhänder und der Unternehmer haben jede Rückkaufsvereinbarung der von der Reichsregierung bestimmten Stelle alsbald abschriftlich mitzuteilen.[3])

1. a) Rückkäufe zum Nennbetrage bei sofortiger Zahlung sind bereits durch §§ 58, 59 gedeckt. Hier handelt es sich um andersgeartete Vorschläge — andere Zahlungsweise und andere Zahlungstermine —.

b) Der Treuhänder kann auf Grund des § 60 auch höhere Beträge als die Nennbeträge fordern. Dies wäre denkbar, wenn als Gegenwert deutsches Geld, das aber nicht die Goldparität hat, angeboten wird oder der Rückkauf allmählich stattfinden soll.

2. Kommt eine Vereinbarung über den allmählichen Rückkauf zustande, so sind natürlich Industriebonds in der Höhe der allmählich zurückzukaufenden Einzelobligationen nicht zu veräußern. Da hier der Treuhänder verpflichtet ist, bis zum Ablauf von sechs Monaten über die Einzelobligationen nicht zu verfügen, kann er solange auch nicht die Industriebonds verkaufen, da er sonst seine Verfügungsgewalt über die Einzelobligationen verlieren würde, vergl. § 59 Abs. 2 und die dortige Anm. 3, er würde auch seiner Verpflichtung aus § 61, der Bank Industriebonds zurückzugeben, nicht nachkommen können.

3. Gemäß § 19 D.B. haben Treuhänder und Unternehmer jede Rückkaufsvereinbarung dem Vorstand der Bank für deutsche Industrieobligationen alsbald abschriftlich mitzuteilen, die ihrerseits wieder dem zuständigen Finanzamt jeden teilweisen oder völligen Rückkauf mitzuteilen hat.

§ 61.

Vernichtung zurückgekaufter Stücke.

(1) Werden Einzelobligationen, die als Grundlage für die Industriebonds dienen, zurückgekauft, so erhält die Bank vom Treuhänder einen entsprechenden Betrag von Industriebonds zur Vernichtung.[1]

(2) Die Stücke der zurückgekauften Einzelobligationen hat der Treuhänder zu vernichten. Der Schuldner erhält eine Bescheinigung über seine Befreiung und über die Vernichtung der Stücke.

Mit der Bezahlung von Einzelobligationen sind in gleicher Höhe Industriebonds bezahlt, den Industriebonds fehlte sonst die Deckung.

§ 62.

Verringerung und Erlöschen der Last bei Rückkauf.

Sind sämtliche Einzelobligationen eines Unternehmers zurückgekauft, so sind der Unternehmer und die haftenden Grundstücke und grundstücksgleichen Rechte dauernd von der Last befreit, die im Augenblick des Rückkaufs bestanden hat. Bei teilweisem Rückkauf tritt die Wirkung für den entsprechenden Teil der Belastung ein.

1. Die Vorschrift dieses Paragraphen gilt auch für den Fall der verstärkten Amortisation veräußerlicher Obligationen nach § 13, vergl. Anmerkung zu § 57.

2. Hiernach ist durch den Rückkauf auch die auf den Grundstücken **ruhende öffentliche Last** aus § 41, insoweit ein Rückkauf stattgefunden hat, beendet. Die Grundstücke können daher auch im Gegensatz zu § 43 frei von der öffentlichen Last veräußert werden.

Insoweit als **die Last gelöscht ist,** ist der Betrieb nicht nur für den Unternehmer, sondern auch für seinen Rechtsnachfolger frei. Das geht abgesehen von dem Sinn des Gesetzes auch aus § 13 des Aufbringungsgesetzes hervor, nach dem bei der nächsten Umlage der Kapitalbetrag für die Umlage entsprechend gemindert wird.

§ 63.

Wirkung des Rückkaufs auf alte Rechte.

Soweit der Rückkauf erfolgt ist, wirkt er zugunsten der vor der Entstehung der öffentlichen Last entstandenen Rechte Dritter so, als hätte die Last nie bestanden.[1])[2])[3]) Der Dritte kann, soweit eine Eintragung im Grundbuch erfolgt war, die Berichtigung des Grundbuchs verlangen. Zeigt die Bank dem Grundbuchamt das Erlöschen der Last an, so hat das Grundbuchamt den Dritten, deren Rechte aus dem Grundbuch hervorgehen, von der Anzeige Kenntnis zu geben.[4]) Entsprechendes gilt für grundstücksgleiche Rechte.

1. Demnach rücken auch bei teilweisem Rückkauf die alten Rechte entsprechend wieder auf.

2. Die **Rechte Dritter** sind dann bevorrechtigt, wenn sie vor der Entstehung der öffentlichen Last entstanden sind. Bei Grundstücken, die also zurzeit noch nicht einem Betriebsvermögen angehören, können auch noch Rechte eingetragen werden, die später, auch wenn das Grundstück mit einer öffentlichen Last belegt wird, die Vorteile des § 63 genießen.

3. a) Sind **Rechte Dritter** vorhanden, die nach der öffentlichen Last entstanden sind, so ist bei der Berichtigung des Grundbuches die Vorschrift des § 64 zu beachten.

b) Tritt der Fall des § 65 ein, also ein lastpflichtiger Zuwachs des Betriebsvermögens nach Rückkauf, so entsteht eine neue öffentliche Last, die auch die alten Rechte Dritter wieder beeinflußt.

4. Es muß eine genaue Kontrolle auch der Grundstücke geführt werden, die veräußert und aus dem Betriebsvermögen des Unternehmers ausgeschieden sind, aber nach § 43 noch weiter verhaftet sind, da für diese Grundstücke auch der § 63 in Anwendung kommt.

§ 64.

Wirkung des Rückkaufs auf neue Rechte.

(1) Rechte, die nach der Entstehung der öffentlichen Last an einem Grundstücke entstanden sind, werden durch den Wegfall der Last im Range nicht verändert. Der Eigentümer, der Schuldner unveräußerlicher Einzelobligationen war, kann den auf das Grundstück entfallenden Teil einer Jahresleistung als Eigentümergrundschuld eintragen lassen;[1]) die Eigentümergrundschuld geht Rechten, die später als die Last entstanden sind, im Range vor. Soweit die Einzelobligationen veräußerlich waren, kann der Grund-

stückseigentümer einen der Kapitallast entsprechenden Teil, den die Bank festsetzt, als Eigentümergrundschuld eintragen lassen.[2])

(2) Der Antrag auf Eintragung der Eigentümergrundschulden (Abs. 1 Satz 2, 3) ist nur innerhalb von 3 Monaten seit Wegfall der Last zulässig.

(3) Entsprechendes gilt für grundstücksgleiche Rechte.

1. a) Hier geht das Gesetz auch von der Auffassung aus, daß bei **nichtveräußerlichen Einzelobligationen** keine Kapitalschuld, sondern nur eine jährlich wiederkehrende steuerähnliche Leistung vorhanden ist.

b) Gemäß § 15 D.B. II ist, falls eine Eigentümergrundschuld ins Grundbuch eingetragen wird, zu vermerken, welchen eingetragenen Rechten die Grundschuld im Range vorgeht. Hierbei wird gemäß § 16 a. a. O. die Höhe der Jahresleistung oder des Kapitals sowie der Wert des Grundstücks und des gesamten zum Betriebsvermögen gehörenden Grundbesitzes des Unternehmers durch eine Bescheinigung der Bank nachgewiesen.

2. Bei **veräußerlichen Einzelobligationen** ist dagegen hiermit die Kapitallast anerkannt, so daß hiernach auch bei der Buchung in der Bilanz die Reparationshypothek nicht nur nachrichtlich vermerkt werden dürfte, sondern als Schuld, vergl. hierzu Anm. 3b zu § 1.

3. Ist nur ein Teil der Einzelobligationen zurückgezahlt, so entfällt nicht das Recht aus § 64, es ist vielmehr in der Höhe der Rückzahlung vorhanden.

§ 65.

Zuwachs des Betriebsvermögens nach Rückkauf.

(1) Hat sich nach dem Rückkauf das Betriebsvermögen des Unternehmers über den Wert zur Zeit des Rückkaufs hinaus vermehrt, so kann der Unternehmer bei einer späteren Neuumlegung nur wegen dieses Zuwachses am Betriebsvermögen belastet werden.[1])[2])[3])

(2) Ist die im Zeitpunkt des Rückkaufs vorhandene Belastung vollständig abgelöst, so unterbleibt die Belastung wegen eines Vermögenszuwachses bei der nächsten Neuumlegung und, sofern der für sie maßgebende Stichtag früher als 2 Jahre nach dem Zeitpunkt des Rückkaufs liegt, auch für die darauf folgende Umlegung.[4])

(3) Auch für Umlegungen, für die nach Abs. 1, 2 eine Befreiung nicht mehr in Frage kommt, bleibt der Zuwachs des Betriebsvermögens in Höhe von 15 v. H. des bei der letzten Umlegung vor dem Rückkauf festgestellten Betriebsvermögens außer Betracht.[5])

1. Diese Vorschrift gilt nicht bei verstärkter Amortisation nach § 13, vergl. Anm. 2 zu § 57.

2. Da die Last auch für den Rechtsnachfolger des Unternehmers erlischt, vergl. § 62 Anm. 2, so ist hier auch der Rechtsnachfolger genau so wie der Unternehmer zu behandeln.

3. Auch der erste Absatz kann sich nur auf den **Rückkauf sämtlicher das Betriebsvermögen belastenden Obligationen** beziehen, da es sonst unverständlich wäre, daß bei späterer Neuumlegung nur der Zuwachs an Betriebsvermögen belastet wird. Auch aus den Ausführungen im Bericht des Organisationskomitees über den Rückkauf letzter Absatz geht hervor, daß nur bei einem vollen Rückkauf die Vergünstigungen des § 65 gewährt werden sollten. Trotzdem muß aber zwischen dem ersten Absatz und dem zweiten Absatz, in dem von der vollständigen Ablösung der Belastung durch Rückkauf die Rede ist, ein Unterschied sein. Dieser Unterschied dürfte darin zu finden sein, daß der erste Absatz sich auf den in § 60 vorgesehenen Fall des allmählichen Rückkaufs bezieht. Dadurch ist die Möglichkeit gegeben, daß in vereinzelten Fällen, trotzdem noch nicht eine vollständige Ablösung stattgefunden hat, bei Neuumlegung nur der Zuwachs an Betriebsvermögen belastet wird.

4. Das Mindestmaß der Zeit, für die die Erleichterung gilt, ist demnach etwas über zwei Jahre.

5. In den Fällen des Abs. 1 würde also die geminderte Heranziehung des Zuwachses um 15 v. H. bereits bei der ersten Neuumlegung, im Falle des Abs. 2 bei der zweiten und dritten Umlegung stattfinden.

§ 66.

Minderung des Betriebsvermögens nach Rückkauf.

Vermindert sich nach erfolgtem Rückkauf das Betriebsvermögen,[4]) abgesehen von der durch den Rückkauf verursachten Kapitalverminderung, so findet ein Lastenausgleich statt, wenn die Minderung mindestens 10 v. H. beträgt.[1]) Die Reichsregierung erläßt hierüber nähere Bestimmungen.[2])

1. a) Die Vorschrift geht von der Voraussetzung des noch belasteten Betriebes aus. Ist der Betrieb aufgegeben, so ist die dann etwa eintretende Kapitalverminderung nicht mehr zu berücksichtigen, da nur von einer Verminderung des Betriebsvermögens gesprochen wird.

b) Beträgt die Minderung über 10 v. H., so ist der Lastenausgleich auch für die ersten 10 v. H. der Minderung zu gewähren

2. Bestimmungen werden kaum notwendig sein, da § 13 des Aufbringungsgesetzes bereits einen Lastenausgleich enthält, vergl. § 13.

VIII. Steuerbefreiung.

§ 67.

Steuerbefreiung.

Alle Zahlungen für den Zinsen- und Tilgungsdienst der von den Unternehmern ausgestellten Einzelobligationen und der Industriebonds[1]) sind bis zu einem etwaigen Rückkauf von jeder unmittelbar die Zahlung belastenden deutschen Steuer frei.[2]) Die Befreiung tritt nicht ein, soweit die Titel sich im Eigentum oder einem die Besteuerung begründenden Besitz von deutschen Reichsangehörigen[3]) oder von Gesellschaften mit Sitz oder Ort der Leitung in Deutschland befinden.

1. Da die **Industriebonds** ohne Einschränkung angeführt sind, sind abgesehen von den Bonds (§ 33) auch die auf Grund des § 24 Abs. 3 ausgegebenen Industriebonds in die Vorschrift des § 67 eingeschlossen.

2. Es handelt sich vornehmlich um die **Kapitalertragssteuer,** die unmittelbar die Zahlung von Kapitalbeträgen belastet.

3. Da nur deutsche Reichsangehörige oder entsprechende Gesellschaften von einer derartigen Steuer nicht befreit sind, sind also auch **Ausländer,** die in Deutschland ihren Wohnsitz haben und im übrigen vollständig oder fast vollständig steuerpflichtig sind, von dieser Steuer befreit.

IX. Garantie des Reichs.

§ 68.

Gewährleistung des Reichs.

(1) Die Deutsche Regierung gewährleistet Kapital, Zins und Tilgung der Einzelobligationen.

(2) Diese Gewährleistung hat folgenden Inhalt:

Werden die Zins- und Tilgungsscheine der veräußerten Einzelobligationen nach dem Fälligkeitstage unbezahlt dem Treuhänder zur Wahrnehmung der Gläubigerrechte übergeben, oder gehen die Zins- und Tilgungsbeträge für die in der gemeinsamen Verwahrung der Bank und des Treuhänders befindlichen Einzelobligationen nicht rechtzeitig ein, so kann der Treuhänder entweder von den ihm nach den §§ 46 bis 50 zustehenden Befugnissen Gebrauch machen oder frühestens einen Monat nach der Fälligkeit gemäß den in dem Protokoll vom 30. August 1924 vorgesehenen Bedingungen von dem Kommissar für die verpfändeten Einnahmen die Zahlung der fälligen Zins- und Tilgungsbeträge zum Nennbetrag aus den zur Rückerstattung an das Reich bestimmten Steuerbeträgen verlangen; er hat bei veräußerlichen Einzelobligationen und Industriebonds die unbezahlt gebliebenen Zinsscheine auszuhändigen. Den Zinsscheinen der Industriebonds sind außerdem von ihm und der Bank unterschriebene Bescheinigungen beizufügen, aus denen die mit Zins- und Tilgungsbeträgen im Rückstand befindlichen Unternehmer zu ersehen sind. Fehlt es dem Kommissar für die verpfändeten Einnahmen an den erforderlichen Mitteln, so kann sich der Treuhänder unmittelbar an das Reich wenden.

(3) Im Falle der Zahlung durch den Kommissar für die verpfändeten Einnahmen oder sonst durch das Reich ist der Schuldner dem Reiche ersatzpflichtig. Die Reichsregierung erläßt hierüber die näheren Bestimmungen. Sämtliche Rechte, die dem Treuhänder, der Bank und den Obligationsgläubigern auf Grund der Zins- und Tilgungsansprüche gegen die Obligationsschuldner und gegen die Bank zustehen, gehen auf das Reich über. Die zur Geltendmachung der Rechte erforderlichen Urkunden sind dem Reich unverzüglich zur Verfügung zu stellen.

Vergl. hierzu die amtliche Begründung zu § 68 und den Bericht des Organisationskomitees über „Inhalt der Garantie".

X. Schiedsgericht.

§ 69.

Zusammensetzung und Zuständigkeit des Schiedsgerichts.[1])

(1) Über jede Meinungsverschiedenheit zwischen der Reichsregierung oder der Bank einerseits und der Reparationskommission oder dem Treuhänder andererseits, mag sie die Auslegung dieses Gesetzes, mag sie Rechtmäßigkeit, Zweckmäßigkeit oder Billigkeit einer Maßnahme betreffen, die auf Grund dieser Bestimmungen getroffen worden ist oder getroffen werden soll, entscheidet endgültig ein Schiedsrichter. Der Schiedsrichter wird gemeinsam von der Reichsregierung und der Reparationskommission alsbald nach dem Inkrafttreten dieses Gesetzes für einen Zeitraum von nicht weniger als fünf Jahren ernannt. Kommt eine Einigung über die Person des Schiedsrichters nicht zustande, so wird er durch den Präsidenten des Internationalen Ständigen Schiedsgerichtshofes ernannt. Ist der Schiedsrichter in einem bestimmten Falle verhindert, die Entscheidung zu treffen, so wird ein Schiedsrichter für diesen Fall nach den gleichen Grundsätzen ernannt.[2])

(2) Der Schiedsrichter kann allein entscheiden; er kann auch verlangen, daß ihm zwei weitere Schiedsrichter beigeordnet werden, die von den beteiligten Parteien benannt sind.

(3) Unter die Schiedsgerichtsklausel des Abs. 1 fallen insbesondere die in den §§ 8, 42, 48, 55 Abs. 3 vorgesehenen Meinungsverschiedenheiten.

1. Vergl. hierzu die amtliche Begründung zu § 69 und den Bericht des Organisationskomitees über „Schiedsgericht".

2. Die Stellung des Schiedsrichters ist bei den in Frage kommenden Paragraphen behandelt.

XI. Schlußbestimmungen.

§ 70.

Übergabe der Obligationen.

(1) Innerhalb einer Frist von zwei Monaten nach Inkrafttreten dieses Gesetzes ist der Bank und dem Treuhänder zu gemeinsamer Verwahrung eine vorläufige Kollektivobligation über fünf Milliarden Goldmark nach Maßgabe des diesem Gesetz beigefügten Musters A*) zu übergeben.

(2) Die Kollektivobligation ist von sieben von der Reichsregierung hierzu bestimmten Vertretern der nach §§ 1 bis 4 belasteten Unternehmer zu unterzeichnen. Die Reichsregierung gewährleistet Kapital, Zins und Tilgung dieser Kollektivobligation in derselben Weise, wie dies für die Einzelobligationen der Unternehmer in § 68 vorgesehen ist.

(3) Gegen Rückgabe der Kollektivobligation werden bis längstens 28. Februar 1925 der Bank und dem Treuhänder zu gemeinsamer Verwahrung die in den §§ 9, 11 Abs. 1, 2 und 12 vorgesehenen Einzelobligationen der Unternehmer übergeben. Bis zu dem gleichen Zeitpunkt werden die Industriebonds von der Bank dem Treuhänder übergeben werden.

Vergl. hierzu die amtliche Begründung zu § 70.

§ 71.

Erlaß von Durchführungsbestimmungen.

(1) Die Reichsregierung kann zur Durchführung dieses Gesetzes Rechtsverordnungen und allgemeine Verwaltungsvorschriften erlassen.

*) Das Muster A ist hier nicht mitabgedruckt.

(2) Die Reichsregierung setzt mit Zustimmung des Treuhänders für die in den §§ 10, 14 und 32 vorgesehenen Einzelobligationen und Industriebonds Muster fest. Abweichungen von diesen Mustern sind im Einvernehmen mit der Bank und dem Treuhänder vorzunehmen. Die Vorschrift des § 69 findet Anwendung.

1. Vergl. hierzu die amtliche Begründung zu § 71.

2. Es können **Rechtsverordnungen** erlassen werden, also Verordnungen, deren Bestimmungen auch die Gerichte binden.

§ 72.

Inkrafttreten des Gesetzes.

Den Zeitpunkt des Inkrafttretens dieses Gesetzes bestimmt die Reichsregierung.

Dieses Gesetz ist auf Grund der Verordnung über das Inkrafttreten der Gesetze zur Durchführung des Sachverständigengutachtens vom 30. August 1924 am 1. September 1924 in Kraft getreten.

Berlin, den 30. August 1924.

Der Reichspräsident.
Ebert.

Der Reichswirtschaftsminister.
Hamm.

Der Reichsminister der Finanzen.
Dr. Luther.

Gesetz zur Aufbringung der Industriebelastung.

(Aufbringungsgesetz.)

Vom 30. August 1924 (RGBl. II S. 257).

Der Reichstag hat das folgende Gesetz beschlossen, das mit Zustimmung des Reichsrats hiermit verkündet wird:

§ 1.

Aufbringung.

Die Beträge, die nach dem Gesetz über die Industriebelastung (Industriebelastungsgesetz) vom 30. August 1924 (Reichsgesetzbl. II S. 257) zur Verzinsung und Tilgung von fünf Milliarden Goldmark oder zu Leistungen nach diesem Gesetz erforderlich sind, werden nach den folgenden Vorschriften aufgebracht.

1. Der § 1 enthält nur die Erklärung, daß die Lasten des Industriebelastungsgesetzes nach den Vorschriften eines besonderen Gesetzes über die Aufbringung der Lasten aufzubringen sind.

I. Der Kreis der Belasteten.

§ 2.

Pflichtige und nichtpflichtige Unternehmer.

(1) Aufbringungspflichtig sind die Unternehmer sämtlicher industriellen und gewerblichen Betriebe mit Einschluß des Bergbaues, des Verkehrs-, Bank-, Ver-

sicherungs-, Gast-, Schank- und Beherbergungsgewerbes sowie des Handels. Unternehmer von landwirtschaftlichen, forstwirtschaftlichen oder gärtnerischen Betrieben, von Viehzucht-, Weinbau- oder Fischereibetrieben sind nicht aufbringungspflichtig. Auch Nebenbetriebe landwirtschaftlichen, forstwirtschaftlichen oder gärtnerischen Charakters, die zu industriellen und gewerblichen Betrieben gehören, sind nicht aufbringungspflichtig.

(2) Industrielle oder gewerbliche Betriebe im Sinne dieses Gesetzes sind auch die werbenden Betriebe des Reichs, der Länder und der Gemeinden (Gemeindeverbände) sowie solche werbenden Betriebe, deren Erträge ausschließlich dem Reiche, den Ländern oder den Gemeinden (Gemeindeverbänden) zufließen. Der Begriff der werbenden Betriebe bestimmt sich nach § 4 Abs. 2, 3 der Verordnung zur Ausführung des § 60 des Finanzausgleichsgesetzes vom 21. Juli 1923 (Reichsgesetzbl. I S. 731). Öffentliche oder dem öffentlichen Verkehr dienende Sparkassen gelten jedoch als werbende Betriebe, wenn sie sich nicht auf die Pflege des eigentlichen Sparkassenverkehrs beschränken. Die Vorschrift des Abs. 1 Satz 2 gilt entsprechend. Der Betrieb der Reichspost gilt nicht als werbender Betrieb im Sinne des Gesetzes.

(3) Die Vorschriften des § 1 Abs. 2, 3 des Industriebelastungsgesetzes finden entsprechende Anwendung.

(4) Die Reichsregierung kann die Unternehmer bestimmter Arten von Betrieben von der Aufbringungspflicht befreien, sofern diese Betriebe lediglich gemeinnützigen Zwecken dienen oder sofern zwingende Billigkeitsgründe vorliegen.

1. Mit Ausnahme, daß der Kreis der Belasteten ein anderer ist als im Belastungsgesetz, entspricht der vorstehende § 2 den §§ 2 und 3 des J.V.G. Die Anmerkungen zu diesen Paragraphen sind daher zu vergleichen.

2. Das ganze Verkehrsgewerbe ohne jegliche Ausnahmen ist demnach aufbringungspflichtig.

3. Alle diese Unternehmungen sind aufbringungspflichtig, im Gegensatz zu § 2 J.V.G.

4. Die Landwirtschaft ist also im weitesten Sinne von der Aufbringungspflicht befreit. Nicht befreit sind jedoch die mit der Landwirtschaft häufig verbundenen Unternehmungen gewerblicher Art, die nicht als landwirtschaftliche Nebenbetriebe gelten können, wie z. B. meist Zuckerfabriken und häufig auch Stärkefabriken. Über den Begriff des selbständigen Betriebes zum Nebenbetrieb vergl. die entsprechende Anmerkung beim § 2 J.V.G.

5. Nur die Nebenbetriebe landwirtschaftlichen, forstwirtschaftlichen und gärtnerischen Charakters, die zu industriellen und gewerblichen Betrieben gehören, sind von der Aufbringungspflicht befreit, nicht also Betriebsteile dieses Charakters, die nicht als Nebenbetriebe angesehen werden können. Über den Begriff der Nebenbetriebe vergl. ebenfalls die entsprechende Anmerkung zu § 2 J.V.G.

6. Der Weinbau mit Fischereibetrieb dürfte an dieser Stelle nur deshalb nicht aufgeführt sein, weil man von der wohl zutreffenden Annahme ausgeht, daß derartige Nebenbetriebe bei industriellen und gewerblichen Unternehmungen nicht vorhanden sind. Sollte ein derartiger Fall doch vorkommen, so liegt es wohl im Sinne des Gesetzes, auch diesen Fall dann von der Aufbringungspflicht freizulassen.

7. Die hier angezogene Bestimmung lautet:

„Werbende Betriebe im Sinne des Abs. 1 sind Betriebe, die nach gesetzlicher Vorschrift oder allgemeinen finanzwirtschaftlichen Grundsätzen in der Weise zu führen sind, daß durch die Einnahmen mindestens die Ausgaben gedeckt werden, gleichviel, ob dieser Erfolg im einzelnen Falle tatsächlich erreicht wird. Zu den werbenden Betrieben gehören insbesondere:

1. Betriebe der Land- und Forstwirtschaft und zur Gewinnung von Bodenschätzen (Domänen, Güter, Weinberge, sonstiger landwirtschaftlich genutzter Grundbesitz, Forsten, Ziegeleien, Bergwerke, Hütten, Salinen, Steinbrüche und dergl.);
2. Verkehrsbetriebe (Kleinbahnen, Straßenbahnen, Hoch- und Untergrundbahnen, Hafenbetriebe, Lagerhäuser, Meßgebäude und dergl.);
3. Anstalten zur Versorgung mit Wasser, Gas, Kraft und Licht;
4. Banken und sonstige Kreditanstalten mit Ausnahme der Sparkassen;
5. sonstige gewerbliche Betriebe (Versorgung mit Lebens- und Genußmitteln, Bäderverwaltungen, Fabriken, Mühlen, Molkereien, Brauereien, Zeitungen, Druckereien und dergl.).

Zu den werbenden Betrieben gehören nicht Veranstaltungen, die ohne Rücksicht auf Ertragserzielung zu gemeinnützigen Zwecken unterhalten werden. Hierher gehören insbesondere:

1. Veranstaltungen, die der allgemeinen Wohlfahrt dienen (Kranken- und Siechenhäuser, Desinfektionsanstalten, bakteriologische Untersuchungsanstalten, Volksbäder, Erholungs-, Alters- und Kinderheime, Sport- und Spielplätze, Schlacht- und Viehhöfe und dergl.);
2. Veranstaltungen, die der Kunst, Wissenschaft und sonstigen Bildungszwecken dienen (Theater, Orchester, Museen, Universitäten, Hochschulen und alle übrigen Schulen, Büchereien, Volkslesehallen und dergl.);
3. Veranstaltungen, die wirtschaftlichen Bedürfnissen überwiegend der minderbemittelten Bevölkerung dienen sollen und infolge dieser Zweckbestimmung in ihrer Ertragsfähigkeit beschränkt sind (Leihhäuser und dergl.)."

8. Die Frage, was unter dem „eigentlichen Sparkassenverkehr" zu verstehen ist, ist sehr umstritten.

9. Die angezogenen Absätze des Industriebelastungsgesetzes beziehen sich auf das Verhältnis der Lastpflicht zwischen dem

Unternehmer und dem Eigentümer eines belasteten Betriebes. Vergl. im übrigen die Anmerkungen zu den betreffenden gesetzlichen Vorschriften.

10. Durch die Worte „lediglich gemeinnützigen Zwecken dienen oder sofern zwingende Billigkeitsgründe vorliegen" kommt zum Ausdruck, daß nur in besonders gearteten Fällen eine derartige Befreiung von der Reichsregierung ausgesprochen werden soll.

§ 3.

Freigrenze.

(1) Befreit sind Unternehmer, wenn und solange ihr zur Vermögenssteuer heranzuziehendes Betriebsvermögen den Betrag von zwanzigtausend Goldmark nicht übersteigt.

(2) Die Reichsregierung kann die Freigrenze abweichend festsetzen.

1. Wie der § 2 eine Verbreiterung der zur Aufbringung der Lasten verpflichteten Betriebe nach der Art der Betriebe vorsah, so wird hier die Beitragspflicht von 50 000 ℳ, wie sie im Industriebelastungsgesetz vorgesehen war, auf 20 000 ℳ ermäßigt.

2. Auch hier ist zu beachten, daß das Betriebsvermögen der Unternehmer, nicht das der Betriebe zur Grundlage der Berechnung der Grenze gemacht ist. Auf der einen Seite sind also die in verschiedenen beitragspflichtigen Betrieben angelegten Betriebsvermögen, die in der Hand eines Unternehmers sich befinden, zusammenzurechnen, und andererseits sind die Betriebsvermögen von offenen Handelsgesellschaften und Kommanditgesellschaften auf die einzelnen Teilhaber dieser Geschäfte je nach ihrer Beteiligung zu verteilen (vergl. im übrigen Anm. 1 zu § 4 J.B.G. und wegen der Aufbringungspflicht der Komplementare der Kommanditgesellschaft auf Aktien § 5 Anm. 2 b).

II. Umlegung der aufzubringenden Beträge.

§ 4.

Bemessungsgrundlage.

(1) Der Betrag, den ein aufbringungspflichtiger Unternehmer jährlich zu entrichten hat, bemißt sich nach einem Kapitalbetrage, der auf Grund des zur Vermögenssteuer veranlagten Betriebsvermögens festgestellt wird. Nach Maßgabe der Veranlagung zu späteren Vermögenssteuern werden die auf die einzelnen Unternehmer entfallenden Jahresbeträge neu umgelegt. Soweit eine Veranlagung nicht vorgenommen worden ist, wird das Vermögen nach den Vorschriften des Vermögenssteuergesetzes festgestellt.

(2) Bei den Umlegungen (Abs. 1) kann nach näherer Bestimmung der Reichsregierung auf die Ertragsfähigkeit der einzelnen Betriebsvermögen Rücksicht genommen werden.

(3) Die Reichsregierung bestimmt nach den Grundsätzen der Abs. 1, 2 die für die Berechnung der Jahresleistungen maßgeblichen Sätze. Die Bestimmung der Sätze ist für die Verwaltungsbehörden und die Gerichte bindend.

1. Daß hier auf Grund des Vermögenssteuergesetzes und des Betriebsvermögens ein Kapitalbetrag berechnet wird und erst auf Grund dieses Kapitalbetrages die einzelnen Jahresbeträge berechnet werden, statt daß die jährliche Last von 300 Millionen unmittelbar auf Grund der Gesamtheit der Betriebsvermögen umgelegt wird, hat keine innere Bedeutung. Diese umständliche Berechnungsart ist vielmehr nur gewählt worden, um die Vorschrift in Übereinstimmung mit der Berechnung des Industriebelastungsgesetzes zu bringen.

2. Über die Einwirkung von Rechtsmittelentscheidungen usw. auf die Feststellung der Beträge vergl. § 8.

3. a) Die Umlage ist also auf Grund jeder neuen Vermögensveranlagung neu zu berechnen, auch wenn gemäß § 6 Abs. 2 J.B.G. eine Neuumlegung der Belastung nach diesem genannten Gesetz nicht stattfinden sollte.

b) Da hier eine ähnliche Regelung wie in § 6 Abs. 3 J.B.G. fehlt, ergibt sich, daß man von der Voraussetzung ausgegangen ist, daß, solange das Aufbringungsgesetz in Kraft ist, auch Vermögenssteuerveranlagungen vorgenommen werden.

4. Hier sind die Fälle gemeint, in denen es sich um Betriebe handelt, deren Vermögen nicht vermögenssteuerpflichtig sind, wie z. B. die Betriebe des Reiches, der Länder und Gemeinden.

5. Der Abs. 2 ist dem Sinne nach völlig gleichlautend mit dem § 6 Abs. 1 Satz 2 (vergl. hierzu § 6 Anm. 2 J.B.G.).

6. Mit der Mehrzahl „Sätze" soll hier nur zum Ausdruck kommen, daß jedes Jahr von neuem der Umlagesatz festgestellt werden soll, nicht dagegen, daß je nach der Höhe des Vermögens etwa verschiedene Sätze zur Anwendung kommen können. Das folgt auch schon aus dem § 5 Abs. 1, nach dem die zwischen zwei Umlegungen neu veranlagten Unternehmer mit demselben Satze wie die übrigen Unternehmer herangezogen werden sollen. Hätte man an eine Staffelung der Sätze im Aufbringungsgesetz gegenüber dem Belastungsgesetz gedacht, so hätte hier ein anderer Ausdruck gewählt werden müssen.

7. Da auf der Feststellung des Jahressatzes überhaupt die Möglichkeit der Aufbringung der 300 Millionen beruht, müßte die Nachprüfung dieses Satzes den Verwaltungsbehörden und Gerichten entzogen werden.

8. Über die erste Umlegung ist im Gegensatz zu § 5 nichts gesagt. Es gründet sich darauf, daß infolge der Unverzinslichkeit der Last im ersten Jahre die Umlage für die Aufbringung der Zins- und Tilgungsbeträge erst auf Grund der Veranlagung für das Jahr 1925 vorgenommen zu werden braucht.

§ 5.

Heranziehung zwischen zwei Umlegungen.

(1) Aufbringungspflichtige Unternehmer, die in der Zeit zwischen zwei Umlegungen einen Betrieb eröffnen oder das dem Betriebe gewidmete Vermögen durch Erweiterung ihres Kapitals vergrößern, werden zu entsprechenden Jahresleistungen mit demselben Satze wie die übrigen Unternehmer herangezogen.

(2) Die Heranziehung erfolgt im Anschluß an die Vermögenssteuerveranlagung, soweit die Betriebe auf Grund des Eintritts in die Steuerpflicht oder deren Erweiterung veranlagt werden. Im übrigen setzt die Reichsregierung oder eine von ihr bestimmte Stelle die Höhe der Belastung fest; gegen die Festsetzung ist die Beschwerde an die im § 15 des Industriebelastungsgesetzes vorgesehene Spruchkammer gegeben. Die Entscheidung der Spruchkammer ist endgültig.

1. Vergl. hierzu § 7 J.B.G. nebst Anm.

2. Die infolge dieser Veranlagung aufgebrachten Beträge fließen in die im § 10 genannte Rücklage.

3. Diese Vorschrift ist der Vorschrift des § 7 Abs. 2 J.B.G. nachgebildet.

III. Verfahren.

§ 6.

Verfahren.

(1) Bei der Durchführung dieses Gesetzes finden, soweit nicht in ihm oder in den dazu ergehenden Durchführungsbestimmungen etwas anderes vorgeschrieben ist, die Vorschriften der Reichsabgabenordnung und der Artikel VII und VIII der Dritten Steuernotverordnung sinngemäße Anwendung; dies gilt insbesondere für das Ermittlungs- und Festsetzungsverfahren, das

Rechtsmittelverfahren, das Erhebungs- und Beitreibungsverfahren einschließlich des Stundungsverfahrens sowie das Erstattungsverfahren.

(2) Sachlich zuständig sind die Finanzbehörden des Reichs.

(3) Die Vorschriften der §§ 23 a, 245 Abs. 2 der Reichsabgabenordnung finden keine Anwendung. Die Mitwirkung der Ausschüsse gemäß § 25 der Reichsabgabenordnung ist ausgeschlossen.

1. Dadurch, daß die Reichsabgabenordnung und die Artikel 7 und 8 der Dritten Steuernotverordnung sinngemäß für anwendbar erklärt worden sind, tritt auch der steuerliche Charakter der Umlage deutlich hervor.

2. Der Artikel VII der Dritten Steuernotverordnung enthält eine Vereinfachung der Steuerrechtsfragen und der Artikel VIII eine des Steuerstrafrechts.

3. Das Beitreibungsverfahren, das sich also nach der Reichsabgabenordnung richtet, unterscheidet sich wesentlich von der Zwangsvollstreckung des Industriebelastungsgesetzes (vergl. den dortigen § 46).

4. Dadurch, daß die Reichsabgabenordnung ganz allgemein für anwendbar erklärt worden ist, ist es auch möglich, die Billigkeitsvorschrift des § 108 R.A.O anzuwenden. § 108 R.A.O. lautet:

„Der Reichsminister der Finanzen kann für einzelne Fälle Steuern, deren Einziehung nach Lage der Sache unbillig wäre, ganz oder zum Teil erlassen oder in solchen Fällen die Erstattung oder Anrechnung bereits entrichteter Steuern verfügen. Die Befugnis hierzu kann für bestimmte Arten von Fällen den Landesfinanzämtern oder den Finanzämtern übertragen werden.

Für Fälle bestimmter Art kann der Reichsminister der Finanzen mit Zustimmung des Reichsrats aus Billigkeitsgründen allgemein Befreiungen oder Ermäßigungen von Steuern sowie die Erstattung oder Anrechnung bereits entrichteter Steuern vorsehen.“

§ 7.

Bescheid.

Über den Betrag der Jahresleistungen wird ein schriftlicher Bescheid erteilt.

Der Bescheid muß gemäß § 6 von dem für die Vermögenssteuerveranlagung zuständigen Finanzamt ausgehen.

§ 8.

Berichtigung der Bemessungsgrundlage.

Wird die Bemessungsgrundlage durch Rechtsmittelentscheidung, Neuveranlagung, Berichtigung oder eine andere Verfügung geändert, so ist der Bescheid (§ 7) von Amts wegen entsprechend zu berichtigen.

Hiernach müssen überhobene Aufbringungsbeträge zurückgezahlt und für das laufende Jahr in Ansatz gebrachte je nach dem Ausfall des Rechtsmittelverfahrens usw. ermäßigt werden. Hieraus ergibt sich, daß das Soll von 300 Millionen durch die ordnungsmäßige Umlage nicht ganz erreicht wird und durch den Rücklagefonds des § 10 gedeckt werden muß.

§ 9.

Rechtsmittel.

Gegen den Bescheid sind die Berufung und die Rechtsbeschwerde nach der Reichsabgabenordnung gegeben. Das Rechtsmittel kann nicht darauf gestützt werden, daß das der Veranlagung zur Vermögenssteuer zugrunde gelegte Betriebsvermögen zu hoch bewertet worden sei; jedoch kann nach näherer Bestimmung der Reichsregierung geltend gemacht werden, daß ein Gegenstand nicht zum Betriebsvermögen gehöre.

Außer dem hier besonders genannten Fall, daß nämlich ein Gegenstand nicht zum Betriebsvermögen gehört, wird die in § 9 gegebene Berufung sich fast ausschließlich darauf erstrecken, ob hier ein aufbringungspflichtiger Betrieb gemäß § 2 vorliegt. Die Aufbringungspflicht auf Grund des § 3 kann nur in diesem Rechtsmittelverfahren mit der Behauptung bestritten werden, daß ein Gegenstand, der zum Betriebsvermögen nicht gehört, dazugerechnet sei, da jede andere Behauptung zugleich die Veranlagung zur Vermögenssteuer angreifen würde, was nach dem 2. Satz des § 9 nicht gestattet ist.

IV. Sicherungen.

§ 10.

Sicherheitsrücklage der Bank. Erhebung von Zuschlägen.

Bei der Bank für deutsche Industrieobligationen wird eine Ausgleichs- und Sicherungsrücklage gebildet. In diese Rücklage fließen:

a) die Leistungen gemäß § 5,

b) Zuschläge von zehn vom Hundert, die die aufbringungspflichtigen Unternehmer zu den von ihnen auf Grund dieses Gesetzes geschuldeten Beträgen zu leisten haben. Diese Zuschläge werden auf fünf vom Hundert herabgesetzt, sobald die Rücklage den Betrag von 150 Millionen Goldmark, und ganz außer Hebung gesetzt, sobald die Rücklage den Betrag von 300 Millionen Goldmark erreicht hat. Sinkt die Rücklage unter diesen Betrag, so ist der Zuschlag vom nächsten Zahlungstermin ab wieder zu entrichten; jedoch kann die Reichsregierung in diesem Falle den Zuschlag nach Anhörung der Bank ermäßigen.

1. Die Schaffung einer Sicherheitsrücklage war zweifellos besonders bei der Unsicherheit der Entwicklung unserer wirtschaft-

lichen Verhältnisse in jeder Hinsicht geboten, wenn auch dadurch die Belastung des einzelnen Betriebes nicht unerheblich steigt.

§ 11.

Stellung der Leistungen im Konkurs.

Im Falle des Konkurses des belasteten Unternehmers genießen die Ansprüche für die rückständigen, die laufenden und die künftigen Leistungen, soweit sie bis zum Ende des Kalenderjahrs fällig werden, in dem die Neuumlegung voraussichtlich erfolgt, das Vorrecht des § 61 Nr. 2 der Konkursordnung. Eine Fälligkeit der künftigen Jahresleistungen kommt im übrigen nicht in Betracht.

1. Der § 11 entspricht dem § 47 J.B.G.; siehe daher diesen und die dazugehörenden Anmerkungen.

§ 12.

Haftung des Erwerbers. Liquidation.

Die Vorschriften des § 49 des Industriebelastungsgesetzes finden entsprechende Anwendung. Bei Übergang zu einem Bruchteil haften jedoch der Veräußerer und der Erwerber als Gesamtschuldner; das Finanzamt hat auf Antrag die Leistungen verhältnismäßig zu verteilen. Die Sicherstellung des Kapitals im Falle der Liquidation, der freiwilligen Aufgabe oder der Auflösung des Betriebs erfolgt durch Anlegung eines auf den Namen der Bank lautenden Sperrkontos bei einer von dieser zu bezeichnenden Bank.

1. Der § 12 entspricht dem § 49 J.B.G.; vergl. daher, soweit der § 12 keine andere Regelung enthält, die Anmerkung zu § 49 J.B.G.

2. Bei einem völligen Übergang haftet demnach nur der Erwerber.

3. a) Die Bestimmung, daß Veräußerer und Erwerber als Gesamtschuldner haften, hat nur die praktische Bedeutung, daß, solange das Finanzamt keine klare Einsicht über die Teilung des Betriebsvermögens zwischen Veräußerer und Erwerber besitzt und demgemäß auch nicht die Leistungen verteilen kann, sich praktisch bei jedem der beiden zu halten vermag, so daß ein Aufschub in der Leistungspflicht nicht eintritt.

b) Verhältnismäßig kann nur bedeuten eine Verteilung der Lasten in einem Verhältnis, das dem Anteil an dem bisherigen Betriebsvermögen des Veräußerers und Erwerbers entspricht.

4. Die Vorschrift des Paragraphen wird ebenso wie § 49 J.B.G. analog bei Erbschaften anzuwenden sein. Solange das Finanzamt die Leistungen noch nicht verhältnismäßig verteilt hat, werden daher auch die Erben nach Teilung der Erbschaft als Gesamtschuldner zu haften haben.

V. Rückkauf.

§ 13.

Rückkauf. Lastenausgleich.

(1) Wenn ein aufbringungspflichtiger Unternehmer die von ihm ausgestellten Einzelobligationen gemäß §§ 57 bis 66 des Industriebelastungsgesetzes ganz oder teilweise zurückkauft, so vermindert sich mit Wirkung vom nächsten Zahlungstermin ab der jeweilige den Jahresleistungen zugrunde liegende Kapitalbetrag (§ 4 Abs. 1) um den Nennbetrag der zurückgekauften Einzelobligationen. Insoweit der für den Rückkauf aufgewendete Betrag höher ist als der Kapitalbetrag (§ 4 Abs. 1), findet der Lastenausgleich dadurch statt, daß die Bank an den Zahlungsterminen dem Unternehmer den Betrag vergütet, um den die Jahresleistung für den zum Rückkauf aufgewendeten Betrag die Jahresleistung für den Kapitalbetrag (§ 4 Abs. 1) übersteigt.

(2) Die Vorschriften der §§ 65, 66 des Industriebelastungsgesetzes finden entsprechende Anwendung. Eine vollständige Ablösung liegt auch im Sinne dieses Gesetzes nur vor, wenn die Einzelobligationen vollständig abgelöst sind.

1. Die Zahlungstermine stehen zurzeit noch nicht fest.

2. Diese Vorschrift muß auch für die verstärkte Amortisation gelten (vergl. § 13 J.B.G.).

3. Dieser Fall muß immer eintreten, wenn ein vollständiger Rückkauf einer Belastung stattgefunden hat. Da der Kreis der an der Aufbringung beteiligten Unternehmer erheblich größer ist als der am J.B.G. Belasteten und demzufolge der Kapitalbetrag, der nach § 4 J.B.G. auf das einzelne Betriebsvermögen entfällt, kleiner sein muß als die Quote, mit der er nach dem Industriebelastungsgesetz belastet wird.

4. Da die Bank nur Jahresleistungen und keine Kapitalbeträge empfängt, kann auch die Vergütung nur in fortlaufenden Jahresleistungen bestehen.

5. Ohne die Bestimmung dieses Absatzes hätten die in §§ 65 und 66 J.B.G. gewährten Vorteile überhaupt kaum einen praktischen Wert.

Vergl. im übrigen die genannten Paragraphen nebst Anmerkungen.

VI. Steuerbefreiungen.

§ 14.

Kapitalverkehrssteuer usw.

(1) Die Bank für deutsche Industrieobligationen ist von allen Steuern des Reichs, der Länder und Gemeinden (Gemeindeverbände) vom Einkommen, vom Vermögen (einschließlich Grundvermögen) und vom Gewerbebetriebe befreit.

(2) Aus Anlaß ihrer Errichtung sowie von Eintragungen in das Handelsregister werden vom Reiche und den Ländern Gesellschaftssteuer, Stempelabgaben und Kosten nicht erhoben.

(3) Die erste Veräußerung der im Industriebelastungsgesetze vorgesehenen Industriebonds und veräußerlichen Einzelobligationen durch den Treuhänder gilt als Zuteilung an den ersten Erwerber im Sinne des § 36 des Kapitalverkehrssteuergesetzes vom 8. April 1922 (Reichsgesetzbl. I S. 354).

(4) Die Reichsregierung kann weitere Erleichterungen für die Titel auf dem Gebiete der Kapitalverkehrssteuer vorsehen.

1. Der § 36 des Kapitalverkehrssteuergesetzes lautet: „Die Zuteilung von Aktien, Anteilen an Kapitalgesellschaften, Genußscheinen und Schuld- und Rentenverschreibungen an den ersten Erwerber ist nicht steuerpflichtig."

VII. Schlußvorschriften.

§ 15.

Durchführungsbestimmungen.

Die Reichsregierung ist ermächtigt, zur Durchführung dieses Gesetzes Rechtsverordnungen und allgemeine Verwaltungsvorschriften zu erlassen; sie kann auch Abrundungsbestimmungen treffen.

1. Die Vorschrift stimmt mit § 71 J.B.G. überein (vergl. die Anmerkung zu § 71). Neu ist nur, daß die Reichsregierung auch Abrundungsbestimmungen treffen kann. Da keine Einschränkung vorgesehen ist, bezieht sich diese Bestimmung auf alle im Industriebelastungsgesetz vorkommenden Berechnungen. Bisher sind derartige Bestimmungen noch nicht erlassen worden.

§ 16.

Inkrafttreten.

Dieses Gesetz tritt zugleich mit dem Industriebelastungsgesetz in Kraft.

Das Industriebelastungsgesetz ist am 1. September 1924 in Kraft getreten (vergl. § 72 J.B.G.).

Berlin, den 30. August 1924.

Der Reichspräsident.
Ebert.

Der Reichswirtschaftsminister.
Hamm.

Der Reichsminister der Finanzen.
Dr. Luther.

Erste Durchführungsbestimmungen zum Gesetz über die Industriebelastung (Industriebelastungsgesetz) vom 30. August 1924.

Vom 28. Oktober 1924 (RGBl. II S. 425).

Auf Grund des § 1 Abs. 3, § 2 Abs. 2, § 10 Abs. 4, § 15 Abs. 1, § 71 des Gesetzes über die Industriebelastung (Industriebelastungsgesetz) vom 30. August 1924 (Reichsgesetzbl. II S. 257) verordnet die Reichsregierung:

I. Der Kreis der Belasteten.

§ 1.

(1) Belastet auf Grund des Industriebelastungsgesetzes sind die Unternehmer (natürlichen und juristischen Personen) der industriellen und gewerblichen Betriebe mit Einschluß der bergbaulichen, der Schiffahrtsbetriebe (See- und Binnenschiffahrt), der Privatbahnen, Kleinbahnen und Straßenbahnen, sofern sie an dem für die Veranlagung zur Vermögensteuer allgemein maßgeblichen Stichtag vermögensteuerpflichtig waren. Das gleiche gilt für Unternehmer, die nach dem allgemeinen Stichtag, aber vor der Umlegung vermögensteuerpflichtig geworden sind, soweit das Vermögen nicht bereits bei einem andern herangezogen ist.

(2) Der Begriff des Unternehmers bestimmt sich nach den Grundsätzen des Vermögenssteuergesetzes.

(3) Industrielle oder gewerbliche Betriebe im Sinne dieser Bestimmungen sind alle Betriebe mit Ausnahme

a) der Landwirtschaft, die auch die forstwirtschaftlichen, gärtnerischen, Weinbau-, Viehzucht- und Fischereibetriebe umfaßt,

b) des Verkehrsgewerbes, soweit es sich nicht um Schiffahrtsbetriebe, Privatbahnen, Kleinbahnen oder Straßenbahnen handelt,

c) des Musik-, Theater- und Schaustellungsgewerbes,

d) der Betriebe, die ausschließlich das Bank-, Versicherungs-, Gast-, Schank- oder Beherbergungsgewerbe oder den Handel zum Gegenstande haben.

(4) Als Unternehmer gelten nicht solche Personen, die, ohne eine eigene unter das Industriebelastungsgesetz fallende industrielle oder gewerbliche Tätigkeit auszuüben, lediglich Aktien oder andere Anteile an solchen Erwerbsgesellschaften besitzen, die ihrerseits eine unter das Industriebelastungsgesetz fallende Tätigkeit ausüben. Erwerbsgesellschaften im Sinne dieser Bestimmung sind solche Gesellschaften, bei denen nicht die Gesellschafter im Sinne des Vermögensteuergesetzes als Unternehmer (Mitunternehmer) des Betriebs angesehen werden, z. B. Aktiengesellschaften, Kommanditgesellschaften auf Aktien, Berggewerkschaften u. dgl.

(5) Dem Unternehmer steht der Eigentümer eines verpachteten oder mit einem Nießbrauch belasteten Betriebs gleich. Für das Verhältnis der Beteiligten zueinander gilt, soweit nicht etwas anderes vereinbart ist, folgendes:

a) Im Falle der Verpachtung oder der entgeltlichen Bestellung eines Nießbrauchs entfällt die Belastung auf den Eigentümer zu einem Viertel, auf den Pächter oder Nießbraucher zu drei Vierteln. Soweit die Verteilung der Last Pächter oder Verpächter, Nießbraucher oder Nießbrauchbesteller übermäßig belastet, hat eine Schiedsstelle auf Antrag eines Beteiligten eine anderweite Festsetzung des Entgelts vorzunehmen. Die Schiedsstelle besteht aus einem Obmann und zwei Beisitzern. Der Obmann wird von der für den Betrieb zuständigen öffentlich-rechtlichen berufsständischen Vertretung (Handelskammer u. dgl.), je ein Beisitzer wird von jeder Partei ernannt.

b) Im Falle der unentgeltlichen Bestellung eines Nießbrauchs gilt der Nießbraucher als allein belastet.

§ 2.

(1) Ist der Hauptbetrieb nach dem Industriebelastungsgesetze belastet, so sind Nebenbetriebe auch dann mitbelastet, wenn diese für sich allein zu den nichtbelasteten Betrieben gehören würden. Ausgenommen von der Belastung sind nur Nebenbetriebe landwirtschaftlichen Charakters (§ 1 Abs. 3 zu a).

(2) Ist der Hauptbetrieb wegen seines Gegenstandes von der Belastung befreit, so sind Nebenbetriebe auch dann mitbefreit, wenn diese für sich allein zu den belasteten Betrieben gehören würden.

(3) Hat der Hauptbetrieb das Bank-, Versicherungs-, Gast-, Schank- oder Beherbergungsgewerbe oder den Handel zum Gegenstand und besteht ein Nebenbetrieb, der für sich allein zu den belasteten Betrieben gehören würde, so ist der ganze Betrieb belastet.

§ 3.

(1) Als industrielle oder gewerbliche Betriebe im Sinne des Industriebelastungsgesetzes und dieser Durchführungsbestimmungen gelten nicht Betriebe des Reichs, der Länder und Gemeinden (Gemeindeverbände) sowie Betriebe, deren Erträge ausschließlich dem Reiche, den Ländern oder Gemeinden (Gemeindeverbänden) zufließen.

(2) Betriebe, für welche die Voraussetzungen des Abs. 1 erst nach dem 31. August 1924 begründet werden, werden von der auf ihnen ruhenden Last dadurch nicht befreit.

II. Die Bemessungsgrundlage.

§ 4.

(1) Bemessungsgrundlage für die Belastung des einzelnen Unternehmers ist das zur Vermögensteuer veranlagte Betriebsvermögen, soweit es einem nach dem Industriebelastungsgesetze belasteten Betriebe mit Einschluß der mitbelasteten Nebenbetriebe (§ 2 Abs. 1) gewidmet ist.

(2) Hat ein Betrieb des Bank-, Versicherungs-, Gast-, Schank- oder Beherbergungsgewerbes oder des Handels zugleich einen die Belastung nach dem Industriebelastungsgesetze begründenden Nebenbetrieb, so ist Bemessungsgrundlage das gesamte zur Vermögensteuer veranlagte Betriebsvermögen mit Einschluß des Teiles, der dem für sich allein nicht unter das Industriebelastungsgesetz fallenden Betriebe gewidmet ist.

§ 5.

(1) Für die Bemessung der Umlage wird das Betriebsvermögen der Ehegatten zusammengerechnet, so-

fern sie nicht dauernd voneinander getrennt leben und sofern sie beide unbeschränkt vermögenssteuerpflichtig sind.

(2) Für die Bemessung der Umlage gilt bei fortgesetzter Gütergemeinschaft das Gesamtgut als Vermögen des überlebenden Ehegatten.

§ 6.

Die Veranlagung zur Vermögensteuer ist für die Bemessung der Umlage auch dann maßgebend, wenn sie noch nicht unanfechtbar geworden ist. Hat eine endgültige Veranlagung noch nicht stattgefunden, so tritt die vorläufige Veranlagung an ihre Stelle. Änderungen der Veranlagung durch Rechtsmittelentscheidungen, Neuveranlagungen, Berichtigungen oder andere Verfügungen sind zu berücksichtigen, soweit sie dem Finanzamt vor der Erteilung des Belastungsbescheids (§ 12) bekannt geworden sind.

III. Freigrenze.

§ 7.

(1) Von der Belastung nach dem Industriebelastungsgesetze bleiben Unternehmer befreit, wenn und solange ihr zur Vermögensteuer heranzuziehendes Betriebsvermögen den Betrag von fünfzigtausend Goldmark nicht übersteigt.

(2) Maßgebend ist das gesamte Betriebsvermögen des Unternehmers, soweit es der Industriebelastung unterliegt. Ergibt sich nur infolge der Abrundung (§ 9) ein Betriebsvermögen von fünfzigtausend Goldmark, so ist das Betriebsvermögen zu belasten und der

Betrag von fünfzigtausend Goldmark der Belastung zugrunde zu legen.

(3) Wird bei Ehegatten das Betriebsvermögen zusammengerechnet (§ 5), so richtet sich die Freigrenze nach der Summe der Betriebsvermögen der beiden Ehegatten.

(4) Bei fortgesetzter Gütergemeinschaft ist für die Freigrenze der Wert des Gesamtguts maßgebend.

IV. Die Umlegung der Last.

§ 8.

(1) Die Reichsregierung bestimmt gemäß §§ 5, 6 des Industriebelastungsgesetzes den Hundertsatz des Betriebsvermögens, mit dessen Verzinsung und Tilgung der einzelne Unternehmer belastet wird. Die Vorschriften des § 8 des Industriebelastungsgesetzes bleiben unberührt.

(2) Für die Zwecke der ersten Umlegung wird das Betriebsvermögen der Schiffahrtsunternehmungen sowie der Privatbahnen, Kleinbahnen und Straßenbahnen von der Reichsregierung durch Schätzung ermittelt; die hiernach auf die Schiffahrtsunternehmungen einerseits, die Bahnunternehmungen anderseits entfallenden Teilbeträge der Belastung werden von der Reichsregierung festgesetzt.

§ 9.

Für die Berechnung der Umlage wird das gesamte zu belastende Betriebsvermögen des einzelnen Unternehmers auf volle eintausend Goldmark nach unten abgerundet.

V. Zuständigkeit und Verfahren.

§ 10.

(1) Für die Umlegung der Last sind, soweit nicht im § 8 Abs. 2 etwas anderes bestimmt ist, die Finanzämter zuständig.

(2) Örtlich zuständig ist das Finanzamt, das für die Veranlagung des Unternehmers zur Vermögensteuer zuständig ist.

§ 11.

(1) Auf die Durchführung der Belastungen finden, soweit sich nicht aus dem Industriebelastungsgesetz oder den Durchführungsbestimmungen ein anderes ergibt, die Vorschriften der Reichsabgabenordnung und der Artikel VII und VIII der Dritten Steuernotverordnung sinngemäße Anwendung.

(2) Die Vorschriften der §§ 23 a, 245 Abs. 2 der Reichsabgabenordnung finden auf die Durchführung der Industriebelastung keine Anwendung. Die Mitwirkung der Ausschüsse gemäß § 25 der Reichsabgabenordnung ist ausgeschlossen.

§ 12.

(1) Das Finanzamt erteilt dem einzelnen Unternehmer über die auf sein gesamtes belastetes Betriebsvermögen entfallende Belastung einen schriftlichen Bescheid (Belastungsbescheid) und fordert ihn zugleich unter Übermittlung eines Vordrucks des Musters der Einzelobligation zur Unterzeichnung der Einzelobligation innerhalb von zehn Tagen nach Zustellung des Belastungsbescheids auf. Gegen den Belastungsbescheid ist ein Rechtsmittel nicht gegeben.

(2) Die Zustellung des Belastungsbescheids gilt als Entscheidung über die Umlegung im Sinne des § 5 Abs. 3 des Industriebelastungsgesetzes.

§ 13.

(1) Die Einzelobligation wird von dem Unternehmer einheitlich für das gesamte belastete Betriebsvermögen ausgestellt. Sie ist vor dem Vorsteher des Finanzamts oder seinem Stellvertreter zu unterzeichnen und ihm zu übergeben. Der Aussteller hat sich über seine Persönlichkeit und seine Vertretungsmacht in ausreichender Weise auszuweisen. Die Unterschrift ist von dem Beamten unter Beifügung eines Abdrucks des Dienststempels zu beglaubigen.

(2) Die Unterzeichnung der Einzelobligation vor dem Vorsteher des Finanzamts oder seinem Stellvertreter (Abs. 1 Satz 2, 4) wird durch die gerichtliche oder notarielle Beglaubigung der Unterschrift ersetzt; in diesem Falle ist die Einzelobligation bei dem Finanzamt innerhalb der zur Unterzeichnung der Einzelobligation bestimmten Frist einzureichen.

§ 14.

(1) Für Personen, die unter elterlicher Gewalt, Vormundschaft oder Pflegschaft stehen, hat der gesetzliche Vertreter die einzelnen Obligationen auszustellen.

(2) Wird bei Ehegatten das Betriebsvermögen zusammengerechnet (§ 5), so wird die Einzelobligation von dem Ehemann ausgestellt. Die Erklärung wirkt auch für und gegen die Ehefrau; sie gilt zugleich als eine Erklärung des Ehemanns, daß er die Zwangsvollstreckung in das Vermögen der Ehefrau dulde. Für die vermögensrechtlichen Beziehungen der Ehegatten unter-

einander gilt jeder Ehegatte als Schuldner des Teiles der Belastung, der dem Verhältnis des Wertes seines belasteten Betriebsvermögens zu dem Werte des zusammengerechneten belasteten Betriebsvermögens entspricht.

(3) Die Bestimmungen des Abs. 2 gelten entsprechend bei fortgesetzter Gütergemeinschaft; an die Stelle des Ehemanns tritt der überlebende Ehegatte, an die Stelle der Ehefrau treten die anteilsberechtigten Abkömmlinge.

(4) Soweit es sich nicht um natürliche Personen handelt, ist die Einzelobligation auszustellen

1. für juristische Personen: durch deren gesetzliche Vertreter. Steht nach der Satzung, Stiftung oder sonstigen Verfassung die Vertretung mehreren Personen nur gemeinsam zu, so ist zur Ausstellung der Einzelobligation die Mitwirkung der für die Gesamtvertretung vorgeschriebenen Anzahl von Personen erforderlich;
2. für Personenvereinigungen, die keine eigene Rechtspersönlichkeit besitzen: die im § 86 der Reichsabgabenordnung bestimmten Personen.

(5) Ist das der Industriebelastung unterliegende Betriebsvermögen des Unternehmers nach dem für die Veranlagung zur Vermögensteuer allgemein maßgeblichen Stichtag, aber vor der Unterzeichnung der Einzelobligation im ganzen auf einen anderen übergegangen oder sind in diesem Zeitraum die zum Betriebsvermögen gehörenden Gegenstände zum Zwecke der Veräußerung des Unternehmens auf einen anderen übertragen worden, so ist die Einzelobligation von dem Rechtsnachfolger oder Erwerber auszustellen. Dabei sind die Last, die den Rechtsnachfolger oder Erwerber

auf Grund seiner eigenen Vermögensteuerpflicht trifft, und die Last, in die er auf Grund seiner Rechtsnachfolge oder seines Erwerbes eintritt, zusammenzurechnen.

(6) Wer durch Abwesenheit oder sonst verhindert ist, die Einzelobligation persönlich, durch seinen Prokuristen oder durch eine sonst zu seiner Vertretung kraft Gesetzes allgemein berechtigte Person auszustellen, kann sich durch einen mit einer öffentlich beglaubigten Vollmacht versehenen Bevollmächtigten vertreten lassen. Die Vollmacht verbleibt bei den Akten des Finanzamts.

§ 15.

Auf die Ausstellung der Einzelobligationen im Falle des § 21 des Industriebelastungsgesetzes und auf den Umtausch der Einzelobligationen gemäß § 11 Abs. 3, § 12, § 14 Abs. 2, § 16 Abs. 2, § 19 des Industriebelastungsgesetzes finden die für die Ausstellung der Einzelobligationen durch den Unternehmer geltenden Vorschriften sinngemäße Anwendung. Die Vorschriften des § 71 Abs. 2 des Industriebelastungsgesetzes bleiben unberührt.

§ 16.

Das Jahr, in dem die Einzelobligationen unverzinslich sind, beginnt mit dem 1. September 1924.

§ 17.

Die Mitteilung der Bank für deutsche Industrieobligationen über die Veräußerlichkeit der Einzelobligationen (§ 14 Abs. 1 des Industriebelastungsgesetzes) muß eine Belehrung darüber enthalten, welches Rechtsmittel zulässig ist und binnen welcher Frist und wo es einzulegen ist.

§ 18.

(1) Zuständig für die Nachprüfung gemäß § 15 des Industriebelastungsgesetzes ist ein Senat des Reichsfinanzhofs, den der Reichsminister der Finanzen bestimmt.

(2) Der Senat kann Amtshandlungen auch außerhalb von München vornehmen. Er regelt das Verfahren selbst.

(3) Das Rechtsmittel ist bei dem Senat einzulegen. Die Einlegung beim Finanzamt oder der Bank für deutsche Industrieobligationen genügt; das Rechtsmittel ist dem Senate zu übermitteln.

VI. Rückkauf.

§ 19.

Der Treuhänder und der Unternehmer haben jede Rückkaufsvereinbarung gemäß § 60 Satz 3 des Industriebelastungsgesetzes dem Vorstand der Bank für deutsche Industrieobligationen alsbald abschriftlich mitzuteilen.

§ 20.

Die Bank für deutsche Industrieobligationen hat dem zuständigen Finanzamt jeden teilweisen oder völligen Rückkauf von Einzelobligationen mitzuteilen.

VII. Urkundspersonen bei der Bank für deutsche Industrieobligationen.

§ 21.

(1) Die Reichsregierung verleiht nach Anhörung der Bank für deutsche Industrieobligationen einem oder mehreren Angestellten der Bank, die die Fähigkeit zur

Bekleidung des Richteramts besitzen müssen, den Charakter als Urkundspersonen. Diese Urkundspersonen führen ein amtliches Siegel.

(2) Die von den Urkundspersonen in Angelegenheiten der Bank für deutsche Industrieobligationen aufgenommenen Urkunden haben dieselbe Wirkung, als ob sie von einem Gericht oder Notar aufgenommen wären. Die Urkundspersonen sind berechtigt, in Angelegenheiten der Bank Unterschriften zu beglaubigen sowie für die zur gesetzlichen Vertretung der Bank berechtigten Personen Zeugnisse zur Legitimation im Rechtsverkehr auszustellen.

VIII. Schlußbestimmungen.

§ 22.

Wer bei der Durchführung des Industriebelastungsgesetzes tätig wird und hierbei Kenntnis von Verhältnissen der auf Grund des Industriebelastungsgesetzes oder des Aufbringungsgesetzes belasteten Personen erlangt, ist zur strengsten Geheimhaltung dieser Verhältnisse verpflichtet; er darf Geschäfts- oder Betriebsgeheimnisse, die er dabei erfahren hat, nicht unbefugt verwerten.

§ 23.

(1) Wer den Bestimmungen des § 22 vorsätzlich zuwiderhandelt, wird mit Geldstrafe oder mit Gefängnis bis zu sechs Monaten bestraft.

(2) Ist die Handlung aus Eigennutz oder in der Absicht begangen, einen andern zu schädigen, so kann auf Gefängnis bis zu sechs Monaten und auf Geldstrafe oder auf eine dieser Strafen erkannt werden.

(3) Im Falle des Abs. 1 tritt die Strafverfolgung nur auf Antrag ein. Antragsberechtigt sind der Vorstand der Bank für deutsche Industrieobligationen, der Vorsteher des für die Belastung des Unternehmers zuständigen Finanzamts und der Unternehmer, dessen Interesse verletzt ist.

§ 24.

Wer wider besseres Wissen in Erklärungen, Anmeldungen, Anzeigen oder Auskünften, die von ihm zur Durchführung des Industriebelastungsgesetzes vom Finanzamt oder von der Bank für deutsche Industrieobligationen erfordert sind, unrichtige Angaben macht, wird mit den im § 23 Abs. 1 vorgesehenen Strafen bestraft.

§ 25.

Bei der Abgabe von Erklärungen über die Garantie des Reichs gemäß § 68 des Industriebelastungsgesetzes wird die deutsche Regierung durch die Reichsschuldenverwaltung vertreten.

Berlin, den 28. Oktober 1924.

Der Reichsminister der Finanzen.
Im Auftrag: Popitz.

Der Reichswirtschaftsminister.
In Vertretung: Schäffer.

Zweite Verordnung zur Durchführung des Gesetzes über die Industriebelastung (Industriebelastungsgesetz) vom 30. August 1924.

Vom 5. Dezember 1924 (RGBl. II S. 427).

Auf Grund der §§ 41 Abs. 4, 45, 71 des Industriebelastungsgesetzes vom 30. August 1924 (Reichsgesetzbl. II S. 257) wird hiermit nach Zustimmung des Reichsrats zu § 25 verordnet:

I. Eintragung des Vermerkes nach § 41 Abs. 4 des Gesetzes.

§ 1.

(1) Zeigt die Bank für deutsche Industrieobligationen dem Grundbuchamt an, daß ein Grundstück nach dem Industriebelastungsgesetz haftet, so ist von Amts wegen auf dem Grundbuchblatt einzutragen: „Das Grundstück ist nach Maßgabe des Industriebelastungsgesetzes belastet." Die Anzeige der Bank bedarf der im § 29 Satz 1 der Grundbuchordnung vorgesehenen Form.

(2) Die Mitbelastung anderer Grundstücke wird nicht erkennbar gemacht.

(3) Die Eintragung bedarf nicht der handschriftlichen Form. Wird der Vermerk anders als handschriftlich eingetragen, so ist er mit der Unterschrift des Grundbuchbeamten zu versehen.

II. Eintragung der öffentlichen Last.

§ 2.

(1) Die öffentliche Last ist wie folgt einzutragen: „Öffentliche Last zur Sicherung der $\frac{\text{dem}}{\text{der}}$ .... (Name d. Unternehmers) auf Grund des Industriebelastungsgesetzes obliegenden Last der Verzinsung und Tilgung von x Goldmark für die jeweiligen Gläubiger der darüber ausgestellten Obligationen."

(2) Geht die öffentliche Last nach dem Gesetz anderen eingetragenen Rechten im Range vor, so ist dies bei der Eintragung der Last zu vermerken. Eines Vermerkes bei den zurückgetretenen Rechten bedarf es nicht.

(3) Hat sich die Höhe einer eingetragenen öffentlichen Last infolge einer Neuumlegung oder einer teilweisen Entlassung des Eigentümers aus seiner Verpflichtung (§ 1 Abs. 2 des Gesetzes) nachträglich verändert, so ist einzutragen: „Der zu verzinsende und zu tilgende Betrag beläuft sich auf y Goldmark."

§ 3.

Sind mehrere Grundstücke eines Unternehmers belastet, so ist bei der Eintragung der öffentlichen Last auf dem Blatte eines der belasteten Grundstücke die Mitbelastung der übrigen Grundstücke von Amts wegen erkennbar zu machen. Hierbei kann auf eine Bescheinigung der Bank über die belasteten Grundstücke Bezug genommen werden.

§ 4.

Im Falle des § 41 Abs. 2, des § 42 Abs. 1 Buchstabe a und des § 43 Abs. 1 des Gesetzes ist die öffentliche Last wie folgt einzutragen: „Öffentliche Last zur Sicherung der Verzinsuug und Tilgung eines Teilbetrags von y Goldmark der $\frac{\text{dem}}{\text{der}}$ .... (Name des Unternehmers) auf Grund des Industriebelastungsgesetzes obliegenden Last der Verzinsung und Tilgung von x Goldmark für die jeweiligen Gläubiger der darüber ausgestellten Obligationen."

§ 5.

Die öffentliche Last darf nur eingetragen werden wenn durch eine Bescheinigung der Bank nachgewiesen wird, daß das Grundstück belastet ist und ob andere und welche Grundstücke mithaften. Der Nachweis des Bestehens und der Höhe der dem Unternehmer auferlegten Last wird durch eine von der Bank auf Grund der letzten Umlegung erteilte Bescheinigung geführt.

§ 6.

Hat die Bank gemäß § 1 Abs. 2 des Gesetzes den Eigentümer zum Teil aus der Verpflichtung entlassen, so wird die Höhe der Last durch eine Bescheinigung der Bank nachgewiesen.

§ 7.

Hat der Treuhänder die öffentliche Last gemäß § 41 Abs. 2 des Gesetzes auf einen Bruchteil des Wertes des Grundstücks beschränkt, so wird ihre Höhe (in Goldmark) durch eine Bescheinigung der Bank nachgewiesen.

§ 8.

Haben die Bank und der Treuhänder oder hat das Schiedsgericht die öffentliche Last gemäß § 42 Abs. 1 Buchstabe a des Gesetzes auf die einzelnen Grundstücke oder gemäß § 43 Abs. 1 des Gesetzes auf das zu veräußernde Grundstück und den übrigen Grundbesitz eines Unternehmers verteilt, so wird ihre Höhe durch eine Bescheinigung der Bank nachgewiesen.

III. Löschung der öffentlichen Last.

§ 9.

(1) Ist die öffentliche Last infolge

a) der Entlassung des Eigentümers aus der Verpflichtung nach § 1 Abs. 2 des Gesetzes,
b) einer Neuumlegung nach § 6 des Gesetzes,
c) der Freigabe des Grundstücks nach § 42 Abs. 1 Buchstabe b, c oder d oder nach § 43 Abs. 2 des Gesetzes,
d) der Tilgung der Obligationen nach § 10 Abs. 3, § 13 Abs. 4 des Gesetzes,
e) des Rückkaufs der Obligationen nach §§ 57 bis 66 des Gesetzes oder
f) nach § 49 Abs. 2 des Gesetzes

erloschen, so ist die öffentliche Last auf Antrag des Eigentümers, der Bank, des Treuhänders oder desjenigen, dessen Rechte von der Belastung betroffen waren, im Grundbuch zu löschen. Dabei ist ein nach § 1 eingetragener Vermerk von Amts wegen zu löschen.

(2) Ist die öffentliche Last durch ihre Beschränkung auf einen Bruchteil des Wertes des Grundstücks nach § 41 Abs. 2 des Gesetzes oder durch Tilgung oder durch den Rückkauf von Obligationen zum Teil erloschen, so ist sie auf Antrag des Eigentümers, der Bank, des Treu-

händers oder desjenigen, dessen Rechte betroffen waren, im Grundbuch in Höhe des erloschenen Betrags zu löschen.

§ 10.

Die Entlassung des Eigentümers aus der Verpflichtung nach § 1 Abs. 2 des Gesetzes, das Erlöschen der Last infolge einer Neuumlegung oder infolge der Tilgung oder des Rückkaufs von Obligationen, die Beschränkung der öffentlichen Last nach § 41 Abs. 2 des Gesetzes, die Freigabe eines Grundstücks nach § 42 Abs. 1 Buchstabe b, c oder d oder nach § 43 Abs. 2 sowie das Erlöschen der Last nach § 49 Abs. 2 des Gesetzes wird durch eine Bescheinigung der Bank nachgewiesen.

§ 11.

Der Nachweis, daß es nach § 43 Abs. 3 des Gesetzes einer Einigung mit der Bank und dem Treuhänder zur lastenfreien Veräußerung eines Grundstücks oder Grundstücksteils nicht bedarf, wird durch eine Bescheinigung des Finanzamts geführt.

§ 12.

(1) Im Falle der Veräußerung eines Grundstücks bedarf es der im § 43 Abs. 1 des Gesetzes vorgesehenen Eintragung der öffentlichen Last erst von dem Zeitpunkt an, in dem die Höhe der Zins- und Tilgungsbeträge festgestellt werden kann. Den Zeitpunkt bestimmt die Reichsregierung.

(2) Auf Antrag ist die nachträglich nach § 43 Abs. 1 des Gesetzes festgestellte Höhe der Zins- und Tilgungsbeträge, für die das Grundstück in Zukunft haftet, in das Grundbuch einzutragen.

§ 13.

Der Nachweis, daß ein Grundstück auf Grund des Industriebelastungsgesetzes nicht belastet ist, wird von einem Zeitpunkt an, den die Reichsregierung bestimmt, durch eine Bescheinigung der Bank geführt.

§ 14.

Die Bank ist vor Ausstellung der im § 5 und § 13 bezeichneten Bescheinigungen zur Nachprüfung der von den Unternehmern gemachten Angaben nur verpflichtet, wenn Form oder Inhalt dieser Angaben oder sonstige der Bank bekannte Tatsachen bei Anwendung der erforderlichen Sorgfalt zu Zweifeln Anlaß geben.

IV. Eintragung einer Eigentümergrundschuld.

§ 15.

Wird gemäß § 64 des Gesetzes eine Eigentümergrundschuld ins Grundbuch eingetragen, so ist zu vermerken, welchen eingetragenen Rechten die Grundschuld im Range vorgeht.

§ 16.

Beantragt der Eigentümer die Eintragung einer Eigentümergrundschuld nach § 64 des Gesetzes, so wird die Höhe der Jahresleistung oder des Kapitals sowie der Wert des Grundstücks und des gesamten zum Betriebsvermögen gehörenden Grundbesitzes des Unternehmers durch eine Bescheinigung der Bank nachgewiesen.

V. Mitunternehmer.

§ 17.

Gehören zu einem Betriebsvermögen, das mehreren Unternehmern zur gesamten Hand zusteht, belastete Grundstücke, so haften diese für die Last jedes Unternehmers, soweit sie ihm auf Grund seines Anteils an diesem Betriebsvermögen, nicht aber soweit sie ihm auf Grund seines sonstigen Betriebsvermögens auferlegt ist. Die zur Sicherung der Lasten der Mitunternehmer an den gemeinschaftlichen Grundstücken bestehenden öffentlichen Lasten haben untereinander den gleichen Rang.

VI. Ehegatten.

§ 18.

Gehören zum Betriebsvermögen eines Ehegatten belastete Grundstücke, so haften diese für die beiden Ehegatten auferlegte Last, solange die Ehegatten gemeinsam belastet sind. Dies gilt auch im Falle der allgemeinen Gütergemeinschaft und entsprechend bei der fortgesetzten Gütergemeinschaft.

VII. Schlußbestimmungen.

§ 19.

(1) Eintragungen, die sich auf die öffentliche Last beziehen, erfolgen in der für öffentliche Lasten bestimmten Abteilung des Grundbuchs.

(2) Werden nach landesrechtlichen Vorschriften öffentliche Lasten nicht im Grundbuch eingetragen, oder ist das Grundbuch noch nicht angelegt, so bestimmt die oberste Landesbehörde, wo die Eintragungen zu erfolgen haben.

§ 20.

Alle Eintragungen sollen außer den im § 55 der Grundbuchordnung bezeichneten Personen auch der Bank sowie, wenn die Zwangsversteigerung oder Zwangsverwaltung angeordnet ist, dem Vollstreckungsgericht, und wenn das Konkursverfahren eröffnet ist, auch dem Konkursgericht bekanntgemacht werden. Die Bank benachrichtigt den Treuhänder von den ihr bekanntgemachten Eintragungen.

§ 21.

Ist die öffentliche Last eingetragen, so hat die Bank im Falle von Veränderungen oder im Falle des Erlöschens der öffentlichen Last die Berichtigung des Grundbuchs zu beantragen.

§ 22.

Die Urkundspersonen der Bank (§ 21 der Ersten Durchführungsbestimmungen) sind berechtigt, Unterschriften unter Erklärungen des Treuhänders, auf Grund deren eine Eintragung erfolgen soll, zu beglaubigen sowie für die zur Vertretung des Treuhänders berechtigten Personen Zeugnisse zur Legitimation gegenüber dem Grundbuchamt auszustellen.

§ 23.

Die für die Grundstücke getroffenen Bestimmungen gelten für Erbbaurechte, Kohlenabbaugerechtigkeiten, Bergwerkseigentum und Bahneinheiten entsprechend.

§ 24.

Soweit nach reichs- oder landesrechtlichen Vorschriften oder den Satzungen von öffentlichen oder unter Staatsaufsicht stehenden Kreditanstalten Hypotheken, Grundschulden, Rentenschulden oder Reallasten sich innerhalb einer bestimmten Sicherheitsgrenze halten müssen, bleibt die öffentliche Last außer Betracht.

§ 25.

Eintragungen und Löschungen, die sich auf die öffentliche Last beziehen, sowie die dazu erforderlichen gerichtlichen Beurkundungen und Beglaubigungen sind von Gebühren und sonstigen Kosten befreit.

Berlin, den 5. Dezember 1924.

Der Reichsminister der Justiz.
In Vertretung: Dr. Joël.

Der Reichswirtschaftsminister.
In Vertretung: Flach.

Anhang.

I.

Auszug aus dem Bericht des ersten Sachverständigenkomitees.

Teil I. Abschnitt IX.

C. Industrieobligationen.*)

Das Komitee hat die Überzeugung gewonnen, daß es billig und wünschenswert ist, von der deutschen Industrie als Beitrag zu den Reparationszahlungen eine Summe von mindestens 5 Milliarden Goldmark zu fordern, die durch erststellige hypothekarisch sichergestellte Obligationen dargestellt werden sollen, die jährlich mit 5 v. H. zu verzinsen und mit 1 v. H. zu tilgen sind. Der Betrag dieser Obligationen ist niedriger als die Gesamtschuld der deutschen Industrieunternehmungen vor dem Kriege. Diese Schulden sind zum größten Teil durch Zahlungen zum Nennwert mit entwertetem Papiergeld abgetragen worden oder faktisch verschwunden. Überdies haben die Industrieunternehmungen aus dem Verfall der Währung mannigfachen Nutzen gezogen, z. B. durch das späte Hinausschieben der Steuerzahlungen, durch Zuschüsse und Vorschüsse, die ihnen die Deutsche Regierung gewährt hat, und durch die Entwertung des Notgeldes, das sie selbst ausgegeben haben. Anderseits ist es unstreitig wahr, daß durch die Geldentwertung in vielen Fällen auch Verluste entstanden sind, z. B. durch den Verkauf von Waren zu festen Preisen und in anderer Weise.

---

*) In der amtlichen deutschen Übertragung.

Es erübrigt sich für das Komitee, einen Überschlag über derartige Gesamtverluste und -gewinne der Industrie zu machen; es genügt, wenn das Komitee seine Überzeugung ausspricht, daß eine der deutschen Industrie auferlegte Hypothekenschuld von 5 Milliarden Goldmark bei gerechter Verteilung, mäßigem Zinsfuß und langer Tilgungsfrist keine schwerere Belastung schafft, als die Industrie zu tragen hätte, wenn keine Geldentwertung eingetreten wäre.

In der Tat hat die Deutsche Regierung selbst in einem Vorschlag vom 7. Juni 1923 an alle alliierten und assoziierten Regierungen die Billigkeit eines solchen Vorschlages anerkannt.

Dieser Vorschlag ist später durch sehr maßgebende Persönlichkeiten der darauffolgenden und der jetzigen Deutschen Regierung bestätigt worden.

Das obenerwähnte Angebot betrug 10 Milliarden Goldmark und bezog sich auf geschäftliche Unternehmungen, auf Industrie, Banken, Handel, Verkehr und Landwirtschaft. Das Komitee fordert nur 5 Milliarden und schlägt vor, die Landwirtschaft von der hypothekarischen Belastung auszunehmen. Im Bewußtsein der Bedeutung der Landwirtschaft für eine Nation, die ihre Lebensmittelversorgung nicht völlig decken kann, fühlen wir uns bei einem Vorschlage über eine der Landwirtschaft billigerweise aufzuerlegende Last zu ganz besonderer Zurückhaltung veranlaßt, obwohl wir die Augen nicht vor der Tatsache verschließen können, daß ein großer Teil der Verschuldung der Landwirtschaft zum bloßen Nennwert abgetragen worden ist und die Eigentümer von Rechten am Grund und Boden wesentliche Gewinne auf Kosten ihrer früheren Gläubiger erzielt haben.

Wir wünschen es klarzustellen, daß das Komitee mit seiner Forderung hypothekarisch gesicherter Obligationen der Industrie in keiner Weise eine unbillige oder sie benachteiligende Belastung zuzumuten gedenkt, und wir möchten daher der Deutschen Regierung angelegentlichst empfehlen, im Interesse des Reichshaushalts einen angemessenen und billigen Ausgleich vorzunehmen. Glaubt die Deutsche Regierung auch anderes Eigentum belasten zu sollen, um die Last der Reparationszahlungen gleichmäßig auch auf anderes Eigentum als das industrielle zu verteilen, so empfehlen wir ihr, dies zugunsten des Reichshaushaltes durch eine weitere Aufwertungssteuer oder durch eine Sonderbelastung oder auf andere Weise zu tun. Wird diese Richtlinie verfolgt und ein billiges und genaues System der direkten Besteuerung angenommen, so glaubt das Komitee, daß alle Klassen der deutschen Bevölkerung mit einem billigen und angemessenen Beitrag zu den Lasten des Versailler Vertrages durch direkte oder indirekte Steuern herangezogen sein werden.

In der Erkenntnis, daß Deutschland von flüssigem Kapital entblößt ist und zu dessen Neubildung eine Frist braucht, empfehlen wir, die Zinsen der obenerwähnten 5 Milliarden Obligationen während des ersten Jahres völlig zu streichen, sie im zweiten Jahre auf 2½ v. H., im dritten Jahre auf 5 v. H. und in den hierauf folgenden Jahren auf 5 v. H. nebst 1 v. H. Tilgungsquote festzusetzen. Im Falle des Verzuges bei Zahlung der Zinsen, der Tilgungsquote oder des Kapitals für irgendeine der genannten Obligationen ist dafür gesorgt, durch Vermittlung des Kommissars für die kontrollierten Einkünfte von der Deutschen Regierung Zahlung zu erlangen.

Der Plan ist in Anlage 5 zu finden.

Anlage Nr. 5

zum Bericht des
Ersten Sachverständigenkomitees.

Plan für Industrieobligationen.

Höhe und Form.

I. Die Deutsche Regierung soll Obligationen oder Schuldverschreibungen industrieller Unternehmungen im Gesamtnennwert von fünf (5) Milliarden Goldmark beschaffen, die jährlich mit fünf (5) v. H. zu verzinsen und mit ein (1) v. H. zu tilgen sind. Diese Obligationen sollen Verpflichtungen der einzelnen Unternehmungen darstellen und bezüglich der Zahlung von Kapital, Zinsen und Tilgungsquote durch eine erste Hypothek auf Anlagen und Eigentum der betreffenden ausstellenden Unternehmungen gesichert sein.

Der Ausdruck „Industrieunternehmungen" soll sich nicht nur auf verarbeitende Betriebe, sondern auch auf Schiffahrts-, Bergwerks- und alle andern ähnlichen Unternehmungen beziehen, die das Organisationskomitee etwa angibt.

Übergabe an den Treuhänder.

II. Die Deutsche Regierung soll die oben vorgesehenen hypothekarisch gesicherten Obligationen oder Schuldverschreibungen mit entsprechenden Zinsscheinen dem von der Reparationskommission ernannten Treuhänder übergeben, der sie verwahren, die Zinsscheine einziehen, den Erlös auf das Konto des Agenten für die Reparationszahlungen einzahlen oder von Zeit zu Zeit den Anordnungen der Reparationskommission gemäß über einen Teil oder das Ganze verfügen wird. Der Schuldner kann dem Treuhänder Vorschläge zur sofortigen oder allmählichen Einlösung machen, und das Komitee empfiehlt, den Treuhänder zu ermächtigen, derartige Einlösungsvorschläge vorzugsweise zu berücksichtigen, besonders wenn es sich dabei um eine Einlösung unter Benutzung fremder Währung handeln würde, ehe er die Obligationen auf dem offenen Markte oder sonstwie zum Verkauf stellt. Falls dem Treuhänder binnen sechs Monaten, nachdem die Deutsche Regierung dem Treuhänder die Obligationen übergeben hat, von den einzelnen Obligationsausstellern keine Vorschläge zu einem befriedigenden Einlösungsplan vorgelegt werden, soll er nach eigenem Ermessen, aber mit gebührender Rücksicht auf die Wahrung des Kredites des Schuldners, frei darüber verfügen, und zwar in einer Weise und unter Bedingungen, die die Reparationskommission gutheißt.

Bürgschaft der Deutschen Regierung.

III. Die Deutsche Regierung soll die Zahlungen von Kapital, Zinsen und Tilgungsquote dieser Obligationen gewährleisten, somit können die fälligen Zinsscheine im Fall des Verzuges dem Kommissar für die kontrollierten Einkünfte vorgelegt werden, der sie mit den Geldern, die unter seiner Kontrolle stehen und zur Erstattung an die Deutsche Regierung bestimmt sind, zum Nennwerte ankaufen soll. Der Kommissar wird diese Zinsscheine zum Nennwerte in die „Rückzahlungen" an die Deutsche Regierung einschließen, die ihrerseits den säumigen Schuldner regreßpflichtig machen kann.

Es steht der Deutschen Regierung frei, durch Zuschüsse den Rückkauf der Obligationen von seiten der Hypothekenschuldner zu erleichtern und sich auf diese Weise von der Bürgschaft zu befreien.

Bestimmung über Steuerfreiheit.

IV. Die genannten Obligationen und Hypotheken sollen bis zur Einlösung in Deutschland steuerfrei sein, außer wenn sie im Besitz deutscher Staatsangehöriger sind. In diesem Falle sollen sie ebenso wie andere ähnliche Obligationen und Hypotheken, die sich in den Händen deutscher Staatsangehöriger befinden, ohne unterschiedliche Behandlung versteuert werden.

Vorläufiges Organisationskomitee.

V. Es soll ein vorläufiges Organisationskomitee gebildet werden, um alle erforderlichen Maßnahmen im Bereiche des obigen Planes und zur Festsetzung der Einzelheiten der Organisation zu ergreifen. Diesem Komitee sollen angehören: ein Vertreter der Deutschen Regierung, ein Vertreter der Industrie, zwei von der Reparationskommission ernannte Mitglieder und ein fünftes Mitglied neutraler Staatsangehörigkeit, das von den vier so ernannten Mitgliedern oder, wenn eine solche Wahl nicht zustande kommt, von der Reparationskommission ernannt werden soll.

Befugnisse des Organisationskomitees.

VI. A. Das Organisationskomitee soll alle Befugnisse haben, die Einzelheiten des Planes in einer Form auszuarbeiten, die sowohl der Deutschen Regierung als auch den industriellen Unternehmungen und der Reparationskommission gerecht wird. Es soll sich vor Augen halten, daß es Zweck und Absicht des Planes ist, die Zahlung von 5 Milliarden Goldmark für das Reparationskomitee zu sichern, die mit jährlich 5 v. H. verzinst und mit mindestens 1 v. H. getilgt werden muß, wobei allein die Fälligkeit der Obligationen aus sich heraus bestimmt wird.

B. Das Organisationskomitee soll die Befugnis haben, Form und Art der Hypotheken zu bestimmen; falls ein Betrieb zu klein ist, als daß die Ausgabe einzelner Hypotheken praktisch und wünschenswert wäre, soll das Komitee befugt sein, eine Methode zu finden, wie damit zu verfahren ist, oder es kann sogar ganz darauf verzichten, vorausgesetzt, daß die Gesamtsumme von 5 Milliarden bestehen bleibt.

II.

Bericht des Vorläufigen Organisationskomitees für die Industrieobligationen.

(Übersetzung.)

Das Vorläufige Organisationskomitee (Anlage 5 des Gutachtens des Ersten Sachverständigenausschusses) hat in Paris vom 2. Juni bis 14. Juli im Astoria-Hotel getagt. Am 14. Juli hat es sich nach Erledigung seiner Aufgabe aufgelöst. Es bestand ursprünglich aus den Herren Descamps und Bianchini als von der Reparationskommission ernannten Mitgliedern, aus Herrn Ernst Trendelenburg als Vertreter der Deutschen Regierung und Herrn Hermann Bücher als Vertreter der deutschen Industrie. Herr Markus Wallenberg, der vom Komitee als fünftes neutrales Mitglied ernannt wurde, hat vom 28. Juni an an den Arbeiten teilgenommen und wurde von den übrigen Mitgliedern zum Präsidenten ernannt. Am 2. Juli trat Herr Allix an die Stelle des Herrn Descamps.

Aufgabe des Organisationskomitees.

Die Aufgabe des Organisationskomitees ist in der Anlage 5 des Berichts des Ersten Sachverständigenausschusses umschrieben. Die ihm erteilte Vollmacht geht namentlich aus § VI A und B genannter Anlage hervor. Er lautet:

„VI. A. Das Organisationskomitee soll alle Befugnisse haben, die Einzelheiten des Planes in einer Form auszuarbeiten, die sowohl der Deutschen Regierung als auch den industriellen Unternehmungen und der Reparationskommission gerecht wird. Es soll sich vor Augen halten, daß es Zweck und Absicht des Planes ist, die Zahlung von 5 Milliarden Goldmark für das Reparationskonto zu sichern, die mit jährlich 5 v. H. verzinst und mit mindestens 1 v. H. getilgt werden muß, wodurch allein die Fälligkeit der Obligationen aus sich heraus bestimmt wird.

B. Das Organisationskomitee soll die Befugnis haben, Form und Art der Hypotheken zu bestimmen; falls ein Betrieb zu klein ist, als daß die Ausgabe einzelner Hypotheken praktisch und wünschenswert wäre, soll das Komitee befugt sein, eine Methode zu finden, wie damit zu verfahren ist, oder es kann sogar ganz darauf verzichten, vorausgesetzt, daß die Gesamtsumme von 5 Milliarden bestehen bleibt."

Das Komitee hat sich bemüht, für die Frage der Industrieobligationen eine praktische und billige Lösung zu finden, die sowohl dem Wortlaut wie dem Geist des Sachverständigenberichts entspricht, die einerseits die Lebensnotwendigkeiten der deutschen Industrie berücksichtigt, andererseits aber die Industrieobligationen mit den vollständigsten Sicherheiten ausstattet und den Gläubigerländern die Möglichkeit gewährt, die von der deutschen Industrie zu übernehmende Schuld zu mobilisieren.

Inhalt der Garantie.

Der § 1 der Anlage 5 zum Bericht des Ersten Sachverständigenausschusses sagt, daß „diese Obligationen Verpflichtungen der einzelnen Unternehmungen darstellen und bezüglich der Zahlung von Kapital, Zinsen und Tilgungsquote durch eine erste Hypothek auf Anlagen und Eigentum der betreffenden ausstellenden Unternehmungen gesichert sein" sollen.

Das Organisationskomitee hat aus der Allgemeinheit dieser Fassung hergeleitet, daß das ganze Vermögen der Unternehmungen als Sicherheit in Betracht kommt und daß es daher eine dingliche Sicherheit in der Form einer Hypothek so weit schaffen muß, als die deutsche Gesetzgebung eine hypothekarische Belastung kennt und im übrigen diejenigen Vermögensgegenstände, die mit einer Hypothek nicht belastet werden können, vermöge eines Konkursvorrechts als Sicherheit heranzuziehen hat.

Nach dem Gesetzentwurf des Komitees wird der Grundbesitz der Unternehmungen mit einer Hypothek des öffentlichen Rechts (öffentlichen Last) belegt. Diese Last hat ihrem Wesen nach die Wirkung einer Hypothek. Ihre Ergänzung durch das Konkursprivileg führt dazu, daß die Sicherstellung sich auf das ganze Vermögen der Unternehmungen erstreckt. Das Konkursvorrecht kommt unmittelbar hinter dem Konkursvorrecht, das die deutsche Gesetzgebung den im Haushalt und im Geschäft des Konkursschuldners tätigen Personen gewährt; die Hypothek folgt sofort hinter den Rechten der durch die deutsch-schweizerische Vereinbarung vom 26. März 1923 geschützten Goldhypothekengläubiger. Das Komitee hat den Vorrang dieser Schweizer Goldhypotheken nur auf die dringlichen Vorstellungen der deutschen Mitglieder angenommen; es ist ihm von den deutschen Mitgliedern die Versicherung abgegeben worden, daß solche Hypotheken auf Industriegrundstücken nur im Betrage von etwa 10 Millionen Goldmark vorhanden sind. Das Komitee hat es daraufhin für nicht angemessen erachtet, internationale Vereinbarungen, die von den Parteien in der Absicht einer endgültigen Regelung geschlossen waren, durch neue Bestimmungen in ihrer Wirksamkeit zu beeinträchtigen.

Die öffentliche Last ist von der Eintragung im Grundbuch befreit. Der Treuhänder, die Bank oder der Unternehmer können ihrerseits die Eintragung verlangen. Von Amts wegen wird ein Vermerk über die Belastung im Grundbuch eingetragen, dessen Eintragung ebenso wie seine Löschung unentgeltlich ist. Die Deutsche Regierung nimmt in Aussicht, auch die Eintragung und Löschung der Belastung von den Kosten zu befreien. Die Wirkungen dieser Belastung sind in den §§ 41 bis 46 niedergelegt.

Die Last geht in vollem Umfange bei einer Veräußerung des Grundstücks auf den Erwerber über mit alleiniger Ausnahme derjenigen Fälle, in denen es sich um Grundstücksteile von geringem Wert handelt und der veräußerte Grundstücksteil nur einen geringfügigen Bruchteil der dinglich gesicherten Gesamtsumme darstellt. In diesem Fall haftet das Grundstück in der Hand des neuen Erwerbers nicht mehr.

Zu der durch die Unternehmungen gewährten Sicherheit tritt ergänzend die Bürgschaft der Deutschen Regierung hinzu (III der Anlage 5 des Berichts der Sachverständigen). Dort ist gesagt: „Die Deutsche Regierung soll die Zahlungen von Kapital, Zinsen und Tilgungsquote dieser Obligationen gewährleisten."

Das Komitee wünscht hiermit nicht der Deutschen Regierung eine zusätzliche Last zu den Lasten, die sich aus den anderen Teilen des Sachverständigenberichts ergeben, aufzuerlegen. Es hat daher keinerlei Bedenken dagegen, daß die Deutsche Regierung ihrerseits Maßnahmen ergreift, um die für den Eingang der Gelder aus den Industrieobligationen im Sachverständigenbericht vorgesehenen Sicherheiten auf eine breitere Grundlage zu stellen und damit die Möglichkeiten einer Inanspruchnahme der Reichsgarantie zu verringern.

Das Komitee will ferner, soweit als irgend möglich, der Lage der zurzeit vorhandenen Hypothekengläubiger, die durch die Last zugunsten des Treuhänders eine erhebliche Rangverschlechterung erleiden sollen, Rechnung tragen. Ebenso will es denjenigen Unternehmern, deren Grundstücke durch die Hypothek des Treuhänders in voller Höhe ihres Wertes belastet werden würden, nicht jede Möglichkeit eines Realkredits abschneiden. Aus diesem Grunde hat es den Unternehmern, deren Grundstücke nur einen geringfügigen Teil ihres Betriebsvermögens bilden, die Möglichkeit gegeben, vom Treuhänder zu verlangen, daß eine gewisse Verteilung der Schuld zwischen den unbeweglichen Vermögensgegenständen und den sonstigen Bestandteilen des Betriebsvermögens im Verhältnis ihres Wertes eintritt, d. h. daß die Hypothek auf den Teil des Wertes des Grundstücks beschränkt wird, der dem Wertverhältnis zwischen dem Grundstück einerseits und dem Gesamtbetriebsvermögen andererseits entspricht. Die gleiche Möglichkeit ist auch für die obenerwähnten Hypothekengläubiger vorbehalten. Dies ist der Inhalt des Art. 41 Abs. 2 des Gesetzes.

Umschreibung der Unternehmer, auf die sich die Last erstreckt.

Der § 1 zur Anlage 5 des Berichts der Sachverständigen überträgt dem Organisationskomitee die nähere Umschreibung der für die Aufteilung der Last von 5 Milliarden in Betracht kommenden Unternehmungen.

Da das Komitee davon ausgeht, daß eine hypothekarische Sicherstellung besser als andere ist, hat es davon abgesehen, die Belastung auf Handels- und Bankunternehmen sowie Versicherungsgesellschaften auszudehnen, deren viele nur in ganz ungenügendem Umfange eine hypothekarische Sicherheit zu bieten in der Lage sind. Aus dem gleichen Grunde hat man von einer Belastung des Hotelgewerbes abgesehen.

In dem Bestreben, die Hilfsmittel des Reichshaushalts, die nach dem Sachverständigenplan auf andere Weise ihren Teil an der Reparationslast tragen, nicht unmittelbar oder mittelbar einer nochmaligen Belastung auszusetzen, hat das Komitee diejenigen industriellen Unternehmungen, die dem Reich oder den Ländern gehören, sowie diejenigen, deren Erträge ausschließlich dem Reich oder den Ländern zugute kommen, von der Belastung freigelassen. Dabei ist der Vorbehalt gemacht, daß Privatunternehmungen, die erst in Zukunft auf den Staat übergehen, weiterhin mit der Last beschwert bleiben, die ihnen bereits obliegt.

Hinsichtlich der Kommunalunternehmungen hat das Komitee es der Reichsregierung überlassen, sie nach ihrem Ermessen zu der Belastung heranzuziehen. Es ist bei dieser Entscheidung davon ausgegangen, daß manches dagegen spricht, die Kommunalunternehmungen — es handelt sich dabei in erster Linie um Verkehrsunternehmungen und Unternehmungen zur Krafterzeugung und -verteilung — in eine bessere Lage zu bringen, als die der von Privaten betriebenen Unternehmungen gleicher Art ist.

Im Gegensatz hierzu werden die sogenannten gemischten Gesellschaften, d. h. diejenigen, an denen Reich, Länder oder Kommunen neben Privaten beteiligt sind, der Belastung in vollem Umfange unterworfen.

Im Verhältnis zu den Gläubigern der Obligationen sind lediglich die mit der Last beschwerten Unternehmungen haftbar. Dagegen hat das Komitee es für angemessen erachtet, dem Reich die Möglichkeit zu geben, seinerseits auch anderen Zweigen der Wirtschaft eine Belastung aufzuerlegen und hierdurch die Lasten der Industrie zu erleichtern. Es handelt sich aber hierbei lediglich um einen inneren Ausgleich, der die Haftbarkeit der auf Grund dieses Gesetzes belasteten Unternehmungen dem Treuhänder oder dem Inhaber der Obligationen gegenüber in keiner Weise abschwächt (vergl. § 24 Abs. 2 und 4).

Freilassung der kleineren Unternehmungen.

Das Komitee wollte verhüten, daß die Last unter eine so große Menge von Unternehmungen aufgeteilt würde, daß zahlreiche von ihnen nicht mehr eine ausreichende Sicherheit für die von ihnen ausgegebenen Obligationen darstellen. Es hat daher von dem ihm in § VI B der Anlage 5 übertragenen Rechte Gebrauch gemacht und darauf verzichtet, den industriellen Unternehmungen, deren Betriebsvermögen weniger als 50 000 Goldmark beträgt, eine Last auf Grund dieses Gesetzes aufzuerlegen. Es bleibt jedoch vorbehalten, diese Grenze, wenn die Deutsche Regierung, die Bank und der Treuhänder darüber einig sind, anderweit festzusetzen.

Umlegungsverfahren.

In der Überzeugung, daß die erste Umlegung auf eine möglichst tragfähige Grundlage gestellt werden muß, hat das Komitee die wesentlichsten Möglichkeiten für eine Umlegung auf das genaueste geprüft. Es hat dabei feststellen müssen, daß die infolge der Inflation eingetretenen Vermögensverschiebungen auch die Statistiken aus ziemlich neuer Zeit stark entwertet haben. Es ist daher zurzeit unmöglich, mit genügender Genauigkeit den Goldwert der einzelnen deutschen Industrieunternehmungen festzustellen, wenn man sich nicht auf lange und verwickelte Rechnungen einlassen und damit die Ausführung des Sachverständigengutachtens erheblich verzögern will.

Das Komitee hat sich also entschlossen, die Last von 5 Milliarden nach dem Verhältnis der Betriebsvermögen zu verteilen, wie sie sich aus der Veranlagung zur Vermögensteuer 1924 (Stichtag 31. Dezember 1923) ergeben.

Aus technischen Gründen gestattet diese Veranlagung nicht, das Betriebsvermögen der Schiffahrtsunternehmungen und der Bahnbetriebe rechtzeitig zu ermitteln. Daher muß die Bestimmung der Last hinsichtlich dieser Unternehmungen auf Grund einer Schätzung stattfinden.

Um zu verhüten, daß die Belastung einzelner Gruppen der deutschen Industrie nicht in ausreichendem Umfange stattfindet, sind für die Hauptgruppen der Industrie die nachstehenden Mindestziffern der Beteiligung festgesetzt worden, wobei ein Spielraum von 10 v. H. dieser Ziffern (vergl. § 8) offengelassen worden ist.

Schwerindustrie (Bergbau und Eisen- und Stahlerzeugung)	20 v. H.
Maschinen- und elektrische Industrie einschließlich der Elektrizitätserzeugung	17 v. H.
Chemische Industrie	8 v. H.
Textilindustrie	7 v. H.

der Gesamtbelastung von 5 Milliarden Goldmark.

Man hat jedoch vorgesehen, daß der Treuhänder einer Veränderung dieser Prozentsätze zustimmen kann, wenn sie mit den Ergebnissen einer neuen Veranlagung zur Vermögensteuer im Widerspruch stehen, um auf diese Weise ein in Zukunft mögliches Auseinanderfallen der oben angegebenen Prozentsätze und der Entwicklung der verschiedenen Industriezweige zu verhindern. Lehnt der Treuhänder seine Zustimmung zur Veränderung der Prozentsätze ab, so kann die Bank das im Gesetz vorgesehene Schiedsgericht, von dem noch weiter unten gesprochen werden soll, anrufen.

Veränderungen der ersten Umlegung der Last.

Das Komitee hält es für richtig, die Ergebnisse der ersten Umlegung den Ergebnissen künftiger Vermögensteuerveranlagungen anzupassen.

Es erscheint dies unter verschiedenen Gesichtspunkten vorteilhaft: einmal lassen sich auf diese Weise etwaige Irrtümer der Umlegung der Billigkeit entsprechend richtigstellen. Ferner kann man die Sicherheit der Obligationen erhöhen und verhindern, daß sich zur Umgehung des Gesetzes Vermögen gerade in Unternehmungen anhäufen, die nach der ersten Umlegung gegründet sind und damit von der Last nicht betroffen werden.

Auf diese Weise bleibt die Last, entsprechend dem Plane der Sachverständigen, eine Last der einzelnen Unternehmungen, erstreckt sich aber andererseits in jedem Augenblick auf die Gesamtheit der deutschen Industrie; die neugeschaffenen Unternehmungen nehmen an ihr teil, der auf die in der Vergrößerung begriffenen Unternehmungen entfallende Anteil steigert sich, während andererseits die im Absinken begriffenen Unternehmungen nur noch in geringerem Umfange zur Last herangezogen werden.

Diese späteren Änderungen der Umlegung hat das Komitee für richtig gehalten, weil es in ihnen gewissermaßen eine Erweiterung der Garantie sieht, da für die schwach gewordenen Unternehmungen leistungsfähige herangezogen werden.

Bei denjenigen Unternehmungen, von denen der Treuhänder und die Bank (vergl. unten) eine ausreichende Anzahl von Obligationen in Verwahrung haben, wird bei der Neuumlegung der Ausgleich durch einfachen Austausch der Titel vorgenommen; in den anderen Fällen ist es Sache der Deutschen Regierung, Unternehmungen, die über Gebühr belastet sind, einen angemessenen Ausgleich, z. B. durch Hingabe von Industriebonds oder in anderer Weise, zu gewähren (vergl. § 19 des Gesetzes).

Regelmäßig sollen diese Anpassungen bei jeder neuen Vermögensteuerveranlagung stattfinden. Nach den ersten fünf Jahren, während deren Zahl und Zeitpunkt der Neuumlegungen nicht bestimmt sind, werden jedoch Neuumlegungen nur alle zwei Jahre zulässig sein.

In den Zwischenzeiten zwischen zwei Umlegungen kann die Deutsche Regierung, ohne eine neue Vermögensteuerveranlagung abzuwarten, zugunsten der Bank den neugegründeten Unternehmungen sowie denjenigen, deren Kapital sich erweitert hat, eine zusätzliche Last auferlegen. Bis zur nächsten Umlegung fließen die Erträgnisse dieser Last in eine Ausgleichs- und Sicherungsrücklage der Bank. (Vergl. über die Ausgleichs- und Sicherungsrücklage weiter unten.)

Bank für deutsche Industrieobligationen.

Das Komitee hat übereinstimmend die Notwendigkeit einer Zwischenstelle anerkannt, deren Aufgabe es ist, die

Sicherheit für von ihm selbst auszugebende Papiere (Industriebonds) durch nicht veräußerliche oder nicht veräußerte Einzelobligationen herzustellen.

Das Komitee ist zu der Überzeugung gekommen, daß die Schaffung dieser Zwischenstelle dem Geiste des Sachverständigenberichts völlig gerecht wird, der in § VI B der Anlage 5 ihm das Recht erteilt, hinsichtlich der Unternehmungen von geringer Bedeutung andere Belastungsmethoden zu finden, und der dem Treuhänder das Recht gibt, „die in seinen Händen befindlichen Obligationen und Hypothekenurkunden zur Sicherstellung neuer Wertpapiere, die er selbst ausgibt, zu benutzen". Da dem Treuhänder die zur Ausgabe solcher Papiere notwendige Rechtspersönlichkeit fehlt, hat das Komitee die Übertragung der Ausgabe dieser Papiere durch eine Zwischenstelle für zweckmäßig erachtet. Seiner Auffassung nach werden diese Papiere der Zwischenstelle einen unvergleichlich größeren internationalen Markt haben als Einzelobligationen deutscher Unternehmungen von mittlerer Größe. Auch wird die Mobilisierung der Forderung nach der Auffassung des Komitees auf diese Weise erheblich erleichtert.

Es kommt hinzu, daß die Zwischenstelle dem Treuhänder behilflich sein kann, in seinem Namen den Dienst der Zinsscheine für die Obligationen sicherzustellen, daß ferner die Deutsche Regierung bei künftigen Neuumlegungen und bei der Schaffung eines Ausgleichs für die Belastungen der Industrie sich dieser Zwischenstelle bedienen kann. Schließlich wird die Zwischenstelle auch ganz allgemein die Verbindung zwischen den ausländischen Gläubigern, die durch den Treuhänder vertreten werden, und den deutschen Schuldnern erleichtern.

Außerdem bietet die Schaffung dieser Zwischenstelle, die unter Teilnahme deutscher Banken zu gründen ist, den Vorteil, daß sie die deutsche Großfinanz an der Ausführung des dem Komitee zur Bearbeitung vorliegenden Teiles des Sachverständigenberichts teilnehmen läßt.

Veräußerlichkeit von Individualobligationen.

Zwei völlig entgegengesetzte Pläne lagen dem Komitee zur Prüfung vor:

1. der Plan, reine Einzelobligationen zu schaffen, und

2. der Plan, reine Sammelobligationen auszugeben, für die die Einzelobligationen lediglich die Unterlage gebildet hätten.

Da der zweite Plan mit dem Wortlaut des Sachverständigenberichts im Widerspruch steht, mußte er ausgeschaltet werden. Andererseits hat das Komitee eine gewisse Einschränkung der Veräußerlichkeit der Einzelobligationen zufügen müssen, um auf diese Weise die nötige Pfandunterlage für die von der Zwischenstelle ausgegebenen Titel zu sichern und sie in einer Weise zu sichern, die ihre Absetzbarkeit auf dem Weltmarkt gewährleistet.

Das Komitee hat daher den Beschluß gefaßt, dem Treuhänder das Recht zur Veräußerung der Einzelobligationen bestimmter Unternehmungen bis zur Höhe von 50 v. H. der Gesamtlast jeder einzelnen dieser Unternehmungen zu geben, und zwar dies bis zu einem Höchstbetrage von 500 Millionen Goldmark; der Treuhänder kann dabei die von ihm zu veräußernden Obligationen unter den Obligationen der höchstbelasteten Unternehmungen aussuchen, deren Gesamtlast einen Betrag von 1,5 Milliarden Goldmark erreicht. Ausgeschlossen sind hierbei die Unternehmungen der See- und Binnenschiffahrt und der Verkehrsunternehmungen, deren Obligationen überhaupt nicht veräußerlich sind.

Es stehen also 750 Millionen Goldmark (50 v. H. von 1500 Millionen) veräußerliche Einzelobligationen zur Verfügung, von denen der Treuhänder 500 Millionen tatsächlich verkaufen darf.

Das Komitee hat sich zur Annahme dieser Regelung, die es auch als im Sinne des Sachverständigengutachtens liegend erachtet, genötigt gesehen. Es ist fest überzeugt, daß einerseits die große Mehrheit der Einzelobligationen, die einen internationalen Markt haben, innerhalb der Grenze von 1½ Milliarden Goldmark zu finden sind, und daß es andererseits von entscheidender Bedeutung ist, als Sicherheit für die durch die Zwischenstelle ausgegebenen Titel mindestens die Hälfte der Einzelobligationen der bekanntesten deutschen Unternehmungen zurückzubehalten. Das Komitee hat die Obligationen der Schiffahrts- und Bahnunternehmungen von der Veräußerung ausgeschlossen, um der gegenwärtigen Lage dieser Unternehmungen Rechnung zu tragen, und im Hinblick auf die Schwierigkeiten und Unsicherheiten der ersten Verteilung, die, wie oben dargelegt, nur durch Schätzung erfolgen kann.

Zusammengefaßt sieht danach das von dem Komitee aufgestellte System folgendermaßen aus:

Auf der Unterlage von 5 Milliarden Einzelobligationen gibt die Bank 5 Milliarden Industriebonds aus. Die Einzelobligationen zerfallen in zwei Gruppen. Die einen sind veräußerliche Einzelobligationen in Höhe von 750 Millionen. Sobald der Trustee Obligationen veräußert hat, muß er der Bank Nachricht geben, damit sie eine entsprechende Menge von Industriebonds unbrauchbar macht. Wenn er die 500 Millionen Einzelobligationen, zu deren Veräußerung er berechtigt ist, verkauft hat, muß er der Bank den Überschuß an Einzelobligationen aushändigen, der alsdann wiederum der Deckung der Industriebonds zu dienen hat. Die anderen sind unveräußerliche Obligationen, die als Unterlage für Industriebonds dienen sollen. Der Treuhänder kann also nach seiner Wahl bis zu 500 Millionen Goldmark begeben, und zwar entweder veräußerliche Einzelobligationen oder für den entsprechenden Betrag Industriebonds; für den Rest von 4,5 Milliarden kann er nur Industriebonds veräußern. Das Komitee hofft imstande zu sein, der Repko einen Entwurf der drei verschiedenen Arten von Obligationen, die das System enthält, veräußerliche Einzelobligationen, nicht veräußerliche Einzelobligationen und Industriebonds, zu übermitteln. Der Inhalt der verschiedenen Muster für die drei Arten von Titeln wird von der Reichsregierung mit Zustimmung des Treuhänders, gegebenenfalls unter Benutzung der Entwürfe,*) festgestellt.

Ausstellung und Übergabe der Einzelobligationen.

Die belasteten Unternehmungen werden also der Bank Einzelobligationen übergeben, die auf Goldmark und auf den Namen der Bank lauten und auf die Gesamtsumme

*) Zur Ausarbeitung dieser Entwürfe hat das Komitee einige Sachverständige herangezogen, denen es auf diesem Wege seinen Dank ausspricht. Da die Muster noch nicht fertiggestellt sind, kann das Komitee sie vor seiner Auflösung nicht mehr vorlegen.

der Kapitallast, mit der sie belastet sind, ausgestellt werden. Sie werden in Übereinstimmung mit den Bestimmungen des Sachverständigenberichts im ersten Jahre unverzinslich, im zweiten Jahre mit 2½ v. H., im dritten Jahre mit 5 v. H. und für die künftigen Jahre mit 5 v. H. verzinslich und mit 1 v. H. zu tilgen sein.

Im Hinblick darauf, daß es unmöglich ist, sogleich die Last für die zu belastenden Schiffahrts- und Transportunternehmungen zu bestimmen, wird vorläufig von den Schiffahrtsunternehmungen und den anderen Transportunternehmungen nur eine Kollektivobligation verlangt werden, die von Generalvertretern der bezeichneten Gruppe unterschrieben wird, und diese werden durch die Deutsche Regierung bestimmt und sind befugt, alle betreffenden Unternehmungen rechtswirksam zu verpflichten. Bei der nächsten Umlegung werden diese Kollektivobligationen durch Einzelobligationen ersetzt werden.

Auf Verlangen des Treuhänders werden diejenigen Unternehmungen, deren Obligationen nach den Bestimmungen des § 4 Abs. 2 negoziabel sein sollen, ihre Gesamtobligation, die sie unterschrieben haben, gegen Teilschuldverschreibungen, die auf den Inhaber lauten und nach bestimmten Grundsätzen gestückelt sind, umtauschen. Das sind die Teilschuldverschreibungen, die vom Treuhänder nach Ablauf des Zeitraums von sechs Monaten verkauft werden dürfen, wie im § 2 der Anlage V des Sachverständigenberichtes und im § 60 des vorliegenden Gesetzes vorgesehen ist, um den belasteten Unternehmern die Möglichkeit zu geben, Vorschläge für den Rückkauf zu machen.

Die §§ 15 und 16 eröffnen für diejenigen Unternehmer, die zur Übergabe veräußerlicher Einzelobligationen verpflichtet sind und die sich durch die Umlegung beschwert fühlen, einen besonderen und raschen Beschwerdeweg, durch den die Ausstellung der Obligationen nicht verzögert wird, andererseits aber die beeinträchtigten Interessen der betreffenden Unternehmer ohne Nachteil für den Treuhänder geschützt werden.

Zwangsmittel sind gegen solche Unternehmer vorgesehen, die sich weigern, die Obligationen zu unterschreiben.

Der Unternehmer wird endgültig durch Zahlung zu Händen der Bank oder des Treuhänders befreit.

Industriebonds.

Die Industriebonds werden, wie oben erwähnt, bis zur Höhe von 5 Milliarden Goldmark ausgegeben, von denen 4¼ Milliarden dem Treuhänder übergeben werden. Die 750 Millionen, die an den 5 Milliarden fehlen, bilden in den Kassen der Bank die Deckung für die gleiche Summe veräußerlicher Einzelobligationen, die dem Treuhänder übergeben sind.

Die Industriebonds lauten auf den Inhaber und sind negoziabel. Der Sachverständigenbericht sah vor, daß die Industrieobligationen im ersten Jahr unverzinslich sein sollten, für das zweite Jahr 2½ v. H., für das dritte Jahr 5 v. H. Zinsen tragen sollten und in den folgenden Jahren mit 5 v. H. zu verzinsen und mit 1 v. H. zu tilgen sein sollten. Da Schuldverschreibungen zu 2½ v. H. Zinsen gegenwärtig keine Aussicht auf Unterbringung haben, würde diese Bestimmung zur Folge gehabt haben, daß die Verkaufsmöglichkeit für die Titel bis zum dritten Jahre nach ihrer Ausgabe hinausgeschoben worden wäre. Um den Zeitpunkt, von dem ab der Treuhänder die Bonds in den Verkehr bringen kann, zu beschleunigen, hat es das Komitee für praktischer gehalten, die Bonds in zwei Serien von je 2½ Milliarden Goldmark einzuteilen, von denen die erste zwei Jahre lang keine Zinsen tragen, während die andere schon vom zweiten Jahre ab mit 5 v. H. verzinslich sein soll.

Der Zins- und Tilgungsdienst der Bonds wird durch die Bank sichergestellt, die die entsprechenden Beträge an den Agenten für die Reparationszahlungen für Rechnung des Treuhänders zu bezahlen hat.

Durch diese Zahlungen wird gemäß dem im Kapitel XII des Sachverständigenberichts ausgesprochenen Grundsatz die Bank von allen Verpflichtungen gegenüber den Inhabern der Bonds befreit.

Die Tilgung der Bonds soll durch Auslosung nach einem genauen Plan erfolgen, den die Bank im Einvernehmen mit dem Treuhänder ausarbeiten soll. Die Bonds sind bis 1937 unkündbar, wenngleich die Bank eine verstärkte Tilgung vornehmen kann, indem sie ihre eigenen Bonds auf dem freien Weltmarkt ankauft und sie vernichtet.

Das Komitee hat geglaubt, daß es zum Anreiz für Zeichner solcher Bonds zweckmäßig sein würde, unter Zugrundelegung eines Teiles dieser Industriebonds oder an ihrer Stelle Obligationen anderer Art auszugeben, die z. B. aus ausländischer Währung gestellt werden könnten und die auf bestimmten Geldmärkten leichter unterzubringen sein würden. § 33 sieht daher vor, daß der Treuhänder sich über solche Kombinationen mit der Bank verständigen kann, die hierzu der Genehmigung der Deutschen Regierung bedarf. Natürlich wird der Treuhänder auch die Möglichkeit haben, sich nicht an die Bank zu wenden, sondern z. B. diese Operation mit einem ausländischen Finanzkonsortium zu machen, dem er als Deckung ein Paket Industriebonds übergeben würde.

Organisation der Bank.

Die Bank wird ihren Sitz in Berlin haben. Ihr Gesellschaftskapital wird 10 Millionen Goldmark betragen. Dieses soll von der deutschen Wirtschaft unter Beteiligung deutscher Banken gezeichnet und zu 25 v. H. eingezahlt werden.

Sie wird, wie dies an anderer Stelle gesagt ist, die Industriebonds ausgeben, die durch die nichtveräußerlichen Einzelobligationen und den Teil der veräußerlichen Einzelobligationen gedeckt sind, der nicht verkauft ist. Sie wird die Jahresleistungen der zusätzlichen Belastungen erhalten, die die Deutsche Regierung Unternehmungen zugunsten der Bank auferlegen kann und die dazu dienen sollen, eine Ausgleichs- und Sicherungsrücklage zu speisen, wie sie im § 24 Abs. 2 vorgesehen ist, oder auch für andere Zwecke verwendet werden können.

Der Regelung folgend, wie sie bei den Obligationen der Eisenbahn aus praktischen Gründen angewendet worden ist, war das Komitee der Ansicht, daß die Bank deutscher Nationalität sein soll.

Sie soll von einem oder mehreren deutschen Direktoren geleitet werden. Der Aufsichtsrat soll sich aus einem Präsidenten und 14 Mitgliedern zusammensetzen. Der Präsident muß Deutscher sein; er wird jährlich vom Aufsichtsrat mit einer Mehrheit von 10 Stimmen gewählt und ist wiederwählbar. 4 Mitglieder des Aufsichtsrats werden von den nichtdeutschen Mitgliedern des Generalrats der Reichsbank, 3 von der Reparationskommission, 7 von der Deutschen Regierung, davon 3 als deren Vertreter und 4 als Vertreter der belasteten Unternehmer und der Aktionäre, ernannt. Die Mitglieder des Aufsichtsrats werden für drei Jahre ernannt und sind wiederernennbar.

Wenn alle Industriebonds getilgt sein werden, wird die Bank in Liquidation treten. Etwaiges Vermögen, das nach Bezahlung aller Schulden und Rückzahlung des Aktienkapitals übrigbleibt, soll dem Deutschen Reiche zufallen. In der Erwägung, daß die Bank ein deutsches Institut sein soll, das der Deutschen Regierung seine Dienste leistet, insbesondere bei den künftigen Neuumlegungen und bei dem inneren Ausgleich der Lasten, und insbesondere weil das nach der Liquidation etwa übrigbleibende Vermögen dem Reich zufällt, hat das Komitee es für angemessen erachtet, daß Deutschland sich an der Tragung der Kosten, die durch die Gründung und den Geschäftsbetrieb der Bank entstehen, beteiligt.

Es hat daher beschlossen, daß die Verwaltungsausgaben zu zwei Dritteln von der Bank getragen werden sollen und daß das dritte Drittel aus den Gesamtjahresleistungen zu decken sei, die Deutschland zu bezahlen hat, wobei ausdrücklich festgestellt sein möge, daß die Kosten des Treuhänders, die Kosten der künftigen Ausgabe der Titel, der Teilung oder des Austauschs der Titel (mit Ausnahme des in § 14 Abs. 2 für die veräußerlichen Einzelobligationen vorgesehenen Umtausches) in ihrer Gesamtheit zu Lasten des Treuhänders gehen sollen. Es versteht sich von selbst, daß die Kosten für die Anfertigung und Aushändigung der Einzelobligationen und der Industriebonds in voller Höhe zu Lasten der Bank gehen.

Rückkauf.

Die belasteten Unternehmungen sollen das Recht haben, sich freizukaufen, indem sie den Nennwert ihrer Belastung in ausländischen Zahlungsmitteln oder in deutschem Gelde zur Goldparität oder endlich in Industriebonds zum Nennwert einliefern. Eine besondere Schwierigkeit tritt in den beiden ersten Fällen ein: Da die Industriebonds jederzeit durch eine gleiche Menge Einzelobligationen gedeckt sein müssen, versteht es sich von selbst, daß diese in bar nur insoweit zurückgekauft werden können, daß der Bank genügende Industriebonds verbleiben, damit sie eine gleiche

Menge vernichten kann, wie sie den zurückgekauften Einzelobligationen entspricht. Wenn diese Menge infolge schon erfolgter Verkäufe von Bonds ungenügend geworden ist, kann der Rückkauf in bar nicht mehr erfolgen, da eine Vernichtung für den entsprechenden Gegenwert von Industriebonds unmöglich sein würde.

Das Komitee ist sich darüber vollkommen im klaren gewesen, daß der Rückkauf von besonderem Interesse ist sowohl für die Gläubiger — denen er die Mobilisierung ihrer Forderungen gegen die deutschen Unternehmer erleichtert — als auch für die deutschen Unternehmungen, denen er die Befreiung von ihrer Belastung ermöglicht. Aber andererseits war es der Meinung, daß es nicht zweckmäßig sei, wenn die Unternehmungen, die ihre gesamte Last zurückgekauft haben, indem sie sich endgültig von allen Belastungen befreiten, sich zu Zufluchtsstätten für solche Kapitalien entwickeln dürfen, die sich dort konzentrieren, um sich den Lasten aus diesem Gesetz zu entziehen.

Es hat daher folgende Lösung angenommen, die, indem sie zwar derartige Manöver verhindert, doch den Unternehmern, die ihre Verpflichtungen ablösen, ganz besondere Vorteile gewährt:

Wenn eine Unternehmung ihre Obligationen in voller Höhe zurückgekauft hat, wird sie von jeder Belastung des Betriebsvermögens in der Höhe der zurückgekauften Obligationen freibleiben. Bis zur nächsten Umlegung, und zwar mindestens auf zwei Jahre, bleibt sie von jeder Belastung frei. Wenn künftig ihr Betriebsvermögen sich um mehr als 15 v. H. der abgelösten Last vergrößert, wird der überschießende Betrag belastet werden, so daß im Endergebnis sich der Unternehmer nicht nur eine vollständige Befreiung für zwei oder drei Jahre sichert, sondern daß er auch, indem er 100 v. H. seines ursprünglichen Betriebsvermögens freikauft, für 115 v. H. endgültig befreit bleibt, wenn sein Vermögen sich auch vermehrt. Das ist ein starker Anreiz für den Rückkauf.

Veräußerliche Einzelobligationen.

In Übereinstimmung mit den Bestimmungen des Sachverständigenberichts (Ziffer II der Anlage 5) und um den Schuldnern die Möglichkeit zu eröfnnen, dem Treuhänder

Angebote über alsbaldigen oder schrittweisen Rückkauf zu machen, kann der Treuhänder die veräußerlichen Einzelobligationen erst sechs Monate nach ihrer Übergabe veräußern.

Nach Ablauf dieser Frist hat er, bevor er zur Veräußerung dieser Einzelobligationen schreitet, das betreffende Unternehmen von dieser seiner Absicht in Kenntnis zu setzen und ihm zur Ausübung des Rückkaufs eine Frist von einem Monat zu lassen. In keinem Falle darf er von Unternehmungen, die ihre Obligationen unter diesen Bedingungen zurückkaufen, einen den Nennwert der Titel übersteigenden Preis verlangen.

Nichtveräußerliche Einzelobligationen.

Jederzeit können die Unternehmer dem Treuhänder Vorschläge über einen sofortigen oder schrittweisen Rückkauf machen.

Vernichtung der den zurückgekauften Titeln entsprechenden Deckung.

Wenn veräußerliche Einzelobligationen zurückgekauft sind, wird der Treuhänder davon die Bank ebenso verständigen wie im Falle des Verkaufs, damit sie eine entsprechende Menge bei ihr befindlicher Industriebonds vernichtet. Wenn nichtveräußerliche Einzelobligationen zurückgekauft sind, hat der Treuhänder der Bank einen entsprechenden Betrag an Industriebonds, die er in Verwahrung hat, zum Zwecke der Vernichtung auszuhändigen.

Der Treuhänder.

Kapitel XVI des Sachverständigenberichts sieht vor, daß von der Reparationskommission ein Treuhänder ernannt wird, der insbesondere die Ausführung desjenigen Teils des Berichts sicherstellen soll, der die Industrieobligationen betrifft. Die §§ 51 bis 56 regeln seine Ernennung, seine Aufgaben und seine Befugnisse.

Wie oben schon ausgeführt, ist er es, der die Einzelobligationen und Industriebonds erhält.

Der Treuhänder wird gemeinsam mit der Bank die Einzelobligationen verwahren und kann darüber in Gemäßheit des § 13 verfügen. Die Industriebonds werden dem Treuhänder zu vollem Eigentum übertragen. Er kann sie mit Genehmigung der Reparationskommission verkaufen, sie als Deckung für neue Titel verwenden, die er selbst oder im Einvernehmen mit der Bank ausgibt, und kann alle Operationen damit vornehmen, die ihm wünschenswert erscheinen. Mit den Mitteln, die vom Agenten für die Reparationszahlungen ihm zur Verfügung gehalten werden, wird er den Zinsen- und Tilgungsdienst der von ihm verkauften Einzelobligationen besorgen. Er kann hierbei auch sich der Bank bedienen, die sich dieser Aufgabe im Namen des Treuhänders unterziehen muß.

Der Treuhänder hat die Pflicht, darüber zu wachen, daß die Industriebonds, die er in Verwahrung hat, jederzeit in voller Höhe durch entsprechende Beträge an unveräußerlichen oder nicht veräußerlichen Einzelobligationen gedeckt sind. Er allein kann den Unternehmern ihre Obligationen zurückgeben, wenn sie sie zurückkaufen.

Ansprüche im Falle der Nichtzahlung oder des Konkurses oder der Liquidation.

Das Komitee hat sich nicht damit begnügt, die Einzelobligationen und die Industriebonds mit den stärksten Sicherheiten auszustatten, es hat auch eine ganze Serie von Maßnahmen vorgesehen, die im Falle der Nichtbezahlung, des Konkurses oder der Liquidation der belasteten Unternehmer die Interessen des Treuhänders und der Inhaber der Einzelobligationen und Industriebonds sicherstellen sollen.

Wenn eine belastete Unternehmung nicht im vorgeschriebenen Zeitpunkt die Beträge für die fälligen Coupons an die Bank zahlt, kann die Bank von sich aus oder auf Ersuchen des Treuhänders sofort in das gesamte bewegliche und unbewegliche Vermögen der im Rückstand befindlichen Unternehmung mit Zwangsvollstreckung vorgehen.

Im Falle des Konkurses eines Unternehmens, dessen Einzelobligationen nicht verkäuflich sind, genießen die Ansprüche der Bank und des Treuhänders für die Zins- und Tilgungsscheine, die bis zum Ende des Jahres fällig werden, in dessen Verlauf die nächste Umlegung stattfindet, ein erststelliges Vorrecht auf die Konkursmasse. Die Entnahme derjenigen Summe aus der Konkursmasse, die die in Konkurs befindliche Unternehmung an Jahresleistungen bis zur nächsten Umlegung hätte leisten müssen, sichert die Bezahlung der Zins- und Tilgungsbeträge der Obligationen bis zu dem Zeitpunkt, in dem auf Grund einer Neuumlegung die Belastung von anderen zahlungsfähigen Unternehmungen übernommen wird.

Das Komitee hat für gut befunden, von den in Konkurs befindlichen Unternehmungen nicht das Kapital zu verlangen. Eine solche Maßnahme würde den Erfolg gezeitigt haben, daß man von der deutschen Wirtschaft in Zeiten wirtschaftlicher Krisen höhere Kapitalzahlungen verlangt hätte als solche, die sie in Zeiten wirtschaftlichen Aufschwungs leistet, und daß eine ohnehin schwierige Situation dadurch noch verschärft würde; es würde auch zugleich die Sicherheit beeinträchtigt haben, die sich für die Titel aus der gesunden Grundlage der deutschen Industrie ergibt.

Wenn das in Konkurs befindliche Unternehmen veräußerliche Einzelobligationen ausgestellt hat, die ganz oder zum Teil vom Treuhänder verkauft worden sind, so kann der Treuhänder, indem er dabei im Namen der Inhaber dieser Einzelobligationen auftritt, wenn er der Ansicht ist, daß die auf dem Grundbesitz des Unternehmens liegende öffentliche Last die künftigen Jahresleistungen nicht genügend sicherstellt, entweder als Ersatz für die von dem in Konkurs befindlichen Unternehmen ausgegebenen Einzelobligationen Industriebonds annehmen, die die Bank aus eigenen Mitteln erworben hat, oder er kann seine Forderung im Konkurse geltend machen und aus der Masse diejenigen Summen vorweg entnehmen, die nötig sind, um den Zinsen- und Tilgungsdienst für die Einzelobligationen bis zu deren vollständiger Tilgung sicherzustellen. In diesem Falle muß die aus der Konkursmasse entnommene Summe vom Treuhänder in erstklassigen Werten auf ein Sperrkonto, das auf seinen Namen errichtet wird, bei einer Bank angelegt werden, die er im Einvernehmen mit der Reichsbank auswählt. Sache des Treuhänders ist es dann, die Coupons einzulösen.

Wenn der Treuhänder zum Ersatz für die Einzelobligationen Industriebonds annimmt, tritt die Bank in die Rechte der Inhaber und des Treuhänders aus diesen Einzelobligationen ein und kann verlangen, daß sie und die auf ihre Deckung bezüglichen Urkunden ihr ausgehändigt werden.

Steuerbefreiung.

Das Komitee hat in Übereinstimmung mit Ziffer IV der Anlage V zum Sachverständigenbericht entschieden, daß die Einzelobligationen und die Industriebonds und etwa vom Treuhänder später ausgegebenen Obligationen sowie die Zins- und Tilgungsscheine, sofern sie sich im Besitze von Ausländern befinden, von der deutschen Wertpapiersteuer und Kapitalertragsteuer ebenso wie von allen künftigen Steuern, die auf die Titel selbst gelegt werden sollten, frei sein würden. Die erste Veräußerung durch den Treuhänder ist auch von der Kapitalverkehrsteuer befreit.

Die Deutsche Regierung hat sich das Recht vorbehalten, die Titel auch von der Kapitalverkehrsteuer freizustellen.

Wenn die Deutsche Regierung von diesem Recht Gebrauch machen würde, so würde dies nach Ansicht des Komitees die Unterbringung der Titel erleichtern.

Schiedsgericht.

Um den deutschen Unternehmungen, die mit den Obligationen belastet sind, die Gewähr zu geben, daß ihre Interessen nicht durch Maßnahmen bedroht werden, die der Treuhänder treffen kann, hat das Komitee vorgesehen, daß im Falle von Streitigkeiten zwischen der Reparationskommission oder dem Treuhänder einerseits und der Bank und der Deutschen Regierung andererseits, mögen sie die Auslegung der Bestimmungen dieses Gesetzes oder die Rechtmäßigkeit, Zweckmäßigkeit oder Billigkeit einer Maßnahme betreffen, die auf Grund dieses Gesetzes getroffen worden ist oder getroffen werden soll, die Streitigkeit vor einen Schiedsrichter gebracht werden kann. Die Entscheidung dieses Schiedsrichters ist endgültig. Er wird ein für allemal von der Reparationskommission und der Deutschen Regierung oder, wenn diese sich nicht einigen können, durch den Präsidenten des Ständigen Internationalen Gerichtshofs im Haag ernannt. Dieser Schiedsrichter kann allein entscheiden oder die Entscheidung in Gemeinschaft mit zwei weiteren Schiedsrichtern treffen, von denen je einer von den beiden beteiligten Parteien ernannt wird.

* * *

In mehreren Paragraphen des vorliegenden Gesetzes (§§ 9, 10, 32) hat das Komitee vorgesehen, daß die Deutsche Regierung den Zeitpunkt des Inkrafttretens von Bestimmungen dieses Gesetzes festsetzen kann. Es war in der Tat unmöglich, schon jetzt bestimmte Daten festzusetzen, da diese notwendigerweise von dem Termin oder den Terminen abhängen müssen, die die Regierungen gemeinsam als Zeitpunkt für den Beginn der Ausführung des Sachverständigengutachtens festsetzen müssen. In diesem Sinne muß die oben vorgesehene Bestimmung ausgelegt werden.

Der deutsche Text des Gesetzentwurfes ist der maßgebende und nicht derjenige der französischen Übersetzung. Für den Bericht ist der französische Text und nicht die deutsche Übersetzung maßgebend.

Für alle juristischen Auslegungsfragen ist der Text des Gesetzes allein maßgebend und nicht derjenige des Berichts.

Bei Beendigung seiner Arbeiten legt das Komitee Wert darauf, allen seinen Mitarbeitern, die es bei seinen Arbeiten unterstützt haben, insbesondere den hervorragenden Juristen und Sachverständigen, die es auf seiten jeder Delegation mit ihrem Rat unterstützt haben, ebenso wie Herrn André Pierre seinen Dank auszusprechen, der die Aufgabe des Sekretärs des Komitees mit einer Hingabe erfüllt hat, für die das Komitee ihm bereitwilligst seine Anerkennung zum Ausdruck bringt.

III.

Amtliche Begründung zu den Industriebelastungsgesetzen.

I. Allgemeines.

Der vorstehend unter I ersichtliche „Entwurf eines Gesetzes über die Industriebelastung“ entspricht den Beschlüssen des Organisationskomitees für die Industrieobligationen, das im Verfolg des Berichts der Ersten Sachverständigenkommission vom 9. April 1924 (vergl. Nr. 5 der Drucksachen des Reichstags) eingesetzt worden ist. Die Reparationskommission hat dem Entwurf ihre Zustimmung erteilt. Der unter II ersichtliche „Entwurf eines Gesetzes zur Aufbringung der Industriebelastung", der bestimmt ist, die Aufbringung der Zins- und Tilgungsbeträge auf eine möglichst breite Grundlage zu stellen, ist als rein innerdeutsche Maßnahme gedacht; eine internationale Bindung liegt insoweit nicht vor, doch ist andererseits die Absicht der Reichsregierung, eine derartige Heranziehung weiterer Kreise zur Aufbringung der Jahresleistung von 300 Millionen eintreten zu lassen, bereits bei den Erörterungen im Organisationskomitee zur Sprache gekommen. Es ist ihrer sowohl im Gesetzentwurfe (§ 24 Abs. 2) als auch im Bericht (S. 21) gedacht. Als Anlage I ist der „Entwurf einer Satzung der Bank für deutsche Industrieobligationen" und als Anlage II der „Bericht des Vorläufigen Organisationskomitees für die Industrieobligationen" beigefügt. Beide Anlagen sind in ihrem Wortlaut im Organisationskomitee vereinbart und festgestellt worden. Wie sich aus S. 27 des Berichts ergibt, ist für diesen der französische, für den Entwurf des Industriebelastungsgesetzes und den Entwurf der Statuten der Bank der deutsche Text maßgebend.

Zur allgemeinen Begründung des Gesetzentwurfs darf auf den Bericht des Ersten Sachverständigenkomitees (Nr. 5 der Drucksachen des Reichstags), und zwar insbesondere auf die Abschnitte IX C (S. 30 ff.) und auf Anlage 5 (S. 134 ff.) sowie auf den Bericht des Organisationskomitees verwiesen werden. In letzterem ist (vergl. S. 27) ausdrücklich hervorgehoben, daß für Auslegungsfragen des Gesetzestextes allein dieser Text und nicht die in dem Berichte dazu gegebenen Erläuterungen maßgebend sein sollen.

Die in dem Entwurfe vorgesehene Regelung, wie sie nach 5½ wöchigen eingehendsten Beratungen im Organisationskomitee gefunden worden ist, stellt eine Belastung der deutschen Wirtschaft dar, wie sie bisher noch niemals auferlegt worden ist. Wie diese Belastung auf das einzelne Unternehmen wirken und seine Produktions- und Wettbewerbsfähigkeit beeinflussen wird, läßt sich zurzeit noch nicht übersehen. Das Ziel des Entwurfs ist jedenfalls, durch gerechte Verteilung auf breitester Grundlage und durch laufende Anpassung an die wirtschaftliche Leistungsfähigkeit die Last für das einzelne Unternehmen nach Möglichkeit zu erleichtern.

Drei große Fragen waren es vor allem, die im Organisationskomitee zu behandeln und zu entscheiden waren: die Frage des Umfanges der in die Belastung einzubeziehenden Wirtschaftskreise, die Frage, ob Obligationen der einzelnen Betriebe oder ob Gesamtobligationen der deutschen Wirtschaft ausgehändigt werden sollen, und die Frage der dinglichen Sicherungen für die Obligationen.

1. Bei der voraussichtlich sehr hohen Belastung, die bei Aufteilung von 5 Milliarden Goldmark auf die deutschen Wirtschaftskreise mit Ausnahme der Landwirtschaft auf den einzelnen Unternehmer entfallen muß, schien es von vornherein erwünscht, den Kreis der Belasteten möglichst weit zu ziehen; für die äußere Belastung, d. h. für die Verpflichtung zur Ausstellung und Übergabe von Einzelobligationen, hat das Komitee aber schließlich den Kreis der Belasteten unter Ausschluß von Handel, Banken, Verkehrsunternehmungen — soweit sie nicht Bahnunternehmungen sind —, Versicherungsunternehmungen und Hotelgewerbe in weiterem Sinne auf die eigentliche Industrie, die Schiffahrt und die Bahnunternehmungen beschränkt, wie aus dem Bericht (S. 22) hervorgeht, insbesondere im Hinblick darauf, daß die erstgenannten Kreise keine genügende dingliche Sicherheit zu stellen in der Lage seien. Für die innere Aufbringung der Zins- und Tilgungslasten beabsichtigt, wie schon erwähnt, die Reichsregierung in dem beiligenden „Entwurf eines Gesetzes zur Aufbringung der Industriebelastung" die von der äußeren Belastung ausgenommenen Kreise, nämlich das Verkehrsgewerbe, soweit es nicht wie die Schiffahrt und die Bahnbetriebe auch der äußeren Belastung unterworfen worden ist, ferner die Bank-, Versicherungs-, Gast-, Schank-, Beherbergungs- und Handelsbetriebe heranzuziehen. Eine von der äußeren Belastung abweichende Form der Heranziehung ergab sich für diese Kreise daraus, daß eine mittelbare oder unmittelbare Mobilisierung dieser Verpflichtungen nicht in Betracht kommt und daß daher die Ausstellung von Obligationen und deren Sicherung durch dingliche Belastung der vorhandenen Grundstücke nicht erforderlich ist.

Was die Heranziehung der Betriebe des Reichs, der Länder und der Gemeinden anlangt, so spricht sich hierüber der Bericht auf S. 22 erschöpfend aus. Nach eingehenden Erwägungen hat sich die Reichsregierung entschlossen, diese Betriebe in der aus § 1 Abs. 2 des Gesetzentwurfs über die Aufbringung der Industriebelastung ersichtlichen Weise zu belasten, um dadurch einer ungesunden Konkurrenz dieser Betriebe gegenüber der Privatwirtschaft vorzubeugen.

Die untere Grenze für die Heranziehung zu den Lasten der Industrieobligationen nach außen ist zunächst bei einem Betriebsvermögen von 50 000 Goldmark festgesetzt worden, für künftige Neuumlegungen der äußeren Belastung ist jedoch der Reichsregierung im Einvernehmen mit der Bank und dem Treuhänder die Möglichkeit anderweiter Festsetzung dieser Mindestgrenze vorbehalten worden. Ein Herabgehen unter die Grenze für die äußere Umlegung erschien im Hinblick darauf, daß für die Ausgabe von Obligationen nur Unternehmungen oberhalb einer gewissen Größe in Frage kommen können, nicht geboten. Hier wird auch von der Ermächtigung nur in bescheidenen Grenzen Gebrauch gemacht werden können. Für die innere Aufbringung der Mittel fällt dieser Gesichtspunkt fort, die Reichsregierung hat daher eine Mindestgrenze des beitragspflichtigen Betriebsvermögens von 20 000 Goldmark für angemessen erachtet.

2. Wegen der Erwägungen, die dazu geführt haben, von einer Veräußerlichkeit der von den einzelnen Unternehmern ausgegebenen Obligationen in vollem Umfang Abstand zu nehmen und ihre Mobilisierung durch Vermittlung einer Zwischenstelle zu bewirken, wird auf die Ausführungen des Berichts S. 10/11 Bezug genommen. Die Regelung ist so getroffen, daß mindestens neun Zehntel der Last von 5 Milliarden durch von der Zwischenbank auszugebende Industriebonds und nur höchstens ein Zehntel durch auf dem Weltmark zu begebende Einzelobligationen bestimmter großer Unternehmungen dargestellt werden. Ganz von der Begebung von Einzelobligationen abzusehen, hielt sich das Komitee im Hinblick auf den nicht ganz zweifelsfreien Wortlaut des Sachverständigengutachtens nicht für befugt.

3. Eine besondere Schwierigkeit bereitete die Regelung der dinglichen Sicherung für die Obligationen im Hinblick

auf die klare und unzweideutige Forderung des Sachverständigengutachtens, daß die Obligationen durch eine erste Hypothek auf Anlagen und Eigentum der betreffenden ausstellenden Unternehmungen gesichert sein sollen. Bei der Höhe der Last einerseits und dem verschiedenen Anteil anderseits, den die dinglich belasteten Vermögensgegenstände am Gesamtbetriebsvermögen der einzelnen Unternehmungen ausmachen, wird im Einzelfalle der Grundbesitz in einer Höhe belastet werden müssen, die im Hinblick auf die weitere Kreditfähigkeit des Unternehmens, aber auch im Interesse wohlerworbener Rechte Dritter äußerst bedenklich erscheinen muß. Die an sich günstigste Lösung, von vornherein die dingliche Belastung auf einen bestimmten Bruchteil des Wertes des zu belastenden Gegenstandes zu beschränken, konnte im Hinblick auf die klaren Bestimmungen des Sachverständigengutachtens nicht gewählt werden. Um den angeführten Schwierigkeiten zu begegnen, soll dort, wo der Grundbesitz im Verhältnis zu der Gesamtlast geringfügig ist und daher die dingliche Belastung den Kredit des belasteten Unternehmers übermäßig beschränken oder Dritte, am Grundstück Berechtigte unbillig benachteiligen würde, der Treuhänder auf Antrag die Möglichkeit haben, die dingliche Belastung auf den Bruchteil des Wertes des Grundbesitzes zu beschränken, der dem Wertverhältnisse zwischen dem Grundbesitz einerseits und dem Gesamtbetriebsvermögen anderseits entspricht (§ 41 Abs. 2).

II. Im einzelnen.

Zu §§ 1 bis 4.

Der Zweck, den das Sachverständigengutachten mit der Belastung der deutschen Wirtschaft mit den Industrieobligationen verfolgt, ist, in den ersten Jahren ansteigende, im Beharrungszustand 300 Millionen Goldmark betragende Jahresleistungen für Reparationszwecke aufzubringen, während der Kapitalanspruch von 5 Milliarden Goldmark in keinem Falle anders als durch allmähliche Tilgung, so wie sie vorgesehen ist, befriedigt werden soll. Der Gesetzentwurf hält hieran streng fest und hat daher auch schon im § 1 Abs. 1 zum Ausdruck gebracht, daß die Unternehmer nur mit den entsprechenden Zins- und Tilgungsbeträgen belastet werden.

Diese Grundlage ist auch in dem späteren Teil des Gesetzes, namentlich bei der Konstruktion der dinglichen Sicherung (§§ 41 ff.) im Falle der Zwangsversteigerung und im Falle des Konkurses, festgehalten worden. Lediglich in den §§ 48 bis 50 mußte im Hinblick auf die Sicherstellung der Gläubiger der veräußerten Einzelobligationen eine Sicherstellung auch der bis zum Ende der Tilgungsperiode fällig werdenden Jahresleistungen in Form der Sicherstellung eines Kapitals, aus dem der Zins- und Tilgungsdienst besorgt werden kann, erfolgen.

Die Gesamthaftung von Pächter und Nießbraucher neben dem Eigentümer eines Unternehmens war erforderlich, einmal um diejenigen zu belasten, die, ohne Eigentümer des Betriebs zu sein, ihn wirtschaftlich nutzen, dann aber auch, um Versuchen zur Umgehung des Gesetzes vorzubeugen, die an der Gesamthaftung nichts ändern könnten, wohl aber die anderen Aufbringungspflichtigen schädigen würden.

Zu §§ 5 bis 7.

Wie schon der Bericht auf S. 22 ausführt, stehen einigermaßen zuverlässige statistische Unterlagen für die Verteilung der Last nur in Gestalt der Veranlagung zur Vermögenssteuer für das Jahr 1924 zur Verfügung, die auf der Grundlage des Vermögensstandes am 31. Dezember 1924 beruht. Die bereits vor Bekanntwerden des Sachverständigengutachtens getroffenen Bestimmungen über die statistische Erfassung der angegebenen Betriebsvermögen gestattet vermöge der dabei vorgesehenen gruppenweisen Zusammenfassung der einzelnen Wirtschaftskreise nicht eine zahlenmäßige Feststellung der auf die Unternehmer von Schiffahrtsbetrieben, Privatbahnen, Kleinbahnen und Straßenbahnen entfallenden Betriebsvermögen. Bei der für statistische Zwecke erfolgenden Eingruppierung der einzelnen Betriebe ist nämlich nur Industrie einschließlich Bergbau und Baugewerbe einerseits und Handel und Verkehr einschließlich Gast- und Schankwirtschaft, Musik-, Theater- und Schaustellungsgewerbe anderseits unterschieden worden, in der letzteren Gruppe werden also neben der Schiffahrt und den Bahnunternehmungen noch zahlreiche andere Gewerbegruppen erfaßt, deren Aussonderung bei der schon in der Durchführung begriffenen Veranlagung ohne große Verzögerung des gesamten Umlegungsprozesses nicht mehr möglich ist. Der § 5 Abs. 2 sieht daher die Feststellung dieser Betriebsvermögen einstweilen nur durch Schätzungen vor. Die Summe aller zu belastenden Betriebsvermögen, in Beziehung zu der sicherzustellenden Summe von 5 Milliarden Goldmark gebracht, ergibt alsdann den Hundertsatz, mit dem jedes einzelne Betriebsvermögen zu belasten ist.

Diese Belastung darf aber nicht starr und unbeweglich bleiben. Sowohl die Unvollkommenheiten, die dem Veranlagungssystem für die Vermögenssteuer für 1924 anhaften, wie auch die in der gegenwärtigen und voraussichtlich noch längere Zeit andauernden Umstellungsperiode der deutschen Wirtschaft aus dem Stadium der Inflation in die neue Währung liegenden Unsicherheiten, wie endlich der Umstand, daß bestehende Betriebe wesentlich zurückgehen, ja ganz verschwinden oder aber sich stark erweitern und daß neue Betriebe entstehen werden, ließ es unabweisbar erscheinen, die Umlegung der Last jeweils nach Maßgabe neuer Veranlagungen zu künftigen Vermögenssteuern zu korrigieren. Diesem Gesichtspunkt entspricht die Bestimmung des § 6 Abs. 2, die überdies die Möglichkeit einer Verfeinerung des Umlegungssystems durch Heranziehung anderer Kriterien, insbesondere desjenigen der Ertragfähigkeit der einzelnen Betriebsvermögen, zuläßt. Von dieser Möglichkeit kann in einer Beziehung, namentlich bei nächster Gelegenheit, Gebrauch gemacht werden, nämlich bei der Umlegung der Industrieobligationen auf diejenigen Unternehmungen, die mehr oder weniger nur Finanzierungs- oder Holdinggesellschaften sind, und deren Vermögenswerte daher vermöge der Bestimmungen, die für die Veranlagung zur Vermögenssteuer für das Jahr 1924 gelten, zur ersten Umlegung unter Umständen mehr als einmal herangezogen werden. Bei denjenigen Unternehmungen, die gemäß §§ 13, 14 zur Ausgabe veräußerlicher Einzelobligationen verpflichtet sind und insoweit also nach § 19 an künftigen Neuverteilungen der Last nicht teilhaben, kann auf diesem Wege allerdings eine etwa in der ersten Umlegung aus diesem Grunde liegende Unbilligkeit nicht gänzlich beseitigt werden. Hinsichtlich der Aufbringung der Jahresleistungen wird ihnen jedoch durch die innere Aufbringung Entlastung verschafft. Die Vorschrift des § 6 Abs. 3 füllt eine

Lücke aus, die im Falle einer grundsätzlichen Änderung der Vermögenssteuergesetzgebung entstehen könnte; sie steht, wie ausdrücklich festgestellt worden ist, einer Verfeinerung und Ausgleichung der Belastung innerhalb der einzelnen Gruppen der Belasteten nicht entgegen. Die Bestimmung im § 6 Abs. 2 entspricht der Erwägung, nach Beendigung der Umstellungskrise eine allzuhäufige Veränderung der Umlegungsbasis zu vermeiden. Veränderungen zwischen zwei Umlegungen der Belastung sollen nach Möglichkeit auch erfaßt und die daraus fließenden Mittel zur Bildung einer Ausgleichs- und Sicherungsrücklage verwendet werden.

Zu § 8.

Zu § 8 wird auf die Ausführungen des Berichts des Organisationskomitees (S. 22) verwiesen.

Die §§ 9 bis 22

behandeln die Ausstellung und Übergabe der Einzelobligationen der Unternehmer. Zunächst sind „Gesamtobligationen", d. h. solche, die in einem Stücke auf den auf volle 500 Goldmark nach oben abgerundeten Betrag der Belastung lauten, auszustellen. Für die Schiffahrts- und Bahnbetriebe wird zunächst wegen der obenerwähnten Schwierigkeiten der statistischen Erfassung nur je eine Gesamtobligation ausgestellt (§ 12). Die Gesamtobligationen werden in vereinfachter Form ohne Zins- und Tilgungsscheine ausgefertigt werden können, da sie lediglich als Unterlage für die von der Bank auszugebenden Industriebonds dienen. Auf gemeinsames Verlangen der Bank und des Treuhänders sind allerdings auch diese Gesamtobligationen in Teilschuldverschreibungen mit Zins- und Tilgungsscheinen umzutauschen, deren Stückelung von Bank und Treuhänder, abgesehen von den für den Spitzenausgleich erforderlichen kleineren Stücken, auf 5000 Goldmark oder ein Vielfaches davon festgesetzt werden sollen. Beide Arten von Obligationen sind auf den Namen der Bank gestellt. Schließlich sind im Gesamtbetrage von 750 Millionen Goldmark diese Obligationen in Inhaberobligationen von denjenigen Unternehmern umzuwandeln, die mit dem größten Betriebsvermögen veranlagt sind und deren Belastung zusammen den Betrag von 1,5 Milliarden Goldmark ausmacht, und zwar dergestalt, daß jeder dieser Unternehmer bis zur Höhe von 50 v. H. seiner Belastung an Stelle der Namensobligationen Inhaberobligationen ausstellt. Von diesen 750 Millionen Goldmark kann dann der Treuhänder nach freier Wahl Obligationen bis zur Höhe von 500 Millionen Goldmark veräußern (§§ 13, 14). Während im übrigen die Umlegung der Last für den einzelnen Umlegungszeitraum endgültig ist, Änderungen, die im Rechtsmittelverfahren gegen die Veranlagung zur Vermögenssteuer erfolgen, keinen Einfluß auf die Höhe der Belastung nach diesem Gesetze haben, können die mit veräußerlichen Einzelobligationen belasteten Unternehmer eine Nachprüfung der zugrunde gelegten Höhe ihrer Betriebsvermögen zur Feststellung der Menge der von ihnen auszugebenden veräußerlichen Obligationen verlangen (§§ 15, 16). Dies erschien erforderlich, weil diese Unternehmer, soweit es sich um die veräußerlichen Obligationen handelt, im Gegensatze zu denjenigen, deren Obligationen im Gewahrsam von Bank und Treuhänder verbleiben, an einer entsprechenden Abänderung nach Maßgabe erneuter Umlegung naturgemäß nicht teilnehmen können (§ 19). Gemäß dem von der Reparationskommission gefaßten Beschluß ist auf der Londoner Konferenz die Forderung erhoben worden, daß als äußeres Zeichen für die von Deutschland erfüllte Voraussetzung für die Durchführung des Sachverständigengutachtens in kurzer Frist eine vorläufige Obligation übergeben werden müsse. Dieser Forderung trägt die Bestimmung des § 70 Rechnung.

§ 22

regelt entsprechend den im Sachverständigengutachten getroffenen Bestimmungen Art und Zeitpunkt des Eintritts der Befreiung bei Zahlung der Zins- und Tilgungsbeträge.

Zu §§ 23 bis 31.

Hinsichtlich der Zweckbestimmung und der Organisation der „Bank für deutsche Industrieobligationen" darf auf die ausführlichen Darlegungen im Berichte des Organisationskomitees (S. 23 ff. und 25 ff.) verwiesen werden. Hinzuzufügen ist nur, daß die Bank gemäß der im § 24 Abs. 3 vorgesehenen Ermächtigung nach dem beiliegenden Gesetzentwurfe II über die Aufbringung der Industriebelastung auch auf Grund der von der Finanzverwaltung beschafften Unterlagen den darin vorgesehenen Belastungsausgleich vorzunehmen hat. Die näheren Bestimmungen über die Organisation der Bank, die Aktienausgabe usw. sind in dem aus Anlage II ersichtlichen Satzungsentwurfe getroffen worden, dessen Ergänzung durch eine Geschäftsordnung, die mit Genehmigung des Aufsichtsrats erlassen wird, vorgesehen ist.

Zu §§ 32 bis 36.

Auf die Ausführungen auf S. 41, 42 des Berichts des Organisationskomitees wird verwiesen. § 34 enthält analog den Vorschriften für die Einzelobligationen die Bestimmung, daß die Zahlung der Zins- und Tilgungsbeträge auf das Konto des Agenten für die Reparationszahlungen gemäß den Transferbestimmungen die Bank endgültig den Gläubigern gegenüber befreit.

Die §§ 37 bis 40

passen die Bestimmungen des Gesetzes über die gemeinsamen Rechte der Besitzer von Schuldverschreibungen vom 7. Dezember 1899 der besonderen Eigenart der Industrieobligationen auf Grund dieses Gesetzes an und regeln insbesondere das Verhältnis des Treuhänders zu dem in den allgemeinen Vorschriften vorgesehenen Gläubigervertreter.

Zu §§ 41 bis 50.

Wegen der Grundsätze, die das Organisationskomitee hinsichtlich der Art der dinglichen Haftung und des Kreises der verhafteten Vermögensgegenstände des belasteten Unternehmers angenommen hat, wird auf die Ausführungen des Berichts S. 21 ff. Bezug genommen. An Stelle der Hypothek ist die Form der öffentlichen Last gewählt worden, weil diese dem Charakter der Belastung (keine Kapitalschuld, sondern nur laufende Jahresleistungen mit mehr öffentlich-rechtlichem Charakter) mehr entspricht, weil sie nicht im Grundbuch eingetragen zu werden braucht und weil in der Zwangsversteigerung weder das Erlöschen der Last noch die Fälligkeit eines Kapitals eintritt, vielmehr die öffentliche Last vom Zuschlag ab ohne weiteres auf den Erwerber übergeht. Dadurch, daß im übrigen die hauptsächlichsten für die Hypothek gegebenen Bestimmungen auf die öffentliche Last für anwendbar erklärt worden sind, hat diese tatsächlich den Charakter eines besonderen Rechtsinstituts, einer Hypothek des öffentlichen Rechtes, erhalten. Hinsichtlich der Belastung mit dieser öffentlichen Last sind von den Rechten, auf die die für Grundstücke bezüglichen Vorschriften nach Reichs- und Landesrecht Anwendung finden, diejenigen den Grundstücken gleichgestellt worden, die für den hier verfolgten Zweck von erheblicher wirtschaftlicher Bedeutung sind, das sind die Erbbaurechte, wie sie jetzt in der Verordnung vom 15. Januar 1919 (Reichsgesetzbl. S. 72) geregelt sind, ferner die verschiedenen durch Artikel 67 des Einführungsgesetzes zum Bürgerlichen Gesetzbuch aufrechterhaltenen landesrechtlichen Bergbaugerechtigkeiten für Mineralien und Kohle und schließlich die Bahneinheiten. Dagegen sollen andere den Grundstücken sonst gleichgestellte Rechte, wie Erbpacht, Realgewerbegerechtigkeiten, Abbaurechte für Salz, Sand, Ton usw., wegen ihrer geringeren wirtschaftlichen Bedeutung ebensowenig wie Jagd-, Fischerei-, Fähr-, Mühlen- und andere Gerechtigkeiten belastet werden. Von dem Vorrang vor allen anderen schon bestehenden dinglichen Rechten ist nur zugunsten der sogenannten Schweizer Goldhypotheken bezw. der nach dem Staatsvertrage vom 25. März 1923 an deren Stelle getretenen Frankengrundschulden eine Ausnahme gemacht worden. Es wäre unerträglich gewesen, wenn die Gläubiger dieser Forderungen, nachdem ihnen eben erst ihre Rechte garantiert worden wären, wiederum in der Sicherheit ihrer Ansprüche beeinträchtigt worden wären (vergl. auch S. 21 des Berichts).

Was die Behandlung der Forderungen aus der öffentlichen Last im Konkurs und in der Zwangsversteigerung bezw. Zwangsverwaltung anlangt, so mußte ein Unterschied zwischen denjenigen Unternehmern gemacht werden, deren Obligationen nur als interne Deckung für die Industriebonds dienen, und denjenigen, deren Obligationen tatsächlich auf dem Geldmarkt begebbar sind. Erstere nehmen an der Neuumlegung der Last und an dem dadurch bedingten Ausgleich der Belastung teil (§§ 6, 19); geraten sie in Vermögensverfall, so ist der auf sie gegründete Anspruch nur bis zur nächsten Umlegung gefährdet, da dann ja an ihre Stelle zahlungsfähige Unternehmer treten. Anders bei den Ansprüchen aus bereits veräußerten Einzelobligationen

(§§ 13, 14, 17). Hier tritt diese Art von Solidarhaftung durch Eintritt eines neuen Schuldners an Stelle des zahlungsunfähig gewordenen nicht ein, hier muß also aus der verfügbaren Vermögensmasse Sicherheit für die Bezahlung der Jahresleistungen geschaffen werden, und zwar im Konkurse bis zur Tilgung der Schuld (§ 48 Abs. 2), in der Zwangsversteigerung bis zum Zuschlag und in der Zwangsverwaltung bis zu deren Aufhebung (§ 46 Abs. 3 Satz 2), in welchem Zeitpunkt ja der Ersteher oder der Eigentümer wieder als zahlungsfähiger Schuldner eintritt. Die Forderung auf Sicherstellung der gesamten künftigen Jahresleistungen in Kapitalform soll aber im Konkurse nicht gestellt werden, wenn ausreichende dingliche Sicherheiten vorhanden sind; sie soll auch durch eine im Einverständnisse zwischen der Bank und dem Treuhänder erfolgende Abfindung in Industriebonds abgewendet werden können (§ 48 Abs. 2, 1. Halbsatz). Die gleichen Grundsätze wie für den Konkurs sprechen § 49 Abs. 2 und § 50 Abs. 2 für den Fall der Zerteilung des Betriebsvermögens infolge von Liquidation, Aufgabe oder Auflösung des Betriebs aus, während bei Übergang des Betriebsvermögens im *ganzen* in andere Hand der Erwerber einfach in die Verpflichtungen seines Vorbesitzers tritt. Die Schwierigkeit, die sich aus dem Mißverhältnisse zwischen hoher Belastung und geringem Grundbesitz ergibt, und der Versuch ihrer Lösung (§ 41 Abs. 2) ist schon im allgemeinen Teile (S. 14) behandelt. Darauf sowie auf S. 21 des Berichts kann verwiesen werden. Große Schwierigkeiten bereitete ferner die Regelung der dinglichen Haftung beim Wechsel des Grundstückseigentümers (vergl. S. 21 des Berichts). Es mußte eine Form gefunden werden, die auf der einen Seite dem normalen Grundstücksverkehre keine übermäßigen Schwierigkeiten bereitet, die anderseits verhindert, daß im Wege des tatsächlichen oder vorgetäuschten Eigentumswechsels Grundstücke der dinglichen Verhaftung entzogen werden. § 43 enthält die entsprechenden Vorschriften. Abs. 3 läßt zunächst die Möglichkeit einer lastenfreien Veräußerung offen, wenn es sich nur um verhältnismäßig geringfügige Fälle handelt; im übrigen regelt Abs. 1 den Normalfall: Die Belastung geht in vorher bestimmter, einer weiteren Erhöhung nicht mehr unterliegenden Höhe auf den Erwerber über, und

Abs. 2 läßt jede andere Regelung mit Zustimmung der Bank und des Treuhänders zu.

Zu §§ 51 bis 56.

Die Vorschriften geben die Bestimmungen wieder, die das Sachverständigengutachten enthält, und bauen sie aus; sie beruhen auf dem Gedanken, daß der Treuhänder die Interessen sowohl der Reparationsgläubiger wie auch diejenigen der Gläubiger der begebenen Obligationen und Bonds und endlich diejenigen der belasteten Unternehmer wahrzunehmen hat. Die durch diese Stellung gegebenen Schwierigkeiten lassen es, auch zur besseren Begebbarkeit der Obligationen und der Industriebonds, wünschenswert erscheinen, bestimmte Entscheidungen des Treuhänders einer Nachprüfung zu unterziehen. Die Möglichkeiten hierzu bietet das in § 69 vorgesehene Schiedsgericht.

Zu §§ 57 bis 66.

Die Wichtigkeit des Rückkaufs wurde im Organisationskomitee allseitig anerkannt, und es wurde nach Wegen gesucht, die besondere Anreize für ihn darstellten. So wurde u. a. erwogen, zu bestimmen, daß ein Unternehmer, der sich von der augenblicklichen Last freigekauft hat, in Zukunft niemals mehr belastet werden dürfe, auch wenn sein Betriebsvermögen erheblich anwachsen und daher seine Belastung vermöge der Neuumlegung an sich entsprechend höher werden sollte. Daraus würde aber die Gefahr entstehen, daß in die ein für allemal freien Unternehmungen Kapitalien weit über das normale Maß hineinfließen könnten und daß diese dann — wie auch der Bericht sagt — ein Asyl für Kapitalien werden würden, die sich der gesetzmäßigen, auf der ganzen übrigen Wirtschaft liegenden Belastung entziehen wollten. Deshalb wurde der im § 65 vorgesehene Mittelweg gewählt. Die verschiedenen möglichen Arten, in denen der Rückkauf ausgeübt werden kann, zeigen die §§ 59, 60. Wichtig ist, daß auch mit Industriebonds und, falls an ihrer Stelle etwa vom Treuhänder oder auf seine Veranlassung andere Titel ausgegeben werden sollten, auch mit diesen zum Nennwert zurückgekauft werden kann, was den Markt für diese Bonds erweitern und ihren Absatz erleichtern wird. Die §§ 63 und 64 regeln den Einfluß des Rückkaufs auf die dingliche Belastung des Grundbesitzes. Dingliche Rechte, die vor der Begründung der öffentlichen Last bestanden hatten und folgeweise durch sie beeinträchtigt werden mußten, sollen nach Wegfall der öffentlichen Last ohne weiteres wieder ihre alte Stellung erlangen. Dagegen sollen Dritte, die erst nach dem Entstehen der öffentlichen Last Rechte an dem Grundbesitz erworben haben, durch Wegfall der letzteren in ihren Rechten nicht verbessert werden; die durch den Freikauf und den Wegfall der Last im Grundbuch freiwerdende Rangstelle soll drei Monate lang dem Eigentümer zur Verfügung bleiben; er kann sie ausnutzen und eine Eigentümergrundschuld eintragen lassen, deren Höhe davon abhängt, ob seine Obligationen nur Deckung für Industriebonds waren oder ob sie auf dem Geldmarkt begeben waren.

Der im § 66 vorgesehene Ausgleich für den Fall erheblicher Verminderung des Betriebsvermögens und folgeweise der Belastung bei Neuumlegung wird in der W.ise erfolgen können, daß an den Zinsterminen die Bank diesen Unternehmern Beträge erstattet, die dem Unterschied entsprechen zwischen der Zins- und Tilgungslast, die auf den zum Rückkauf aufgewendeten Kapitalbetrag und auf die auf Grund der Neuumlegung den Unternehmer treffende Last entfällt.

Zu § 67.

Die in Ziffer IV der Anlage 5 zum Sachverständigenbericht vorgesehene Steuerbefreiung war nach dem Wortlaut des Berichts allen Arten von Titeln, die geschaffen wurden, zu gewähren, also: den Einzelobligationen der Unternehmer, sowohl den unveräußerlichen als auch den veräußerlichen, den Industriebonds, sowohl den normalen im § 32 vorgesehenen wie auch den auf ausländische Währung lautenden des § 33 und den nach § 24 Abs. 3 etwa auszugebenden Ergänzungsbonds.

Die Steuerbefreiung tritt nicht ein und hört auf, soweit die Papiere nach dem Rückkauf etwa noch in Umlauf bleiben oder überhaupt sich in Händen von Inländern befinden; sie bezieht sich auf die unmittelbar auf die Zahlungen von Zins und Tilgung gelegten Steuern, wie z. B. den Steuerabzug vom Kapitalertrag. Im Bericht des Organisationskomitees S. 27 ist ganz besonders empfohlen, zur besseren Unterbringung der Titel weitere Erleichterungen bei der

Kapitalverkehrsteuer zu gewähren. Demgemäß hat § 14 Abs. 3 des Aufbringungsgesetzes ausgesprochen, daß die erste Veräußerung der im Industriebelastungsgesetz vorgesehenen Industriebonds und veräußerlichen Einzelobligationen durch den Treuhänder als Zuteilung an den ersten Erwerber im Sinne des § 36 des Kapitalverkehrssteuergesetzes gilt, und hiermit eine Befreiung von der Börsenumsatzsteuer eingeführt. Darüber hinaus ist in Abs. 4 vorgesehen, daß die Reichsregierung weitere Erleichterungen für die Titel auf dem Gebiete der Kapitalverkehrsteuer vorsehen kann.

§ 68.

behandelt die Gewährleistung des Reichs, wie sie im Sachverständigengutachten vorgesehen ist. Nach dem Sachverständigengutachten (Teil I Abschnitt IX drittletzter Absatz) und dem Berichte des Komitees soll es der Reichsregierung freistehen, Maßnahmen zu treffen, die die Inanspruchnahme der Gewährleistungspflicht nach Möglichkeit verhüten. Diesem Zwecke dienen die Verbreiterung der Belastungsgrundlage, wie sie der Gesetzentwurf II über die innere Aufbringung der Last vorsieht, wie die dauernde Anpassung der Last an den Stand der Wirtschaft durch fortlaufende Neuumlegung, wie endlich die Einschaltung der Monatsfrist im § 68 Abs. 2 vor die Präsentation der notleidenden Coupons durch den Treuhänder bei dem Kommissar für die verpfändeten Einnahmen. Während dieser Frist wird die Bank ihrerseits alle Mittel gegen den säumigen Schuldner zu ergreifen haben (§ 68 Abs. 2).

Zu § 69.

In weitestem Maße hat das Organisationskomitee von der Einschaltung einer Schiedsinstanz zur Schlichtung von Streitigkeiten aller Art Gebrauch gemacht. Durch dieses unparteiische Schiedsgericht werden in gleicher Weise die Rechte und Belange aller Beteiligten gewahrt und Einzelfragen entschieden werden können, die heute noch in keiner Weise vorauszusehen sind.

Zu § 70.

Über die Gründe, die zur Aushändigung der provisorischen Obligation geführt haben, ist das Nähere schon bei §§ 9 bis 21 ausgeführt worden.

Zu § 71.

Die Regelung der technischen Einzelheiten bei der Durchführung des Planes wird noch zahlreiche Bestimmungen erfordern, sowohl hinsichtlich des Umlegungsverfahrens, wie der dinglichen Sicherung, wie der Begebung der Obligationen und Bonds. Insbesondere kann die Ausstattung der einzelnen Titel, die im Laufe der nächsten 40 Jahre auszugeben bezw. zu begeben sein werden, nicht schon heute endgültig festgelegt werden. Zwar wird schon jetzt ein Muster für die drei verschiedenen, jetzt vorgesehenen Titel aufgestellt werden, dessen Abänderung jedoch im Einvernehmen mit der Bank und dem Treuhänder vorzusehen war.

Zu § 72.

Der gesamte Sachverständigenplan kann nur einheitlich in Kraft gesetzt werden, wenn dafür die sonstigen, im Plan selbst vorgesehenen Voraussetzungen politischer und wirtschaftlicher Natur erfüllt sind. Deshalb sieht § 72 vor, daß das Gesetz als solches zu einem von der Reichsregierung zu bestimmenden Zeitpunkt in Kraft gesetzt werden soll, ferner sind auch in einzelnen Bestimmungen Fristen und Zeitpunkte vorgesehen, die die Reichsregierung festsetzen soll. Die Notwendigkeit solcher Freiheit für die Reichsregierung ist im Berichte des Komitees (S. 27) ausdrücklich anerkannt. Die Festsetzungen der Fristen werden sich danach richten müssen.

III. Zum Entwurfe des Bankstatuts.

§ 3: Im Hinblick auf die Aufgaben der Bank konnte das Aktienkapital in bescheidener Höhe gehalten und von einer Volleinzahlung zunächst Abstand genommen werden. Da es sich um eine besonders geartete Gesellschaft handelt, deren Zweck nicht die Erzielung eines Geschäftsgewinns ist und deren Anteile daher auch nicht Gegenstand von Umsätzen sind, schien es erwünscht, die Aktien auf den Namen zu stellen, sie zu vinkulieren und in größere Stücke zu teilen.

§§ 4 bis 10: Der Bericht hebt hervor, daß es zweckmäßig erschienen sei, die Gesellschaft als deutsches Organ zu konstruieren; demgemäß ist die Geschäftsführung rein deutsch ausgestaltet und im Aufsichtsrate die unbedingte deutsche Mehrheit sichergestellt worden. Der Einfluß der reparationsberechtigten Staaten und der Anleihegläubiger wird durch den Treuhänder und durch die sieben von der Reparationskommission bezw. den nichtdeutschen Mitgliedern des Generalrats der Reichsbank zu ernennenden Mitglieder des Aufsichtsrats ausgeübt.

IV. Zum Gesetzentwurf über die Aufbringung der Industriebelastung (Aufbringungsgesetz).

Der Zweck der vorgesehenen Regelung ist vorstehend schon mehrfach eingehend erläutert und begründet worden.

Technisch wird sich die Regelung so gestalten, daß gleichzeitig zwei Umlegungen der fünf Milliarden erfolgen: eine nach außen wirkende auf die im § 1 des Belastungsgesetzes genannten Unternehmer und eine zum Zwecke der inneren Aufbringung auf die im § 2 des Aufbringungsgesetzes bezeichneten Unternehmer, also auf die nach außen haftenden und die im § 2 Abs. 1 des Belastungsgesetzes als ausgenommen bezeichneten Unternehmer, soweit es sich nicht um Unternehmer der Landwirtschaft, der landwirtschaftlichen Nebengewerbe, auch der der Landwirtschaft gleichgearteten Gewerbe der Urproduktion: der Forstwirtschaft, des Wein- und Gartenbaues und der Viehzucht und Fischerei handelt. Für die Ausstellung der Obligationen ist nur die nach außen wirksame Umlegung maßgebend, während die Jahresbeträge nach Maßgabe der inneren Umlegung aufgebracht werden. Den nur für die innere Aufbringung herangezogenen Unternehmern wird weder die Verpflichtung zur Ausstellung von Obligationen noch die dingliche Sicherung der Ansprüche auferlegt, nur im Konkurs und in der Zwangsversteigerung bezw. Zwangsverwaltung mußten den Ansprüchen der Bank die gleichen Vorrechte eingeräumt werden, wie sie die Ansprüche aus den unveräußerlichen Obligationen genießen. Der Ausgleich zwischen der inneren und der äußeren Belastung ist in der Hauptsache dadurch sichergestellt, daß die Summen, die sich aus der inneren Aufbringung ergeben, zur Deckung der Zins- und Tilgungsverpflichtungen verwandt werden.

IV.

Auszug aus den Erläuterungsbestimmungen des Reichsfinanzministers vom 4. November 1924.

Der Begriff der Nebenbetriebe.

Nach den vorstehenden Ausführungen ist der Begriff des Nebenbetriebes für die Durchführung des Industriebelastungsgesetzes von besonderer Bedeutung. Hierzu ist folgendes zu bemerken:

Der Begriff „Nebenbetrieb" ist abzugrenzen einerseits gegenüber dem unselbständigen Bestandteil eines selbständigen Hauptbetriebes, andererseits gegenüber einem selbständigen Hauptbetrieb. Die Grenze ist nach beiden Seiten hin flüssig und kann nur unter Würdigung aller Umstände des einzelnen Falles gezogen werden.

Von einem unselbständigen Bestandteil eines Betriebes unterscheidet sich der Nebenbetrieb durch eine gewisse Selbständigkeit der Organisation und durch einen eigenen Geschäftskreis von nicht ganz unerheblichem Umfange, der seiner Art nach den Gegenstand eines selbständigen Unternehmens bilden könnte. Ein unselbständiger Bestandteil eines Betriebes, der ausnahmslos das Schicksal des Betriebes selbst teilt, liegt danach vor, wenn einer Stelle lediglich eine bloße Hilfstätigkeit für den Hauptbetrieb obliegt (wie z. B. der Offertenabteilung, Verkaufsabteilung oder Versandabteilung einer Fabrik, oder geringfügige Produktion, Be- oder Verarbeitung im Rahmen eines Handelsbetriebes). Auch wenn in einem Betriebe vereinzelt Geschäfte ausgeführt werden, die nicht eigentlich Gegenstand des Betriebes sind, so handelt es sich nur um einen Bestandteil des Betriebes.

Von einem selbständigen Hauptbetrieb unterscheidet sich ein Nebenbetrieb durch die ihm gegebene wirtschaftliche Zweckbestimmung. Hat ein Betrieb überwiegend die Aufgabe, den Zwecken eines anderen Betriebes zu dienen, ihn zu fördern und sein Erträgnis zu erhöhen, so liegt nicht ein selbständiger Betrieb vor, vielmehr kommt dann nur ein Nebenbetrieb in Frage. Hat jedoch ein Betrieb eine selbständige wirtschaftliche Zweckbestimmung, unabhängig von einem anderen Betriebe desselben Unternehmers, so handelt es sich um einen zweiten selbständigen Hauptbetrieb.

Die in der wirtschaftlichen Zweckbestimmung liegende innere Verbindung zweier Betriebe zu Haupt- und Nebenbetrieb muß begleitet sein von der äußeren Verbindung in der Person des Unternehmers, d. h. an dem Nebenbetrieb dürfen nicht andere Personen beteiligt sein als an dem Hauptbetrieb. Daher kann niemals von einem Nebenbetrieb gesprochen werden, wenn z. B. Unternehmer des einen Betriebes eine G. m. b. H., Unternehmer des anderen Betriebes eine andere G. m. b. H., mag sie sich auch aus denselben Personen zusammensetzen, oder eine Aktiengesellschaft ist, oder wenn der Unternehmer des einen Betriebes eine Einzelperson, Unternehmer des anderen Betriebes aber eine offene Handelsgesellschaft mit noch anderen Gesellschaftern als dem Unternehmer des einen Betriebes ist.

Die wirtschaftliche Zweckbestimmung eines Betriebes, überwiegend den Zwecken eines anderen Betriebes zu dienen, ist eine innere Tatsache, zu deren Erkenntnis die verschiedensten äußeren Merkmale dienen müssen. Die Verhältnisse müssen so liegen, daß der als Nebenbetrieb anzusehende Betrieb als Ausfluß des Hauptbetriebes erscheint und in ihm seine Stütze findet. So wird ein Nebenbetrieb anzunehmen sein, wenn der Betrieb zwar nach der Eigenart seiner Organisation nicht als Bestandteil betrachtet werden kann, aber doch ausschließlich oder vorwiegend die Aufgabe hat, in dem anderen Betrieb entstehende Bedürfnisse zu befriedigen, dessen Erzeugnisse weiter zu be- oder verarbeiten, Abfälle zu verwerten, die in dem anderen Betriebe vorhandenen Produktionsmittel ausgiebiger auszunutzen oder schließlich in dem anderen Betriebe auffallende sonstige wirtschaftliche Güter zu verwerten. Die Eigenschaft als Nebenbetrieb wird dadurch nicht ausgeschlossen, daß in geringem Umfange auch noch — dem Hauptbetrieb — fremde Arbeitskräfte herangezogen, weitere Rohstoffe hinzugekauft werden; die wirtschaftliche Abhängigkeit und Anlehnung im Verhältnis zum Hauptbetrieb muß jedoch überwiegen.

Erheblicher Umfang und beträchtliche Größe des Nebenbetriebes, selbst unter Umständen größerer Umsatz als im Hauptbetrieb, steht seinem Charakter nicht ohne weiteres entgegen. Ein Merkmal für die selbständige wirtschaftliche Bedeutung eines Betriebes wird die Höhe des dem Betriebe gewidmeten Anlage- und Betriebskapitals im Vergleich zu dem anderen Betriebe sein. Beispielsweise werden die Verhältnisse bei Zuckerfabriken, deren Unternehmer Landwirte sind, meistens so liegen, daß sie nicht als Nebenbetrieb der Landwirtschaft angesehen werden können. Bei Brennereien und Ziegeleien werden die Verhältnisse oft entgegengesetzt sein. Aus der Führung getrennter Bücher und der Aufstellung besonderer Bilanzen kann nicht ohne weiteres auf das Bestehen zweier selbständiger Hauptbetriebe geschlossen werden, da derartige Buchführung sogar schon bei einzelnen Abteilungen eines größeren Einzelunternehmens vorkommt. Betreibt eine Erwerbsgesellschaft mehrere verschiedene Betriebe, so wird man aus der Tatsache, daß nicht für jeden Betrieb die Form einer besonderen Gesellschaft gewählt ist, zumeist schließen können, daß die Betriebe in dem Verhältnis von Haupt- und Nebenbetrieben oder von Hauptbetrieb und unselbständigen Bestandteilen stehen.

Hat ein Betrieb, bei dem Befreiungsgrund die Ausschließlichkeit des Gegenstandes ist, also ein Betrieb des Bank-, Versicherungs-, Gast-, Schank-, Beherbergungs- oder Handelsgewerbes, einen Nebenbetrieb, der industriellen oder sonst die Belastung begründenden gewerblichen Zwecken dient, so ist, wie ich bereits hervorgehoben habe, der ganze Betrieb belastet (§ 2 Absatz 3 J.B.G. D.B.). Gehört dagegen zu dem Bank-, Versicherungs-, Gast-, Schank-, Beherbergungs- oder Handelsbetrieb ein unselbständiger Bestandteil, der industrieller oder sonst die Belastung an sich begründender Art ist, so ist der ganze Betrieb befreit, weil in diesen Fällen die Ausschließlichkeit des Bank- usw. Betriebes nicht aufgehoben wird. Bei der praktischen Entscheidung der Frage, ob ein unselbständiger Bestandteil des Betriebes oder ein Nebenbetrieb vorliegt, kann im Hinblick auf den Zweck des Industriebelastungsgesetzes im allgemeinen davon ausgegangen werden, daß ein unselbständiger Bestandteil jedenfalls dann anzunehmen ist, wenn der Wert des Betriebsvermögens, das nicht dem Bank- usw. Gewerbe gewidmet ist, nicht mehr als 10 v. H. des Werts des gesamten Betriebsvermögens ausmacht.

Folgende Beispiele mögen die Unterschiede zwischen Nebenbetrieb, Bestandteil eines Betriebes und unselbständigem Hauptbetrieb veranschaulichen:

> Der Unternehmer einer Likörfabrik unterhält in seinem Verkaufskontor eine Probierstube: Diese ist lediglich Bestandteil der Fabrik. — Das gesamte Unternehmen ist also nach dem Industriebelastungsgesetz zu belasten.
>
> Er unterhält eine Reihe Likörstuben in der Stadt, in denen auch in geringem Umfange Südweine ausgeschenkt werden: Der Schankbetrieb kann Nebenbetrieb sein. — Haupt- und Nebenbetrieb sind belastet.
>
> Er unterhält einen umfangreichen Hotel- und Restaurationsbetrieb, in dem auch in geringem Umfange Liköre aus der Fabrik ausgeschenkt werden: Hier werden zwei selbständige Hauptbetriebe vorliegen. — Die Fabrik ist belastet, der übrige Betrieb frei.

Oder:

> Der Unternehmer einer Automobilfabrik läßt zu dem ferngelegenen Bahnhof Kraftwagen zur Beförderung der Arbeiter und Rohstoffe fahren; dabei werden auch andere Personen und Güter gelegentlich gegen Entgelt mitbefördert. Diese Beförderung ist lediglich Bestandteil des Fabrikbetriebes. — Der gesamte Betrieb ist belastet.
>
> Er unterhält einen fahrplanmäßigen Kraftwagenverkehr mit selbsterbauten Wagen, die zugleich als Reklame benutzt werden, zur allgemeinen Benutzung zwischen Bahnhof und Ort: Der Kraftwagenbetrieb kann Nebenbetrieb sein. — Haupt- und Nebenbetrieb sind belastet.
>
> Er unterhält ein größeres Kraftwagennetz in der ganzen Umgebung (Gebirge mit viel Fremdenverkehr): Hier werden zwei selbständige Hauptbetriebe vorliegen. — Die Fabrik ist belastet, das Verkehrsunternehmen frei.

Oder:

Ein Gutsbesitzer unterhält eine Schmiede, in der die landwirtschaftlichen Geräte des Gutes repariert werden: Die Schmiede ist lediglich Bestandteil des landwirtschaftlichen Betriebes. — Der gesamte Betrieb ist frei.

Er unterhält eine Ziegelei, für die der erforderliche Ton auf dem Gute selbst gewonnen und durch die Gutspferde transportiert wird: Die Ziegelei ist Nebenbetrieb des landwirtschaftlichen Betriebes. — Der gesamte Betrieb ist frei.

Er ist zugleich Inhaber einer von ihm mit anderen Gutsbesitzern in Form einer offenen Handelsgesellschaft betriebenen Zuckerfabrik: Hier liegen zwei selbständige Hauptbetriebe vor. — Der Landwirtschaftsbetrieb ist frei, die Zuckerfabrik belastet.

Oder:

Der Unternehmer eines Konfektionsgeschäfts unterhält eine Werkstatt für seine Kunden, um Änderungen an den verkauften Kleidungsstücken vornehmen oder auch in verhältnismäßig geringem Umfange Kleider fertigen zu lassen. Die Werkstätte ist unselbständiger Bestandteil des Hauptbetriebes. — Das ganze Unternehmen ist befreit.

Der Unternehmer unterhält eine umfangreiche Werkstätte, in der er einen erheblichen Teil seiner Waren selbst herstellen läßt. Die Werkstatt kann dann Nebenbetrieb sein. — Das ganze Unternehmen ist belastet.

Der Unternehmer unterhält eine Textilfabrik, in der er vorwiegend nicht für das eigene Verkaufsgeschäft Textilien herstellt: Hier können zwei selbständige Betriebe vorliegen. — Die Fabrik ist dann belastet, das Handelsgeschäft frei.

V.

Gesetz, betreffend die gemeinsamen Rechte der Besitzer von Schuldverschreibungen.

Vom 4. Dezember 1899 (RGBl. S. 691).

Abgeändert durch Gesetz vom 14. Mai 1914. (RGBl. S. 121.)

§ 1.

Sind von jemand, der im Inlande seinen Wohnsitz oder seine gewerbliche Niederlassung hat, im Inlande Schuldverschreibungen mit im voraus bestimmten Nennwerten ausgestellt, die nach dem Verhältnisse dieser Werte den Gläubigern gleiche Rechte gewähren, und betragen die Nennwerte der ausgegebenen Schuldverschreibungen zusammen mindestens dreihunderttausend Mark und die Zahl der ausgegebenen Stücke mindestens dreihundert, so haben die Beschlüsse, welche von einer Versammlung der Gläubiger aus diesen Schuldverschreibungen zur Wahrung ihrer gemeinsamen Interessen gefaßt werden, nach Maßgabe dieses Gesetzes verbindliche Kraft für alle Gläubiger der bezeichneten Art.

Die Versammlung kann insbesondere zur Wahrnehmung der Rechte der Gläubiger einen gemeinsamen Vertreter für diese bestellen.

Eine Verpflichtung zu Leistungen kann für die Gläubiger durch Beschluß der Gläubigerversammlung nicht begründet werden.

§ 2.

Sinkt der Gesamtbetrag der im Umlaufe befindlichen Schuldverschreibungen unter einhunderttausend Mark oder sinkt die Zahl der im Umlaufe befindlichen Stücke unter einhundert, so ist dies von dem Schuldner unverzüglich im Deutschen Reichsanzeiger bekanntzumachen. Von dem auf die Bekanntmachung folgenden Tage an können Gläubigerversammlungen auf Grund dieses Gesetzes nicht mehr abgehalten werden; mit dem bezeichneten Zeitpunkt erlischt das Amt eines von der Gläubigerversammlung bestellten Vertreters der Gläubiger.

§ 3.

Die Versammlung wird durch den Schuldner berufen.

Die Versammlung ist zu berufen, wenn Gläubiger, deren Schuldverschreibungen zusammen den zwanzigsten Teil des Gesamtbetrags der im Umlaufe befindlichen Schuldverschreibungen erreichen, oder ein von der Gläubigerversammlung bestellter Vertreter der Gläubiger die Berufung schriftlich unter Angabe des Zweckes und der Gründe verlangen.

Die Kosten der Berufung und Abhaltung der Versammlung trägt, soweit nicht in diesem Gesetz ein anderes vorgeschrieben ist, der Schuldner.

§ 10.

Die Beschlüsse bedürfen, soweit nicht in diesem Gesetz ein anderes vorgeschrieben ist, der Mehrheit der abgegebenen Stimmen. Die Mehrheit wird nach den Beträgen der Schuldverschreibungen berechnet. Bei Gleichheit der Stimmen entscheidet die Zahl der Gläubiger.

Gezählt werden nur die Stimmen derjenigen Gläubiger, welche ihre Schuldverschreibungen spätestens am zweiten Tage vor der Versammlung bei der Reichsbank, bei einem Notar oder bei einer anderen durch die Landesregierung dazu für geeignet erklärten Stelle hinterlegt haben.

Das Stimmrecht kann durch einen Bevollmächtigten ausgeübt werden. Für diese Vollmacht ist die schriftliche Form erforderlich und genügend.

Der Schuldner ist für die in seinem Besitze befindlichen Schuldverschreibungen nicht stimmberechtigt. Soweit ihm an den Schuldverschreibungen ein Pfandrecht oder ein Zurückbehaltungsrecht zusteht, ist er auf Verlangen des Eigentümers verpflichtet, die Schuldverschreibungen bei einer der im Abs. 2 bezeichneten Stellen in der Weise zu hinterlegen, daß, unbeschadet der Fortdauer des Pfandrechts oder Zurückbehaltungsrechts, dem Eigentümer die Ausübung des Stimmrechts ermöglicht wird; die Kosten der Hinterlegung hat der Eigentümer zu tragen und vorzuschießen.

§ 11.

Die Aufgabe oder Beschränkung von Rechten der Gläubiger, insbesondere die Ermäßigung des Zinsfußes oder die Bewilligung einer Stundung, kann von der Gläubigerversammlung nur zur Abwendung einer Zahlungseinstellung oder des Konkurses des Schuldners beschlossen werden.

Der Beschluß, durch welchen Rechte der Gläubiger aufgegeben oder beschränkt werden, bedarf einer Mehrheit von mindestens drei Vierteilen der abgegebenen Stimmen. Die Mehrheit muß mindestens die Hälfte des Nennwerts der im Umlaufe befindlichen Schuldverschreibungen und, wenn dieser nicht mehr als zwölf Millionen Mark beträgt, mindestens zwei Dritteile des Nennwerts erreichen; beträgt der Nennwert der im Umlaufe befindlichen Schuldverschreibungen weniger als sechzehn Millionen, aber mehr als zwölf Millionen Mark, so muß die Mehrheit acht Millionen Mark erreichen.

In diesen Fällen bleiben bei der Berechnung des Nennwerts der umlaufenden Schuldverschreibungen die im Besitze des Schuldners befindlichen Schuldverschreibungen, für welche das Stimmrecht nach § 10 Abs. 4 ausgeschlossen ist, außer Ansatz.

Der Schuldner ist verpflichtet, in der Gläubigerversammlung Auskunft über den Betrag der im Umlaufe befindlichen, zum Stimmen berechtigenden Schuldverschreibungen zu erteilen.

§ 12.

Ein Beschluß der im § 11 bezeichneten Art muß für alle Gläubiger die gleichen Bedingungen festsetzen. Die Festsetzung ungleicher Bedingungen ist nur mit ausdrücklicher Einwilligung der zurückgesetzten Gläubiger zulässig. Jedes sonstige Abkommen des Schuldners oder eines Dritten mit einem Gläubiger, durch welches dieser begünstigt werden soll, ist nichtig. Ein Beschluß der Versammlung, der durch

Begünstigung einzelner Gläubiger zustande gebracht ist, hat den übrigen Gläubigern gegenüber keine verbindliche Kraft.

Der Schuldner hat den Beschluß in der im § 6 Abs. 1 bezeichneten Weise bekanntzumachen.

Auf die dem Nennwerte der Schuldverschreibungen entsprechenden Kapitalansprüche kann durch Beschluß der Versammlung nicht verzichtet werden.

§ 14.

Beschließt die Versammlung die Bestellung eines Vertreters der Gläubiger, so muß zugleich der Umfang seiner Befugnisse bestimmt werden.

Soweit der Vertreter zur Geltendmachung von Rechten der Gläubiger ermächtigt ist, kann durch Beschluß der Gläubigerversammlung die Befugnis der einzelnen Gläubiger zur selbständigen Geltendmachung ausgeschlossen werden. Der Beschluß unterliegt den Vorschriften des § 11 Abs. 2 bis 4, des § 12 Abs. 2 und des § 13.

Zum Verzicht auf Rechte der Gläubiger ist der Vertreter nur auf Grund eines ihn hierzu im einzelnen Falle besonders ermächtigenden Beschlusses der Gläubigerversammlung befugt. Der Beschluß unterliegt den Vorschriften der §§ 11 bis 13.

Führt der Vertreter für die Gesamtheit der Gläubiger einen Rechtsstreit, so hat er in diesem die Stellung eines gesetzlichen Vertreters. Für die Kosten des Rechtsstreits, welche den Gläubigern zur Last fallen, haftet der Schuldner, unbeschadet seines Rückgriffs gegen die Gläubiger.

Sind mehrere Vertreter bestellt, so können sie, falls nicht ein anderes bestimmt ist, ihre Befugnisse nur in Gemeinschaft ausüben.

Ein Vertreter kann, unbeschadet des Anspruchs auf die vertragsmäßige Vergütung, von der Gläubigerversammlung jederzeit abberufen werden. Der Beschluß bedarf einer Mehrheit von drei Vierteilen der abgegebenen Stimmen; die Mehrheit muß, wenn dem Vertreter nach Maßgabe des Abs. 2 die ausschließliche Geltendmachung von Rechten der Gläubiger übertragen ist, mindestens die Hälfte des

Nennwerts der im Umlaufe befindlichen Schuldverschreibungen betragen; die Vorschriften des § 11 Abs. 3, 4 und des § 12 Abs. 2 finden Anwendung.

§ 15.

Ist der Schuldner eine Gesellschaft oder juristische Person, deren Mitglieder in den Versammlungen Beschlüsse fassen, so ist jeder nach Maßgabe dieses Gesetzes bestellte Vertreter der Gläubiger befugt, den Mitgliederversammlungen beizuwohnen und sich an den Beratungen zu beteiligen.

Soweit nach den Gesetzen Schriftstücke, die sich auf die Verhandlungen in der Mitgliederversammlung oder auf die Vermögenslage oder den Geschäftsbetrieb der Gesellschaft beziehen, den Gesellschaftern mitzuteilen sind, hat die Mitteilung in gleicher Weise auch an den Vertreter der Gläubiger zu erfolgen.

§ 18.

Ist über das Vermögen des Schuldners der Konkurs eröffnet, so gelten in Ansehung der Versammlung der im § 1 bezeichneten Gläubiger die folgenden besonderen Vorschriften.

Die Versammlung wird von dem Konkursrichter berufen und geleitet.

Unverzüglich nach der Eröffnung des Konkurses ist eine Versammlung der Gläubiger zu berufen, um über die Bestellung eines gemeinsamen Vertreters im Konkursverfahren zu beschließen; die Berufung kann unterbleiben, wenn schon vorher von einer Versammlung über die Bestellung eines solchen Vertreters Beschluß gefaßt worden ist.

Das Konkursgericht hat außer dem Falle des § 3 Abs. 2 eine Versammlung der Gläubiger zu berufen, wenn dies von dem Konkursverwalter, dem Ausschusse der Konkursgläubiger oder der Aufsichtsbehörde verlangt wird.

Die Stelle, bei welcher die Gläubiger die Schuldverschreibungen zu hinterlegen haben, wird durch das Konkursgericht bestimmt.

Die Vorschriften des § 5 Abs. 1, 2, des § 11 Abs. 1, des § 12 Abs. 3 und des § 13 finden keine Anwendung.

§ 19.

Werden im Konkurse die Forderungen aus den Schuldverschreibungen durch den von der Gläubigerversammlung bestellten Vertreter der Gläubiger angemeldet, so bedarf es der Beifügung der Schuldverschreibungen nicht. Zur Erhebung der bei einer Verteilung auf die Schuldverschreibungen fallenden Beträge ist die Vorlegung der Schuldverschreibungen erforderlich; auf die Erhebung findet die Vorschrift des § 14 Abs. 2 keine Anwendung.

VI.

Die Vorschriften des Bürgerlichen Gesetzbuches über Hypotheken lauten:

(Vergl. § 41 J.B.G.)

§ 1120 BGB.

Die Hypothek erstreckt sich auf die von dem Grundstück getrennten Erzeugnisse und sonstigen Bestandteile, soweit sie nicht mit der Trennung nach den §§ 954 bis 957 in das Eigentum eines anderen als des Eigentümers oder des Eigenbesitzers des Grundstücks gelangt sind, sowie auf das Zubehör des Grundstücks mit Ausnahme der Zubehörstücke, welche nicht in das Eigentum des Eigentümers des Grundstücks gelangt sind.

§ 1121 BGB.

Erzeugnisse und sonstige Bestandteile des Grundstücks sowie Zubehörstücke werden von der Haftung frei, wenn sie veräußert und von dem Grundstück entfernt werden, bevor sie zugunsten des Gläubigers in Beschlag genommen worden sind.

Erfolgt die Veräußerung vor der Entfernung, so kann sich der Erwerber dem Gläubiger gegenüber nicht darauf berufen, daß er in Ansehung der Hypothek in gutem Glauben gewesen sei. Entfernt der Erwerber die Sache von dem

Grundstück, so ist eine vor der Entfernung erfolgte Beschlagnahme ihm gegenüber nur wirksam, wenn er bei der Entfernung in Ansehung der Beschlagnahme nicht in gutem Glauben ist.

§ 1122 BGB.

Sind die Erzeugnisse oder Bestandteile innerhalb der Grenzen einer ordnungsmäßigen Wirtschaft von dem Grundstück getrennt worden, so erlischt ihre Haftung auch ohne Veräußerung, wenn sie vor der Beschlagnahme von dem Grundstück entfernt werden, es sei denn, daß die Entfernung zu einem vorübergehenden Zwecke erfolgt.

Zubehörstücke werden ohne Veräußerung von der Haftung frei, wenn die Zubehöreigenschaft innerhalb der Grenzen einer ordnungsmäßigen Wirtschaft vor der Beschlagnahme aufgehoben wird.

§ 1123 BGB.

Ist das Grundstück vermietet oder verpachtet, so erstreckt sich die Hypothek auf die Miet- oder Pachtzinsforderung.

Soweit die Forderung fällig ist, wird sie mit dem Ablauf einer Jahres nach dem Eintritt der Fälligkeit von der Haftung frei, wenn nicht vorher die Beschlagnahme zugunsten des Hypothekengläubigers erfolgte. Ist der Miet- oder Pachtzins im voraus zu entrichten, so erstreckt sich die Befreiung nicht auf den Miet- oder Pachtzins für eine spätere Zeit als das zur Zeit der Beschlagnahme laufende Kalendervierteljahr; erfolgt die Beschlagnahme innerhalb des letzten halben Monats eines Kalendervierteljahrs, so erstreckt sich die Befreiung auch auf den Miet- oder Pachtzins für das folgende Kalendervierteljahr.

§ 1124 BGB.

Wird der Miet- oder Pachtzins eingezogen, bevor er zugunsten des Hypothekengläubigers in Beschlag genommen worden ist, oder wird vor der Beschlagnahme in anderer Weise über ihn verfügt, so ist die Verfügung dem Hypothekengläubiger gegenüber wirksam. Besteht die Verfügung in der Übertragung der Forderung auf einen Dritten, so erlischt die Haftung der Forderung; erlangt ein Dritter ein Recht an der Forderung, so geht es der Hypothek im Range vor.

Die Verfügung ist dem Hypothekengläubiger gegenüber unwirksam, soweit sie sich auf den Miet- oder Pachtzins für eine spätere Zeit als das zur Zeit der Beschlagnahme laufende Kalendervierteljahr bezieht; erfolgt die Beschlagnahme innerhalb des letzten halben Monats eines Kalendervierteljahrs, so ist die Verfügung jedoch insoweit wirksam, als sie sich auf den Miet- oder Pachtzins für das folgende Kalendervierteljahr bezieht.

§ 1125 BGB.

Soweit die Einziehung des Miet- oder Pachtzinses dem Hypothekengläubiger gegenüber unwirksam ist, kann der Mieter oder der Pächter nicht eine ihm gegen den Vermieter oder den Verpächter zustehende Forderung gegen den Hypothekengläubiger aufrechnen.

§ 1126 BGB.

Ist mit dem Eigentum an dem Grundstück ein Recht auf wiederkehrende Leistungen verbunden, so erstreckt sich die Hypothek auf die Ansprüche auf die Leistungen. Die Vorschriften des § 1123 Abs. 2 Satz 1, des § 1124 Abs. 1, 3, und des § 1125 finden entsprechende Anwendung. Eine vor der Beschlagnahme erfolgte Verfügung über den Anspruch auf eine Leistung, die erst drei Monate nach der Beschlagnahme fällig wird, ist dem Hypothekengläubiger gegenüber unwirksam.

§ 1127 BGB.

Sind Gegenstände, die der Hypothek unterliegen, für den Eigentümer oder den Eigenbesitzer des Grundstücks unter Versicherung gebracht, so erstreckt sich die Hypothek auf die Forderung gegen den Versicherer.

Die Haftung der Forderung gegen den Versicherer erlischt, wenn der versicherte Gegenstand wiederhergestellt oder Ersatz für ihn beschafft ist.

§ 1128 BGB.

Ist ein Gebäude versichert, so kann der Versicherer die Versicherungssumme mit Wirkung gegen den Hypothekengläubiger an den Versicherten erst zahlen, wenn er oder der Versicherte den Eintritt des Schadens dem Hypothekengläubiger angezeigt hat und seit dem Empfang der Anzeige ein Monat verstrichen ist. Der Hypothekengläubiger kann bis zum Ablauf der Frist dem Versicherer gegenüber der Zahlung widersprechen. Die Anzeige darf unterbleiben, wenn sie untunlich ist; in diesem Falle wird der Monat von dem Zeitpunkt an berechnet, in welchem die Versicherungssumme fällig wird.

Im übrigen finden die für eine verpfändete Forderung geltenden Vorschriften Anwendung; der Versicherer kann sich jedoch nicht darauf berufen, daß er eine aus dem Grundbuch ersichtliche Hypothek nicht gekannt habe.

§ 1129 BGB.

Ist ein anderer Gegenstand als ein Gebäude versichert, so bestimmt sich die Haftung der Forderung gegen den Versicherer nach den Vorschriften des § 1123 Abs. 2 Satz 1 und des § 1124 Abs. 1, 3.

§ 1130 BGB.

Ist der Versicherer nach den Versicherungsbestimmungen nur verpflichtet, die Versicherungssumme zur Wiederherstellung des versicherten Gegenstandes zu zahlen, so ist eine diesen Bestimmungen entsprechende Zahlung an den Versicherten dem Hypothekengläubiger gegenüber wirksam.

§ 1131 BGB.

Wird ein Grundstück nach § 890 Abs. 2 einem anderen Grundstück im Grundbuch zugeschrieben, so erstrecken sich die an diesem Grundstück bestehenden Hypotheken auf das zugeschriebene Grundstück. Rechte, mit denen das zugeschriebene Grundstück belastet ist, gehen diesen Hypotheken im Range vor.

§ 1132 BGB.

Besteht für die Forderung eine Hypothek an mehreren Grundstücken (Gesamthypothek), so haftet jedes Grundstück für die ganze Forderung. Der Gläubiger kann die Befriedigung nach seinem Belieben aus jedem der Grundstücke ganz oder zu einem Teile suchen.

Der Gläubiger ist berechtigt, den Betrag der Forderung auf die einzelnen Grundstücke in der Weise zu verteilen, daß jedes Grundstück nur für den zugeteilten Betrag haftet. Auf die Verteilung finden die Vorschriften der §§ 875, 876, 878 entsprechende Anwendung.

§ 1133 BGB.

Ist infolge einer Verschlechterung des Grundstücks die Sicherheit der Hypothek gefährdet, so kann der Gläubiger dem Eigentümer eine angemessene Frist zur Beseitigung der Gefährdung bestimmen. Nach dem Ablauf der Frist ist der Gläubiger berechtigt, sofort Befriedigung aus dem Grundstück zu suchen, wenn nicht die Gefährdung durch Verbesserung des Grundstücks oder durch anderweitige Hypothekenbestellung beseitigt worden ist. Ist die Forderung unverzinslich und noch nicht fällig, so gebührt dem Gläubiger nur die Summe, welche mit Hinzurechnung der gesetzlichen Zinsen für die Zeit von der Zahlung bis zur Fälligkeit dem Betrage der Forderung gleichkommt.

§ 1134 BGB.

Wirkt der Eigentümer oder ein Dritter auf das Grundstück in solcher Weise ein, daß eine die Sicherheit der Hypothek gefährdende Verschlechterung des Grundstücks zu besorgen ist, so kann der Gläubiger auf Unterlassung klagen.

Geht die Einwirkung von dem Eigentümer aus, so hat das Gericht auf Antrag des Gläubigers die zur Abwendung der Gefährdung erforderlichen Maßregeln anzuordnen. Das gleiche gilt, wenn die Verschlechterung deshalb zu besorgen ist, weil der Eigentümer die erforderlichen Vorkehrungen gegen Einwirkungen Dritter oder gegen andere Beschädigungen unterläßt.

§ 1135 BGB.

Einer Verschlechterung des Grundstücks im Sinne der §§ 1133, 1134 steht es gleich, wenn Zubehörstücke, auf die sich die Hypothek erstreckt, verschlechtert oder den Regeln einer ordnungsmäßigen Wirtschaft zuwider von dem Grundstück entfernt werden.

§ 1136 BGB.

Eine Vereinbarung, durch die sich der Eigentümer dem Gläubiger gegenüber verpflichtet, das Grundstück nicht zu veräußern oder nicht weiter zu belasten, ist nichtig.

§ 1137 BGB.

Der Eigentümer kann gegen die Hypothek die dem persönlichen Schuldner gegen die Forderung sowie die nach § 770 einem Bürgen zustehenden Einreden geltend machen. Stirbt der persönliche Schuldner, so kann sich der Eigentümer nicht darauf berufen, daß der Erbe für die Schuld nur beschränkt haftet.

Ist der Eigentümer nicht der persönliche Schuldner, so verliert er eine Einrede nicht dadurch, daß dieser auf sie verzichtet.

§ 1148 BGB.

Bei der Verfolgung des Rechtes aus der Hypothek gilt zugunsten des Gläubigers derjenige, welcher im Grundbuch als Eigentümer eingetragen ist, als der Eigentümer. Das Recht des nicht eingetragenen Eigentümers, die ihm gegen die Hypothek zustehenden Einwendungen geltend zu machen, bleibt unberührt.

§ 1150 BGB.

Verlangt der Gläubiger Befriedigung aus dem Grundstück, so finden die Vorschriften der §§ 268, 1144, 1145 entsprechende Anwendung.

Sachregister.

Die Zahlen verweisen auf die Seiten.

A.

Aktiengesellschaften 3, 117.
Angaben, unrichtige 128.
Ansprüche, laufende 75, 111.
Ansprüche, künftige 75, 111.
Ansprüche, rückständige 75, 111.
Anstalten, gemeinnützige und soziale 8.
Auflösung der Betriebe 81.
Aufsichtsrat der Bank 45, 48.
Ausgleichs- und Sicherungsrücklagen 110.
Ausländer 2, 8.
Ausländische Bonds 52.
Auslosung 29, 30, 53.

B.

Bahneinheiten 58.
Bahnunternehmer 27, 29.
Bank 44.
Bankgewerbe 6, 100, 119.
Bank für deutsche Industrieobligationen 2, 42.
Beerdigungsinstitute 9.
Befriedigung, bevorrechtigte 77.
Beherbergungsgewerbe 6, 101, 119.
Beitreibungsverfahren 108.
Belastung 18.
Belastungsbescheid 122.
Bemessungsgrundlage 109, 119.
Bergbau 22, 100.
Berggewerkschaften 3, 117.
Bergwerkseigentum 58.
Berufung 109.
Bescheid 109, 122.
Beschwerde 107.
Bestandteil, unselbständiger eines Betriebes 10.
Beträge, laufende 77.
Beträge, rückständige 41, 77.
Betrieb, Eröffnung eines neuen 20.
Betriebe 3.
Betriebe, ausländische 7.
Betriebe, bergbauliche 116.
Betriebe, industrielle und gewerbliche 1, 6, 100, 116, 120.
Betriebe der Gemeinden und Gemeindeverbände 11 ff., 101, 119.
Betriebe des Reichs und der Länder 11, 12, 101, 119.
Betriebe, landwirtschaftliche 101.
Betriebe, forstwirtschaftliche 101, 117.
Betriebe, gärtnerische 101, 117.
Betriebe öffentlicher Körperschaften 13.

Betriebe, selbständige 10.
Betriebe, steuerpflichtige 8.
Betriebe, Übergang auf einen anderen Unternehmer 22.
Betriebsschulden 17.
Betriebsvermögen, Nachprüfung des 32.
Betriebsvermögen 13 ff., 21, 29, 33, 34, 104, 119, 120.
Betriebsvermögen, Minderung des 94.
Betriebsvermögen, Zuwachs des 92, 93.
Bienenzüchtung 9.
Binnenschiffahrt 1, 116.
Bodenbewirtschaftung 9.
Bonds in ausländischer Währung 50, 51.
Brennerei 9.
Buchung der Belastung 4.

C.

Chemische Industrie 23.

D.

Dienstbezüge der Angestellten 75.
Dienstmannsinstitute 9.

E.

Ehefrau 123.
Ehegatten 14, 60, 117, 121, 123, 124, 135.
Eigentümer 2, 6, 59, 71, 117, 118.
Eigentümergrundschuld 92, 134.
Einkaufsbüros 7.
Einzelobligationen 19, 24 ff., 31, 39, 41, 55, 75 ff., 83, 84.
Einzelobligationen, Ausstellung der 40, 123 ff.
Einzelobligationen, Tilgung der 29.
Einzelobligationen, veräußerliche 30, 32 ff., 75, 76, 78, 92.
Einzelobligationen, zurückgekaufte 89.
Eisen- und Stahlerzeugung 22.
Eisgewinnung 9.
Elektrische Industrie 22.
Elektrizitätserzeugung 22.
Erbbaurecht 58.
Erbschaft 81, 112.
Erhebungsverfahren 108.
Ermittelungs- und Fortsetzungsverfahren 107.
Ertragsfähigkeit 19.
Erweiterung des Betriebes 107.
Erwerber 68, 79, 80, 111, 112.
Erwerbsgesellschaften 3, 117.

F.

Filialen 7.
Finanzämter, zuständige 17, 27, 40, 122.
Fischerei 9, 101, 117.
Fischzucht 9.
Forstwirtschaft 9.
Freigrenze 13, 117.
Fuhrhalter 9.

G.

Gastgewerbe 6, 101, 119.
Gärtnerei 9.
Geheimhaltung, Pflicht zur 127.
Gesamtgut 120.
Gesamtkündigung 54.
Gesamtschuldner 5.
Generalversammlung der Bank 46, 48.
Gemischte Gesellschaften 13.

Gläubiger, Vertreter der 55, 57.
Gläubigervertreter 57, 58.
Gläubigerversammlung 56.
Goldmark 4, 25.
Goldhypotheken des Deutsch-Schweizerischen Staatsvertrages 59.
Grundstück 62, 69, 71.
Grundstück, Haftung des 63.
Grundstücke, inländische 58.
Grundvermögen 15.
Gütergemeinschaft 14, 60, 135.
Gütergemeinschaft, fortgesetzte 60, 120, 121, 124, 135.

H.

Handel 6, 101, 119.
Handelsgewerbe 10.
Handwerksbetriebe 7.
Hauptbetrieb 118.
Holdinggesellschaften 3, 20.
Hypothek des öffentl. Rechts 1.

J.

Industrie, deutsche 7.
Industriegruppen 22, 23.
Industriebonds 29, 37, 38, 43, 44, 47, 49 ff., 75 ff., 83, 114.
Inhaber des belasteten Rechtes 59.
Inhaber des Rechtes 71.
Jahresleistungen 21, 22, 44, 58, 75, 107, 109.

K.

Kapitalertragssteuer 96.
Kapitalvermögen 15.
Kirchen 13.
Kleinbahnen 1, 6, 9, 15, 27, 116 ff.
Kohlenabbaugerechtigkeiten 58.
Kommanditgesellschaften 2, 14.
Kommanditgesellschaften auf Aktien 2, 3, 17, 117.
Konkurs 75, 76, 111.

L.

Landwirtschaft 6, 8, 102, 117.
Lastenausgleich 112.
Lichtspieltheater 12.
Liquidation des Betriebsvermögens 79, 81.
Liquidation 111.
Luftverkehrsinstitute 9.

M.

Maschinenindustrie 22.
Mitunternehmer 134.
Musikgewerbe 11, 117.

N.

Neuumlage 19, 20.
Neuumlegung 21, 38, 73, 74, 75, 79, 92.
Nebenbetriebe 7, 10, 101, 102, 118, 119.
Nebenbetriebe der Landwirtschaft 9, 10.
Nießbrauch 2.
Nießbraucher 2, 5, 6, 118.

O.

Obligationen 2.
Obligationen, veräußerliche 28, 35.
Offene Handelsgesellschaften 2, 14.

Öffentliche Last 1, 58 ff., 66, 68, 77, 81.
Öffentliche Last, Eintragung der 65, 130 ff.
Öffentliche Last, Löschung der 132.

P.

Pächter 2, 5, 6, 14, 118.
Personen, minderjährige 123.
Privatbahnen 1, 6, 15, 27, 116, 117.

R.

Rechte Dritter 91.
Rechte, den Grundstücken gleichgestellte 69, 71.
Rechte, grundstücksgleiche 58.
Rechte der Gläubiger 55, 57.
Rechtsbeschwerde 109.
Rechtsmittel 19, 27, 34.
Rechtsmittelverfahren 108.
Rechtsverordnungen 98, 114.
Reichsmark 12.
Reichspost 101.
Reisebüros 9.
Reitinstitute 9.
Rückkauf 36, 86, 87, 90, 92, 95, 112, 126.
Rückkauf von Einzelobligationen 36, 86 ff., 109, 123.
Rückkaufsvereinbarung 88, 126.
Rückstände 79.
Rückzahlung 26.

S.

Satzung der Bank 48.
Schankgewerbe 6, 101, 119.
Schaustellungsgewerbe 11, 117.
Schiedsgericht, Zuständigkeit des 97.
Schiedsrichter 97.
Schiffahrtsbetriebe 1, 6, 117.
Schiffahrtsunternehmungen 15, 27, 29.
Schwerindustrie 22.
Seeschiffahrt 1, 117.
Sparkassen 101.
Speditionsgewerbe 9.
Sperrkonto 77, 84, 111.
Spruchkammer 32.
Stärkefabrik 9.
Steuerbefreiung 94.
Strafen 127.
Straßenbahnen 1, 6, 9, 15, 27, 116, 117.
Straßenreinigungsinstitute 9.
Stille Teilhaber 2.

T.

Textilindustrie 23.
Theatergewerbe 11, 117.
Tilgung 29, 54.
Tilgung der Industriebonds 53.
Treuhänder 6, 82, 83.
Treuhänder, Aufsichtsbefugnisse des 85.

U.

Umlegung 19, 30, 106, 107.
Universitäten 13.
Unternehmer 1, 2, 3, 13, 17, 20, 41, 44, 66, 73, 75, 76, 101, 104, 111, 116, 117, 120.
Unternehmer, aufbringungspflichtig 100, 107.
Unterpächter 5.
Unterzeichnung der Einzelobligationen 122.
Urkundspersonen 127.

V.

Varietés 12.
Veräußerer 79, 111, 112.
Veräußerung 114.
Veräußerung des Betriebsvermögens 79, 80, 81.
Veräußerung eines Grundstücks 68.
Veräußerung von Einzelobligationen 36, 37.
Veräußerliche Einzelobligationen 75, 76, 78, 89.
Veräußerlichkeit der Einzelobligationen 125.
Veräußerung von Obligationen 78.
Vereine, gemeinnützige und soziale 8.
Verkaufsbüros 7.
Verkehrsgewerbe 6, 100, 117.
Vermerk im Grundbuch 59, 129.
Vermögen, sonstiges 15.
Vermögensteuer 13, 14, 18, 119.
Vermögensteuerveranlagung 107, 120.
Versicherungsgewerbe 6, 101, 119.
Verwaltungsvorschriften 98, 114.
Viehzucht 9, 101, 117.
Vogelzucht 9.
Vorstand der Bank 45.

W.

Weinbau 9, 101, 117.

Z.

Zins- und Tilgungsbeträge 41, 52, 68, 69.
Zinsen- und Tilgungsdienst 84, 94.
Zirkusse 12.
Zuschläge 110.
Zwangsvollstreckung 70, 72, 73.
Zwangsverwaltung 72, 73.
Zwangsversteigerung 73.
Zwecke, gemeinnützige 101.

Druck von Otto Walter, Berlin S 14.

I. 25. — 15 000.

Nr. 13. **Konkurs-O. u. Anfechtungs-G.** Von R. Sydow. Fortgef. v. L. Busch u. O. Krieg. 13. Aufl 1923. Mit Nachtr. 1924. Gm 4,—

Nr. 14. **Gerichtsverfassungsgesetz.** Von R. Sydow. Fortgeführt von L. Busch. 11. Auflage. In Bearbeitung.

Nr. 15. **Das deutsche Gerichtskostengesetz.** Von R. Sydow. Fortgeführt von L. Busch und F. Koehler. 10. Auflage. — 1920. (Nachtr., enth. die Änder. bis Ende 1924, im Druck.) Gm 3,—

Nr. 16. **Rechtsanwaltordnung.** Von R. Sydow. 5. Auflage von M. Jacobsohn. Mit Nachtrag von 1910. — 1907. Gm 1,20

Nr. 17. **Gebührenordn. f. Rechtsanw. u. d. Preuß. Gebührengesetz.** Von R. Sydow. Fortgef. v. L. Busch u. O. Krieg. 12. Aufl. 1922. (Nachtr., enth. die Ander. bis Ende 1924, im Druck.) Gm 4,—

Nr. 18. **Reichsstempelgesetz.** Von P. Loeck. Vergriffen. Wird durch Kapitalverkehrssteuergesetz ersetzt. Erläuterte Ausgabe in Bearbeitung.

Nr. 19. **Die Seegesetzgebung.** Von W. E. Knitschky. 5. Auflage von O. Rudorff. — 1913. Gm 8,—

Nr. 20. **Krankenversicherungsgesetz** siehe Nr. **107.**

Nr. 21. **Die Konsulargesetzgebung.** Von Ph. Zorn. 8. Auflage von K. Zorn. — 1911. Gm 4,50

Nr. 22. **Patentgesetz.** Von R. Lutter. 8. Auflage. — 1920. Mit Nachtrag. — 1924. Gm 4,—. Nachtrag apart Gm 0,40

Nr. 23. **Gewerbe-Unfallversicherungsgesetz** siehe Nr. **108.**

Nr. 24. **Aktiengesellschaft u. Kommanditgesellschaften auf Aktien.** Von H. Keyßner und H. Veit Simon. 7. Aufl In Bearbeitung.

Nr. 25. **Brausteuergesetz.** Von A. Düffe. 2. Aufl. — 1910. Gm 2,—

Nr. 26. **Münz- und Notenbankwesen.** Von R. Koch. 7. Aufl. von Reichsbankpräsident Schacht. Im Druck.

Nr. 27. **Gesundheitswesen im Deutschen Reich.** Von E. Goesch und J. Karsten. — 1888. Vergriffen.

Nr. 28. **Bau-Unfallversicherungsgesetz** siehe Nr. **108.**

Nr. 29. **Erwerbs- und Wirtschaftsgenossenschaften.** Von L. Parisius und H. Crüger. 17. Auflage. — 1924. Gm 3,50

Nr. 30. **Invalidenversicherungsgesetz** siehe Nr. **109.**

Nr. 31. **Gewerbegerichtsgesetz.** Von W. Cuno. Vergriffen, neunte Auflage in Vorbereitung. Siehe auch Nr. **112, 112a.**

Nr. 32. **Gesellschaften mit beschränkter Haftung.** Von L. Parisius und H. Crüger. 1923. Gm 2,—

Nr. 33. **Vereins- und Versammlungsrecht.** Von E. Ball. 2. Auflage von F. Friedenthal. — 1907. Gm 2,—

Reichs-Vereinsgesetz vom 19. April 1908 siehe Nr. **88.**

Nr. 34. **Die Abzahlungsgeschäfte.** 3. Auflage von E. Wilke. — 1910. Gm 1,20

Nr. 35. **Die Reichs-Eisenbahngesetzgebung.** Von W. Coermann. — 1895. (Siehe auch Nr. 66.) Gm 2,—

Nr. 36. **Privatrechtliche Verhältnisse der Binnenschiffahrt und Flößerei.** Von E. Löwe. 6. Auflage. — 1923. Gm 4,—

Nr. 37. **Unlauterer Wettbewerb.** Von A. Pinner. 7. Auflage von A. Elster. — 1921. Gm 1,40

Nr. 38/39. **Bürgerliches Gesetzbuch nebst Einführungsgesetz.** Von A. Achilles. In Verbindung mit F. André, O. Meyer, O. Strecker, K. v. Unzner herausgegeben von M. Greiff. 11. Aufl. — 1923. Mit Nachtrag 1924. Gm 13,—

Nr. 40. Gesetz, betr. die **Pflichten der Kaufleute bei Aufbewahrung fremder Wertpapiere [Depotgesetz].** Von F. Lusensky. 3. Auflage. — 1916. Mit Nachtrag 1924. Gm 1,—

Nr. 41. **Börsengesetz.** Von Th. Hemptenmacher. 3. Auflage von O. Meyer. — 1915. Gm 3,50

Nr. 42. **Grundbuchordnung.** Von O. Fischer. 8. Auflage. — 1924. Gm 3,—

Nr. 43. **Zwangsvollstreckung.** Von J. Krech und O. Fischer. 9. Auflage von O. Fischer. — 1922. Gm 3,50

Nr. 44. **Auswanderungswesen.** Von F. Stoerk. — 1899. Gm 2,—

Nr. 45. **Das Entmündigungsrecht.** Von P. Koll. — 1900. Gm 1,20

Nr. 46. **Freiwillige Gerichtsbarkeit.** Von H. Jastrow. 6. Auflage von Herm. Günther. — 1921. Gm 4,50

Nr. 47. **Deutsches Vormundschaftsrecht.** Von M. Schultzenstein und P. Köhne. 2. Auflage. — 1901. Gm 2,50

Nr. 48. Gesetze, betr. den **Drogen-, Gift- und Farbenhandel** außerhalb der Apotheken. Von J. Broh. — 1899. Gm 1,20

Nr. 49. **Deutsche Kolonialgesetzgebung.** Von Ph. Zorn. 2. Auflage von Sassen. — 1913. Gm 5,—

Nr. 50. **Der Viehkauf [Viehgewährschaft].** Von H. Stölzle und H. Weiskopf. 5. Auflage. — 1913. Gm 5,50

Nr. 51. **Hypothekenbankgesetz.** Von H. Göppert. 2. Auflage von Seidel. — 1911. Gm 2,20

Nr. 52. **Rechte der Besitzer von Schuldverschreibungen.** Von H. Göppert. 2. Auflage von E. Trendelenburg. — 1915. Gm 1,50

Nr. 53. **Reichspreßgesetz.** Von A. Born. 3. Auflage. — 1924. Gm 4,—

Nr. 54. Verkehr mit **Nahrungsmitteln, Genußmitteln und Gebrauchsgegenständen.** Von G. Lebbin. — 1900. Vergriffen.

Nr. **55. Beschlagnahme von Lohn- und Gehaltsforderungen.** Von G. Meyer. 5. Auflage. — 1914. Durch Nachträge ergänzt. (Nachträge allein. Gm 0,70) Gm 2,30

Nr. **56. Bekämpfung gemeingefährlicher Krankheiten.** Von B. Burkhardt. — 1900. Gm 1,20

Nr. **57. See-Unfallversicherungsgesetz** siehe Nr. **108.**

Nr. **58. Recht der unehelichen Kinder.** Von H. Jastrow. — 1901. Gm 1,60

Nr. **59. Beurkundung des Personenstandes und die Eheschließung.** Von F. Fidler. 2. Auflage. — 1912. Gm 2,30

Nr. **60. Das Urheberrecht an Werken der Literatur und der Tonkunst.** Von O. Lindemann. 4. Auflage. — 1921. Gm 1,80

Nr. **61. Verlagsrecht.** Von B. Marwitz. 3. Auflage. — 1922. Gm 1,60

Nr. **62. Private Versicherungsunternehmungen.** Von H. Könige. 3. Auflage. In Bearbeitung.

Nr. **63. Gesetzestafel des deutschen Reichsrechts.** Von H. Bruhns. 2. Auflage. — 1913. Gm 3,—

Nr. **64.** Gesetzsammlung, betr. den **Handel mit Drogen und Giften.** Von H. Sonnenfeld. 2. Auflage. — 1912. Gm 3,—

Nr. **65. Weingesetz.** Von G. Lebbin. 2. Aufl. — 1909. Gm 2,—

Nr. **66. Die Eisenbahn-Gesetzgebung.** Von W. Pietsch. 2. Auflage. — 1913. (Siehe auch Nr. 91.) Gm 3,—

Nr. **67. Militär-Strafgesetzbuch.** Von A. Romen und C. Rissom. 3. Auflage. — 1918. Gm 5,—

Nr. **68. Fleischbeschaugesetz.** Von G. Lebbin und G. Baum. — 1903. Gm 2,80

Nr. **69.** Reichsgesetz über die **Naturalleistungen der bewaffneten Macht im Frieden.** Von W. v. Hippel. — 1903. Gm 1,—

Nr. **70. Das Reichs-Haftpflichtgesetz.** Von G. Eger. — 1903. Vergr. — (Als Ersatz Komment. von Seligsohn. — 1920. Gm 6,50)

Nr. **71. Kinderarbeit in gewerblichen Betrieben.** Von H. Spangenberg. 2. Auflage. — 1904. Gm 1,20

Nr. **72. Unfallversicherungsgesetz** siehe Nr. **108.**

Nr. **73. Entschädigung für unschuldig erlittene Verhaftung und Bestrafung.** Von A. Romen. — 1904. Gm 1,70

Nr. **74. Die Kaufmannsgerichte.** Von M. Apt. 3. Auflage. — 1904. (Siehe auch Nr. **112.**) Gm 1,60

Nr. **75. Konsulargerichtsbarkeit.** Von A. F. Vorwerk. 2. Ausgabe, mit den Schutzgebietsgesetzen. — 1908. Gm 1,60

Nr. **76. Die Rechtshilfe im Verkehr mit den ordentlichen Gerichten.** Von A. Friedländer. — 1906. Gm 1,50

Nr. **77. Das Erbschafts-StG.** Von B. Henckel. 1920. Gm 5,— — Neue Fassung v. H. Schachian. 2. Aufl. — 1924. Gm 2,—

Nr. **78. Zigarettensteuergesetz.** Von Cuno. In Vorbereitung.

Nr. **79. Die Militärpensionsgesetze.** Von A. Romen.
a) I. Teil: **Offizierpensionsgesetz. — 1907.** Gm 2,—
b) II. Teil: **Mannschaftsversorgungsgesetz.** Mit **Kapitalabfindungsgesetz.** — 1908. Gm 2,—

Militärversorgungsgesetze siehe auch Nr. **136.**

Nr. **80. Gerichtliche Registerführung.** Von O. Lindemann. — 1906. Gm 2,40

Nr. **81. Urheberrecht an Werken der bildenden Künste und der Photographie.** Von L. Fuld. 2. Auflage im Druck.

Nr. **82. Reichsbeamtengesetz.** Von A. Arndt. 3. Auflage. — 1923. Mit Nachtrag, enth. die Änderungen bis April 1924. Gm 3,50

Nr. **83. Versicherungsvertrag.** Von P. Hager und E. Bruck. 4. Auflage. — 1920. Gm 6,—

Nr. **84. Sammlung kleinerer privatrechtlicher Reichsgesetze.** Von G. Müller. — 1908. Gm 5,50

Nr. **85. Scheckgesetz.** Neue Auflage im Druck.

Nr. **86. Die Auslieferungsverträge des Deutschen Reiches.** Von A. Cohn. — 1908. Gm 4,—

Nr. **87a. Das deutsche Warenzeichenrecht.** Von Freund und Magnus. 6., neubearbeitete Auflage. Teil I: **Die internationalen Verträge.** — 1924. Gm 9,—

Nr. **88. Vereinsgesetz.** Von A. Romen. 4. Aufl. — 1916. Gm 2,—

Nr. **89. Vogelschutzgesetz.** Von L. v. Borberger. — 1909. Gm 1,—

Nr. **90.** Die Haager Abkommen über das **Internationale Privatrecht.** Von G. Bogeng. — 1908. Gm 2,—

Nr. **91. Eisenbahn-Verkehrsordnung.** Von E. Blume. 2. Auflage von Weirauch. — 1922. Mit Nachtrag, enth. alle Neuerungen bis Ende 1924. Gm 5,—. (Nachtrag einzeln Gm 1,50)

Nr. **92. Verkehr mit Kraftfahrzeugen.** Von R. Kirchner. 3. Auflage. — 1915. Mit Nachtrag, enth. alle Neuerungen bis Ende 1924. Gm 5,—. (Nachtrag einzeln Gm 1,50)

Nr. **93. Sicherung der Bauforderungen.** Von E. Harnier. 3. Auflage. — 1912. Gm 1,50

Nr. **94. Die Beamtenhaftpflichtgesetze des Reiches und der Länder.** Von H. Delius. 3. Auflage. — 1921. Gm 3,20

Nr. **95.** Die Berner Übereinkunft über **Internationales Urheberrecht.** Von H. Dungs. — 1910. Gm 1,—

Nr. **96. Branntweinsteuergesetz.** 3. Auflage von K. Kniebe in Vorbereitung. **Branntweinmonopolgesetz** siehe Nr. **131 a.**

Nr. **97. Schutzgebietsgesetz.** Von J. Gerstmeyer. — 1910. Gm 2,50

Nr. **98. Sechs Haager Abkommen über Internationales Privatrecht.** Von H. Dungs. — 1910. Gm 1,50

Nr. 99. **Die Abkommen d. Haager Friedenskonferenz.** Vergr. Jetzt: Wehberg, **Völkerbundakte.** Gm 4,— (Außerh. d. Samml.)

Nr. 100. **Kaligesetz.** Von B. Voelkel. — 1910. Gm 2,40

Nr. 101. **Zuwachssteuergesetz.** Von W. Cuno. — 1911. Gm 3,50

Nr. 102. **Urheberrecht an Mustern und Modellen** und Schutz von **Gebrauchsmustern.** Von J. Neuberg. — 1911. Gm 2,40

Nr. 103. **Reichs-Viehseuchengesetz.** Von W. v. Hippel. 2. Auflage. — 1912. Gm 4,—

Nr. 104. **Versicherungsgesetz für Angestellte** siehe Nr. 144.

Nr. 105. **Das Geldwesen in den deutschen Schutzgebieten.** Von W. Hintze. — 1912. Gm 1,80

Nr. 106—109. **Reichs-Versicherungsordnung.** Von F. Caspar und A. Spielhagen. 4 Bände. Kplt. Gm 18,—

Nr. 106. I., V. und VI. Buch. **Gemeinsame Vorschriften. — Beziehungen der Versicherungsträger zu einander und zu anderen Verpflichteten. — Verfahren.** Von K. Lippmann, L. Laß und H. Siefart. — 1913. Mit Nachtrag. Von K. Lippmann. 1920. (Nachtrag einzeln. Gm 0,40) Gm 5,—

Nr. 107. II. Buch. **Krankenversicherung.** Von H. Siefart und F. Sitzler. — 1916. Mit Nachtrag. Von K. Lippmann. — 1920. (Nachtrag einzeln. Gm 1,20.) Gm 5,50

Nr. 108. III. Buch. **Unfallversicherung.** Von A. Radtke. — 1913. Mit Nachtrag. Von A. Radtke. — 1921. (Nachtrag einzeln. Gm 1,60.) Gm 6,50

Nr. 109. IV. Buch. **Invaliden- und Hinterbliebenenversicherung.** Von B. Jaup und H. Follmann. — Neudruck 1922. Mit Nachtrag, enthaltend die Ergänzungen 1914—1921. (Nachtrag einzeln. Gm 1,—.) Gm 3,50

Reichsversicherungsordnung in neuester Fassung von K. Lippmann s. Nr. 161.

Nr. 110. **Wehrbeitragsgesetz.** Von A. Fernow. 2. Auflage. — 1913. Gm 1,60

Nr. 111. **Reichs- und Staatsangehörigkeitsgesetz.** Von A. Romen. — 1913. Vergriffen.

Nr. 112. **Kaufmannsgerichtsgesetz.** Von H. Depène. — 1914. Gm 2,60

Nr 112a. **Kaufmanns- u. Gewerbegerichtsgesetz nebst Schlichtungsordnung.** (Ergbd z. Nr. 112) B. H. Depène. 1924. Gm 3,50
Die Nr. 112 u. 112a enthalten zusammen den vollständigen Text des Gewerbegerichtsgesetzes.

Nr. 113. **Postscheckgesetz.** Von J. Weiland. — 1914. Mit Nachtrag 1918. Gm 1,50

Nr. 113 a. **Postscheckordnung.** Von J. Weiland. — 1914. Mit Nachtrag 1918. Gm 1,50

Nr. 114. **Waffengebrauch und Festnahmerecht des Militärs.** Von A. Romen und C. Rissom. — 1914. Gm 1,80

Nr. 115. **Das vertragliche Wettbewerbsverbot [Konkurrenzklausel].** Von G. Baum. — 1914. Gm 3,—

Nr. 116. **Kriegs-Zivil- u. Finanzgesetze.** 3. Aufl. — 1915. Gm 1.50

Nr. 116a. Zweite Folge: Jahr 1915. — 1916. Gm 1 20

Nr. 117. **Darlehnskassengesetz.** — 1915. Gm 1,80

Nr. 118. **Militärhinterbliebenengesetz.** Von Reh. Mit **Kapitalabfindungsgesetz.** — 1915. (Siehe auch Nr. **136.**) Gm 2,20

Nr. 119. **Kriegsleistungsgesetz.** Vergriffen.

Nr. 120. **Telegraphenwegegesetz.** Von Wolf. — 1916. Gm 1,—

Nr. 121. **Direkte Kriegssteuer.** Von A. Mrozek. 1916. Gm 3,50

Nr. 122. **Belagerungszustand.** Von H. Bürschel. 1916. Gm 3,50

Nr. 123. **Warenumsatzstempel.** Von Lindemann. — 1916. (**Umsatzsteuergesetze** siehe Nr. **132.**) Gm 1,30

Nr. 124. **Todeserklärung Kriegsverschollener.** Von J. Partsch. — 1917. Gm 2,—

Nr. 125. **Vaterländischer Hilfsdienst.** 3. Auflage. — 1917. Gm 1,—

Nr. 126. **Besitzsteuergesetz.** Von A. Mrozek. Vergriffen.

Nr. 127. **Geschäftsaufsicht zur Abwendung des Konkurses.** Von G. Klien u. Ernst Jaeger. — 1917. Durch Nachträge nach dem Stand v. 1924 ergänzt. Gm 1,60. Nachtrag einzeln 0,60

Nr. 128. **Verhaftung und Aufenthaltsbeschränkung.** Von A. Romen. — 1917. Gm 1,20

Nr. 129. **Zivil-** und **Prozeßrechtkriegsgesetze.** Von Fischer. — 1918. Gm 1,50

Nr. 130. **Ersatzlebensmittelverordnung.** — 1918. Gm 1,50

Nr. 131 a. **Reichsfinanzgesetzgebung 1918.** Bd. I. **Getränkesteuern.** Von G. Mayer. — 1918. Gm 2.50

Nr. 131 b. **Reichsfinanzgesetzgebung 1918.** Bd. II. **Abgabe vom Einkommen, Stempel, Umsatz, Kriegsgewinn** usw., **Steuerflucht.** Von G. Mayer. — 1919. Gm 1,50

Nr. 132. **Umsatzsteuergesetz.** Von Otto Lindemann. 3. Auflage. — 1923. Gm 4,—

Nr. 133. **Reichswuchergesetzg.** Von Ad. Lobe. — 1918. Gm 2,80

Nr. 134. **Der Ostfrieden.** Von Karl Strupp. — 1918. Gm 3,—

Nr. 135. **Erbbaurecht.** Von H Günther. — 1919. Gm 2,—

Nr. 136. **Militärversorgungsgesetze.** Von Hermann Günther. — 1919. Gm 2,30

Nr. 137. **Reichsverfassung.** Von Arndt. 2. Aufl. — 1921. Gm 2,50

Nr. 138 a. **Arbeiterschutz und Arbeitsrecht.** Von A. Günther. 1920 (Nachtr., enth. alle Neuer. bis Ende 1924, im Druck.) Gm 5,—

Nr. 138 b. **Betriebsrätegesetz.** Von A. Günther. — 1920. Gm 2,—

Nr. **139.** **Grunderwerbsteuergesetz.** Von Otto Lindemann. — 1919. Gm 1,80

Nr. **140.** **Die Siedelungsgesetzgebung im Reich und in Preußen.** Von W. Holzapfel. — 1920. Gm 3,—

Nr. **141.** **Sozialisierungsgesetze.** Von Reier. — 1920. Gm 2,20

Nr. **142.** **Wirtschaftliche Demobilmachung.** Von Gg. Fischbach. — 1920. Gm 1,—

Nr. **143.** **Reichsabgabenordnung.** Von Nieberl. — 1923. Mit Nachtrag, enth. die Änderungen von 1924. Gm 4,—

Nr. **144.** **Versicherungsgesetz für Angestellte.** Von Lippmann. — 1920. Gm 3,50

Nr. **145.** **Steuer- und Kapitalflucht.** Von E. H. Meyer. 2. Auflage. — 1921. Gm 1,60

Nr. **146.** **Tabaksteuergesetz.** Von Wündisch. — 1920. Mit Nachtrag, enthaltend alle Neuerungen. Gm 3,—

Nr. **147.** **Filmzensur.** Von Szczesny. — 1920. Gm 1,50

Nr. **148.** **Reichsausgleichsgesetz.** Von Decke. — 1920. Gm 1,50

Nr. **149.** **Reichsnotopfergesetz.** Von Friedmann und Wrzeszinsky. — 1921. Gm 4,—

Nr. **150.** **Reichsschädengesetze.** Von Adolf Hohenstein und Wenzel Goldbaum. — 1922. Gm 4,—

Nr. **151.** **Reichseinkommensteuergesetz.** Von A. Hirschburger. 1923. Gm 6,50

Nr. **152** **Wohlfahrtsgesetze.** Von Behrend und Stranz-Hurwitz. 1923. Mit Nachtrag, enth. alle Neuerungen bis Ende 1924. Gm 5,—

Nr. **153.** **Zwangsanleihegesetz.** Von Simon und Beutner. 1923. Gm 8,—

Nr. **154.** **Jugendwohlfahrtsgesetz und Jugendgerichtsgesetz.** Von Drewes und Sandré. — 1923. Mit Nachtrag, enth. die Ergänzungen bis April 1924. Gm 6,—

Nr. **155.** **Reichsknappschaftsgesetz.** Von Max Reuß und Fritz Hense. — 1923. Gm 7,—

Nr. **156.** **Mietrecht und Wohnungsmangelgesetz.** Von Krieg. 2. Auflage. — 1924. Gm 4,80.

Nr. **157.** **Dritte Steuernotverordnung v. 14. 2. 1924** mit den Vorschriften über **Aufwertung.** Von Michaelis. Gm 7,—

Nr. **158.** **Strafprozeßordnung.** Alte und neue Fassung synoptisch gegenübergestellt. Von Reichsanwalt Feisenberger. — 1924. Gm 4,50

Nr. **159.** **Industriebelastungsgesetz.** Von Höpker. Im Druck.

Nr. **160.** **Fürsorgegesetz.** Von Sandré. Im Druck.

Nr. **161.** **Reichsversicherungsordnung.** Von K. Lippmann. Im Druck.

B. Preußische Gesetze.

Nr. 1. **Die Verfassung des Freistaats Preußen.** Von A. Arndt. — 1921. Gm 2,—
Ausführlicher Kommentar von Stier-Somlo. — 1921. Gm 5,—

Nr. 2. **Preußische Beamten-Gesetzgebung.** Von K. Pfafferoth. 5. Auflage. — 1916. Gm 2,40

Nr. 3. **Notteſtamente.** Von E. Kurtz. — 1904. Gm 1,50

Nr. 4. **Gebührenordnung für Notare.** Von Rausnitz. 5. Auflage. — 1917. (Neue Aufl. in Bearbeitung.) Gm 2,20

Nr. 5. Gesetz vom **24. April 1854 [betr. die außereheliche Schwängerung].** Von Schulze. — 1873. Vergriffen.
Reichsrecht siehe Reichsgesetze Nr. **58.**

Nr. **6—9** vergriffen.

Nr. 10. **Einkommensteuergesetz** siehe Reichsgesetze Nr. **151.**

Nr. 11. **Gewerbesteuergesetz.** Von A. Fernow. **Vergriffen.**

Nr. 12. **Allgemeines Berggesetz.** Von Schlüter **und** Hense. 4. Auflage. — In Vorbereitung.

Nr. 13. **Ergänzungssteuergesetz.** Von A. Fernow. 5. Aufl. Gm 3,—

Nr. 14. **Kommunalabgabengesetz.** Von F. Adickes. 6. Auflage von Falk. — 1922. Gm 2,50

Nr. 15. **Die Kreisordnungen.** Von O. Kolisch. — 1894. Gm 4,—

Nr. 16. **Konzessionierung gewerblicher Anlagen.** Von W. v. Rüdiger. 2. Auflage. — 1901. **Vergriffen.**

Nr. 17. **Preußisches Gerichtskostengesetz.** Von P. Siméon. 7. Auflage. — 1913. Mit Nachtrag von 1919 und 1920. Gm 4,—

Nr. 18. **Preußisches Stempelsteuergesetz.** Von P. Loeck **und** W. Seyffarth. 9. Auflage mit Nachtrag von Eiffler. — 1922. (Neue Auflage in Bearbeitung.) Gm 7,50

Nr. 19. **Jagdscheingesetz.** Von F. Kunze. 2. Aufl. — 1899. Gm 2,—

Nr. 20. **Die preußischen Erbschaftssteuergesetze.** Von U. Hoffmann. — 1905. Gm 3,—
(**Reichs**-Erbschaftssteuergesetz siehe Reichsgesetze **Nr. 77.**)

Nr. 21. **Handelskammern.** Von F. Lusensky. 2. Auflage. — 1909. Gm 3,—

Nr. 22. **Anstellung und Versorgung der Kommunalbeamten.** Von W. Ledermann. 2. Auflage von L. Brühl. — 1914. Gm 2,—

Nr. 23. **Ausführungsgesetze zum Bürgerlichen Gesetzbuche.** Von P. Siméon. 3. Auflage. — 1914. Gm 2,20

Nr. 24. **Die Hinterlegungsordnung (1879).** Von G. Bartels. 2. Auflage. — 1908. Gm 2,—
Abänderungsgesetz vom 21. April 1913 siehe Nr. 53.

Nr. 25. **Preußische Kommunalbeamtengesetzgebung.** Von F. Kremski. — 1901. Gm 3,—

Nr. 26. **Diensteinkommen der Lehrer und Lehrerinnen.** Von E. Cremer. — 1900. Gm 2,20

Nr. 27. **Warenhaussteuer.** Von G. Strutz. — 1900. Gm 1,20

Nr. 28. **Die Fürsorgeerziehung Minderjähriger.** Von P. F. Aschrott. 3. Auflage. — 1917. Gm 2,80

Nr. 29. **Ärztliche Ehrengerichte, das Umlagerecht und die Kassen der Ärztekammern.** Von F. Fidler. — 1901. Gm 1,50

Nr. 30. **Preußisches Staatsschuldbuch** und **Reichsschuldbuch.** Von J. Mücke. — 1902. Gm 2,—

Nr. 31. **Die preußischen Gesindeordnungen.** Zwei Bände. Von St. Gerhard.
31 a. Altpreußische Provinzen und Rheinland. 2. Auflage. — 1914. Gm 3, -
31 b. Hannover, Schleswig-Holstein, Hessen-Nassau und Hohenzollern. — 1902. Gm 2,50

Nr. 32. **Städteordnung.** Von W. Ledermann und L. Brühl. 2. Auflage. — 1913. Gm 6,—

Nr. 33. **Rentenguts- und Anerbenrechts-Gesetzgebung.** Von M. Peltasohn und B. Peltasohn. — 1903. Vergriffen.

Nr. 34. Sammlung der wichtigsten **preußischen Strafgesetze.** Von Lindemann. 2. Auflage. — 1912. Gm 3,50

Nr. 35. **Geschäftsordnung für Gerichtsvollzieher.** Von E. Exner. — 1904. Gm 3,—

Nr. 36. **Polizeiverordnungen in Preußen.** Von O. Lindemann. — 2. Auflage. 1912. Gm 2,50

Nr. 37. **Enteignung von Grundeigentum.** Von O. Meyer. 2. Auflage. — 1911. Vergriffen.

Nr. 38. **Kreis- und Provinzial-Abgabengesetz.** Von F. Schmidt. — 1906. Gm 1,20

Nr. 39. **Unterhaltung der öffentlichen Volksschulen.** Von A. Marcks. — 1906. Gm 1,80

Nr. 40. **Verwaltungsstrafverfahren.** Von R. Katzenstein. — 1907. Gm 3,50

Nr. 41. **Die preußischen Jagdpolizeigesetze.** Von F. Kunze und R. Kühnemann. 2. Auflage. — 1907. Vergriffen.

Nr. 42. **Allgemeine Landesverwaltung** und **Zuständigkeit der Verwaltungs- und Verwaltungsgerichtsbehörden.** Von K. Friedrichs. 2. Auflage. — 1921. Gm 3,—

Nr. 43. **Verschuldungsgrenze** für land- und forstwirtschaftlich benutzte Grundstücke. Von R. Leweck. — 1908. Gm 2,40

Nr. 44. **Quellenschutzgesetz.** Von E. Voelkel. — 1909. Gm 1,—

Nr. 45. **Rechtsverhältnisse der Juden in Preußen.** Von M. Kollenscher. — 1910. Gm 2,40

Nr. 46. **Austritt aus der Landeskirche.** Von H. Caro. — 1911. Gm 2,40

Nr. 47. **Feuerbestattung.** Von W. Lohmann. — 1912. Gm 1,50

Nr. 48. **Zweckverbandsgesetz für Groß-Berlin.** Von L. Brühl, K. Gordan und W. Ledermann. — 1912. Gm 4,—

Nr. 49. **Gesetze gegen die Verunstaltung landschaftlich hervorragender Gegenden.** Von O. Goldschmidt. — 1912. Gm 2,40

Nr. 50. **Gesetz, betr. die Anlegung und Veränderung von Straßen und Plätzen in Städten und ländlichen Ortschaften.** Von O. Meyer. — 1913. Gm 3,—

Nr. 51. **Das preußische Disziplinargesetz für die nichtrichterlichen Beamten.** Von E. v. Dultzig. — 1914. Gm 4,20

Nr. 52. **Preußisches Wassergesetz.** Von G. Wulff und F. Herold. — 1913. Gm 4,50

Nr. 53. **Hinterlegungsordnung** von 1913. Von Hagemann. — 1914. Gm 2,20

Nr. 54. **Anlegung von Sparkassenbeständen in Inhaberpapieren.** Von H. Döhring. — 1914. Gm 2,80

Nr. 55. **Preußisches Wohnungsgesetz.** Von B. Schmittmann. — 1918. Gm 2,60

Nr. 56. **Das preußische Tumultschadengesetz.** Von Bruno Friedländer. — 1919. Gm 0,80

Nr. 57. Gesetz über **Landeskulturbehörden.** Von W. Holzapfel. — 1920. Gm 2,—

Nr. 58. **Arbeitsnachweis.** Von P. Wölbling. — 1920. Gm 1,—

Nr. 59. **Bildung der neuen Stadtgemeinde Berlin.** Von P. Wölbling. 2. Auflage. — 1920. Gm 1,40

Nr. 60. **Umlegungsordnung.** Von W. Holzapfel. — 1921. Gm 1,80

Nr. 61. **Preußische Verwaltungsgebührenordnung.** Von K. Eiffler. Im Druck.

C. Textausgaben

ohne Anmerkungen **mit Sachregister.**

Betriebsrätegesetz. Vergriffen.
Bürgerliches Gesetzbuch. 14. Auflage. Gm 4,—
Erbschaftssteuergesetz m. Ausführungsanweis. 2. Auflage. Gm 0,70
Neue Fassung von H. Schachian. 2. Auflage. Gm 2,—
Freiwillige Gerichtsbarkeit. — 1920. Gm 1,—
Handelsgesetzbuch mit **Seerecht.** 11. Auflage. — 1924. Gm 2,60
Konkursordnung. 2. Auflage. — 1915. Gm 0,70
Kriegsgewinnsteuer. — 1916. Gm 0,40
Die Kriegssteuergesetze. 2. Auflage. — 1917. Gm 0,80
Militärstrafgerichtsordnung m. **Einführungsges.** — 1901. Gm 1,30
Militär-Strafgesetzbuch. 2. Auflage. — 1916. Gm 0,50
Reichseinkommensteuer — Körperschaftssteuer — Kapitalertragssteuer — Landessteuer. Gm 1,—
Einkommensteuergesetz in der Fassung v. 24. März 1921 mit **Ausführungsbestimmungen,** durch Nachträge ergänzt. Gm 1,40
Reichsfinanz- und Steuergesetze. 1922. Gm 2,—
Reichsfinanzgesetze von 1909. — 1909. Gm 2,60
Reichsmietengesetz. — 1922. Gm 0,50
Reichsnotopfergesetz. Vergriffen.
Reichsversicherungsordnung. Vergriffen.
Strafgesetzbuch. — 1921. Gm 1,20
Strafprozeßordnung. 5. Auflage. — 1924. Gm 2,50
Umsatzsteuergesetz. — 1920. Gm 0,60
Verkehrs- u. Kohlensteuer u. Kriegssteuerzuschlag. 1917. Gm 0,60
Verfassung des Deutschen Reiches v. 11. 8. 1919. 2. Aufl. Gm 0,60
Verfassung des Freistaates Preußen. Gm 0,60
Versicherungsgesetz für Angestellte. — 1924. S.R. 144. Gm 2,—
Wechselordnung. — 1908. Gm 0,50
Wehrbeitrag und **Besitzsteuer.** — 1913. Gm 0,50
Zivilprozeßordnung mit **Gerichtsverfassungsgesetz** und **Einführungsgesetzen.** — 1924. Gm 3,50
Zuwachssteuergesetz. — 1911. Gm 0,50
— **Ausführungsbestimmungen.** — 1911. Gm 0,40
Preuß. Ausf.-Anweis. zur **Gewerbeordnung.** — 1904. Gm 1,—

Schlagwort-Register

R. = Nummer der Sammlung Deutscher Reichsgesetze.
P. = Nummer der Sammlung Preußischer Gesetze.
S. = Seite.

Abgabenordnung R. 143.
Abzahlungsgeschäfte R. 34.
Aerztekammern P. 29.
Aktienrecht R. 24, 26.
Altersversicherungsgesetz R. 109.
Anerbenrechtsgesetz P. 33.
Anfechtungsgesetz R. 13.
Angestelltenversicherungsgesetz R. 104, 144, S. 12.
Anlegung von Straßen P. 50.
Arbeiterschutzgesetz R. 6, 116 a, 138 a.
Arbeiterversicherungsgesetze R. 20, 28, 28, 57, 106—109, S. 12.
Arbeitsnachweis P. 58.
Arbeitsverfassung R. 138 a.
Arzneimittel R. 6, 64.
Aufenthaltsbeschränkung R. 128.
Aufwertung R. 157.
Ausführungsgesetze zum BGB. P. 28, S. 12.
Ausführungsgesetz zum Einkommensteuergesetz S. 12.
Ausgleichsgesetz R. 148.
Ausgleichsverordnung R. 127.
Auslieferungsverträge R. 86.
Austritt aus der Landeskirche .46.
Auswanderungsgesetz R. 9, 44.
Automobilgesetz R. 92, 116 a.

Bankgesetz N. 26, 116.
Baufluchtengesetz P. 50.
Bauforderungsschutz R. 93.
Beamtengesetze R. 10, 82, 94, P. 2.
Bekämpfung gemeingefährlicher Krankheiten R 56.
Belagerungszustand R. 114, 122, P. 34.
Berggesetz P. 12.
Beschlagnahme von Lohn R. 55.
Besitzsteuergesetz R. 126, S. 12.
Betriebsrätegesetz R. 138 b, S. 12.
Beurkundung d. Personenstandes R. 59.
Bier, Abgabe vom R. 131 a.
Binnenschiffahrtsgesetz R. 36.
Börsengesetz R. 41.
Börsensteuergesetz R. 18.
Branntweinmonopolgesetz R. 131 a.
Branntweinsteuer R. 96, 131 a.
Brausteuererhebung R. 25.
Bürgerl. Gesetzbuch R. 38/39, S. 12.

Civilprozeßordnung R. 11, S. 12.

Dampfkesselbetrieb R. 6, P. 34.
Darlehnskassengesetz R. 117.
Demobilmachung, wirtschaftliche R. 142.
Depotgesetz R. 40.
Diensteinkommen der Lehrer P. 26.
Disziplinargesetze P. 51.
Drogenhandel R. 48, 64.

Eheschließungsgesetz R. 59.
Einkommensteuergesetz P. 10.
Reichseinkommensteuer S. 12, R. 151.
Eisenbahngesetzgebung R. 66, 85.
Eisenbahnverkehrsordnung R. 91.
Enteignung vom Grundeigentum P. 37.
Entmündigungsgesetz R. 45.
Entschädigung unschuldig Verhafteter und Verurteilter R. 12, 73.
Erbbaurecht R. 135, 38/39.
Erbschaftssteuergesetz R. 77, S. 12, P. 20.
Ergänzungssteuergesetz P. 18.
Ersatzlebensmittel R. 130.
Erwerbs- und Wirtschaftsgenossenschaften R. 29.

Farbenhandel R. 48.
Feld- und Forstpolizeigesetz P. 34.
Festnahmerecht des Militärs R. 114.
Feuerbestattungsgesetz P. 47.
Filmzensur R. 147.
Fischereigesetz P. 34.
Fleischbeschaugesetz R 9, 54, 68.
Flößereigesetz R. 36.
Fluchtliniengesetz P. 50.
Forstdiebstahl P. 34.
Freiwillige Gerichtsbarkeit R. 46.
Friedensverträge R. 134.
Fürsorgeerziehung R. 47, P. 28.
Fürsorgegesetz R. 160.

Gast- und Schankwirtschaftgehilfen R. 6.
Gebrauchsmusterschutzgesetz R. 9, 34, 102, 116, 116 a.

Schlagwort-Register. (R. = Reichsgesetz, P. = preuß. Gesetz.)

Gebührenordnung für Gerichtsvollzieher R. 15, für Notare P. 4, für Rechtsanwälte R. 17, für Zeugen und Sachverständige R. 15.
Geldstrafengesetz R. 2.
Geldwesen der Kolonien R. 105.
Genossenschaftsgesetz R. 29.
Genußmittel, Verkehr mit R. 9, 54.
Gerichtsbarkeit, freiwillige R. 46, S. 12.
Gerichtskostengesetz, deutsches R. 15.
Gerichtskostengesetz, preußisches P. 17.
Gerichtsverfassungsgesetz R. 14, 11, 12, S. 12.
Gerichtsvollzieher-Gebührenordn. R. 15.
Geschäftsaufsicht R. 116, 127.
Geschäftsordnung für Gerichtsvollzieher P. 35.
Gesellschaften mit beschr. Haftung R. 32.
Gesetzbuch, Bürgerliches R. 58/59, S. 12.
Gesetzestafel des Reichsrechts R. 63.
Gesindeordnungen P. 31 a, 31 b.
Gesundheitswesen R. 27.
Getränkesteuer R. 131 a.
Gewerbebetrieb im Umherziehen R. 6, P. 34.
Gewerbegerichte R. 31, 112, 112 a.
Gewerbeordnung R. 6.
Gewerbesteuergesetz, preußisches P. 11.
Gifthandel R. 48, 64.
Groß Berlin, Gesetz über P. 59.
Grundbuchordnung R. 42
Grundeigentum, Enteignung von P. 37.
Grunderwerbsteuer R. 139.

Haager Friedenskonferenz R. 99.
Haftpflichtgesetz R. 70, 94.
Handelsgesetzbuch R 4, S. 12.
Handelskammergesetz P. 21
Handwerkergesetz R 6.
Hilfsdienst, Vaterländischer R. 125
Hinterlegungsordnung P. 24, 58.
Hinterbliebenenversicherung R. 109, RVO. S. 12.
Hypothekenbankgesetz R. 51.

Jagdpolizeigesetz P. 34, 41.
Jagdscheingesetz P. 19, 34.
Jugendwohlfahrts- u. Jugendgerichtsgesetz R. 2, 154.
Industriebelastungsgesetz R. 159.
Internationale Verträge über Warenzeichen R. 87 a.
Internationales Privatrecht R. 90, 98.
Invalidenversicherung R. 80, 109. S. 12.

Kaligesetz R. 100.
Kapitalabfindungsgesetz R. 79 b, 118.
Kapitalertragssteuer S. 12.
Kapitalflucht R. 145.
Kaufmannsgerichte R. 112, 112 a.
Kinder, Recht der unehelichen R. 58.
—, Unterbringung R 47, P. 28.
Kinderarbeit, gewerbliche R. 2, 71.
Kinderschutzgesetz R. 71.
Kohlensteuer S. 12.
Kolonialgesetzgebung R. 49, 105.
Kommunalabgabengesetz P. 14.
Kommunalbeamtengesetz P. 22, 25.
Konkurrenzklausel R. 115.
Konkursordnung R. 18, 127, S. 12.
Konsulargerichtsbarkeit R. 75.
Konsulargesetzgebung R. 21, 75.
Konzess. gewerbl. Anlagen P. 16.
Körperschaftssteuer S. 12.
Kraftfahrzeuge R. 18, 92, 116 a.
Krankenversicherungsgesetz R. 20, 107, S. 12.
Kreisabgabengesetz P. 38.
Kreisordnungen P. 15.
Kriegsgewinn R. 121, 131 b, S. 12.
Kriegssteuergesetze S. 12.
Kriegsteilnehmer R. 116, 116 a.
Kriegsgesetze R. 116, 116 a, 129.
Kunstschutzgesetz R. 81.

Ladenschluß R. 6.
Landeskirche P. 46.
Landeskulturbehörden P. 57
Landestrauer P. 34.
Landesverwaltungsgesetz P. 42.
Lehrergehaltsgesetz P. 26.
Lichtspielgesetz R. 147
Limonaden R. 131 a.
Literaturschutz R. 60, 95
Lohnforderungen, Beschlagnahme von R. 55.
Lotteriespiel P. 34.

Mannschaftsversorgungsgesetz R. 79 b
Medizinalgesetzgebung R. 27.
Mietengesetz S. 12.
Mietrecht und Wohnungsmangelgesetz R. 156.
Militärhinterbliebenengesetz R. 118
Militärpensionsgesetze R. 79.
Militärstrafgerichtsordnung R. 8, S. 12.

Schlagwort-Register. (R. = Reichsgesetz, P. = preuß. Gesetz.)

Militärstrafgesetzbuch R. 67, S. 12.
Militärversorgungsgesetze R. 136.
Minderjährige, Fürsorgeerziehung für R. 47, P. 28.
Mineralwässer R. 131 a.
Modellschutzgesetzgebung R. 9, 102.
Münzwesen R. 26, 116, 116 a.
Musterschutzgesetz R. 9, 102.

Nahrungsmittel R. 9, 54, 65, 130.
Naturalleistung für Militär R. 69.
Notare, Gebührenordnung P. 4.
Notenbankwesen R. 26.
Notopfer R. 149, S. 12.
Nottestament P. 3.

Offizierpensionsgesetz R. 79 a

Patentgesetz R. 9, 22, 116, 116 a.
Personenstandsgesetz R. 2, 9, 59.
Pensionsgesetze R. 10, 79, P. 2, 26.
Photographieschutz R. 9, 81.
Polizeiverordnungen in Preußen P. 36.
Postgesetze R. 7.
Postscheckgesetz R. 113, 113 a.
Preistreiberei R. 130.
Preßgesetz R. 9, 53.
Preußische Verfassung P. 1, S. 12.
Privatbeamtenversicherungsgesetz R. 104, S. 12.
Privatrechtliche Reichsgesetze R. 84, 90.
Provinzialabgabengesetz P. 38.

Quellenschutzgesetz P. 44.

Rayongesetz R. 84.
Reblausgesetz R. 84, P. 34.
Rechtsanwalts-Gebührenordnung R. 17.
Rechtsanwaltsordnung R. 16.
Rechtshilfe R. 76.
Rechtsverhältnisse der Juden P. 45.
Registerführung, gerichtliche R. 80.
Reichsabgabenordnung R. 143.
Reichsausgleichsgesetz R. 148.
Reichsbeamtengesetz R. 10, 82.
Reichseinkommensteuer S. 12.
Reichseisenbahngesetzgebung R. 35, 66.
Reichserbschaftssteuer R. 77.
Reichsfinanzgesetze R. 131, S. 12.
Reichsfinanz- und Steuergesetze S. 12.
Reichsgewerbeordnung R. 6.
Reichsgrundbuchordnung R. 42.
Reichsjustizgesetze R. 11, 12, 13.
Reichsknappschaftsgesetz R. 155.
Reichsmietengesetz S. 12.
Reichsnotopfer R. 149, S. 12.
Reichsschädengesetze R. 150.
Reichsschuldbuch P. 30.
Reichsseuchengesetz R. 9, 56.
Reichssiedelungsgesetz R. 140.
Reichsstempelgesetz R. 18, 131 b.
Reichsverfassung R. 1, 137, S. 12.
Reichsversicherungsordnung R. 106 bis 109, 161 S. 12.
Reichswuchergesetzgebung R. 133.
Rentengutsgesetze P. 33.
Rinderpest R. 9.

Saccharingesetz R. 9, 54.
Schaumwein R. 131 a.
Scheckgesetz R. 85, 113.
Schlachthäuser P. 34.
Schlachtviehgesetz R. 9, 54, 68.
Viehhandel R. 130.
Schlichtungsordnung R. 112 a.
Schonzeit des Wildes P. 54.
Schuldverschreibungsgesetz R. 52.
Schulunterhaltungsgesetz P. 39.
Schutzgebietsgesetz R. 75, 97, 105.
Schutzhaftgesetz R. 128.
Schwängerung, außerehel. R. 58, P. 5.
Seegesetzgebung R. 19.
Seerecht siehe HGB S. 12.
See-Unfallversicherungsgesetz R. 57, 108.
Seuchengesetz R. 56.
Siedelungsgesetzgebung R. 140.
Sozialisierungsgesetze R. 141.
Sozialpolitische Gesetze R. 20, 23, 28, 30, 57, 72, 104, 106 bis 109, 116, 116 a.
Sparkassengesetz P. 54.
Spionagegesetz R. 67.
Sprengstoffgesetz R. 2, 9.
Staatsangehörigkeit R. 111.
Staatsschuldbuch P. 30.
Städteordnung P. 32.
Stempelsteuergesetz für Preußen P. 18.
Stempelsteuergesetz für das Reich R. 18, 131 b.

Schlagwort-Register. (R. = Reichsgesetz, P. = preuß. Gesetz.)

Steuerflucht R. 131 b, 145.
Steuergesetze R. 5, 18, 25, 131 a/b, 132, 139, 145, 146, 151, 157 P. 10, 11, 13, 14, 18, 20, 27.
Steuernotverordnung, dritte. R. 157.
Strafgesetzbuch R. 2, S. 12.
Strafgesetze, preußische P. 34.
Strafprozeßordnung R. 12, 158, S. 12.
Strafrechtliche Reichsgesetze R. 9.
Straßen- und Baufluchtengesetz P. 50.
Subhastationsgesetz R. 43.
Süßstoffe, künstliche R. 9, 54, 64.

Tabaksteuergesetz R. 146.
Telegraphengesetze R. 7.
Telegraphenwegegesetz R. 120.
Testamentsrecht P. 3.
Todeserklärung Kriegsverschollener R. 124.
Tumultschadengesetz P. 56.

Umlegungsordnung P. 60.
Umsatzsteuer R. 131 b, 132, S. 12.
Uneheliche Kinder R. 58.
Unfallversicherungsgesetze R. 23, 28, 57, 72, 108, S. 12.
Unlauterer Wettbewerb R. 37.
Unterhaltung der Volksschulen P. 39.
Unterstützungswohnsitz R. 8.
Urheberrechtsgesetze R. 9, 60, 22, 31, 95, 102.

Vereinsgesetz R. 38.
Vereins- und Versammlungsrecht R. 38, 88, P. 34.
Verfassung, Reich R. 1, 137, S. 12.
Verfassung, preußische P. 1.
Verhaftung und Aufenthaltsbeschränkung R. 128.
Verkehrs- und Kohlensteuer S. 12.
Verlagsrecht R. 61.
Vermögenssteuergesetz P. 13.
Verrat militärischer Geheimnisse R. 2, 9, 67.
Verschuldungsgrenze P. 43.
Versicherung für Angestellte R. 144.
Versicherungsvertrag R. 33.
Versicherungsunternehmungen, private R. 62.
Verunstaltung landschaftlich hervorragender Gegenden P. 49.
Verwaltungsstrafverfahren P. 40.
Verwendung gesundheitsschädlicher Farben R. 54, 65, 130.
Viehkauf, Viehhandel R. 50.
Viehseuchengesetz R. 34, 108.
Vogelschutzgesetz R. 89.
Vormundschaftsrecht, Deutsches R. 47.

Waffengebrauch R. 114
Warenzeichenrecht R. 9, 87a.
Warenhaussteuergesetz P. 27.
Warenumsatzstempel R. 18, 123.
Wassergesetz P. 52.
Wechselordnung R. 5, S. 12.
Wechselstempelsteuergesetz R. 5.
Wehrbeitragsgesetz R. 110, S. 12.
Weingesetze R. 9, 54, 64, 65, 131 a.
Wertpapiere, Depotgesetz R. 40.
Wettbewerb, unlauterer R. 37.
Wettbewerbsverbot R. 115.
Wohlfahrtsgesetze R. 152.
Wohnungsgesetz P 55.
Wuchergesetz R. 2, 133.

Zeugengebühr R. 15.
Zigarettensteuergesetz R. 78.
Zivilprozeßordnung R. 11, S. 12.
Zuständigkeitsgesetz P. 42.
Zuwachssteuergesetz R. 101, S. 12.
Zwangsanleihe R. 153.
Zwangserziehung R. 47.
Zwangsversteigerung an Immobilien R. 43.
Zwangsvollstreckungsgesetz R 43.
Zweckverbandsgesetz P. 48.

Nachtrag zu

Höpker, Die Industriebelastungsgesetze.

(Guttentagsche Sammlung Deutscher Reichsgesetze Nr. 159.)

Erste Verordnung

zur Durchführung des Gesetzes zur Aufbringung der Industriebelastung (Aufbringungsgesetz) vom 30. August 1924.

Vom 16. November 1925 (RGBl. II S. 971).

Auf Grund des § 2 Abs. 4, § 15 des Gesetzes zur Aufbringung der Industriebelastung (Aufbringungsgesetz) vom 30. August 1924 (Reichsgesetzbl. II S. 269) verordnet die Reichsregierung:

I. Aufbringungspflicht der werbenden Betriebe des Reichs, der Länder und Gemeinden (Gemeindeverbände) und Abgabe einer Vermögenserklärung für diese Betriebe.

§ 1.

Die Vorstände oder Geschäftsführer der werbenden Betriebe, die der Aufbringungspflicht unterliegen (§ 2 Abs. 2 des Aufbringungsgesetzes), haben innerhalb der für die Abgabe der Vermögenserklärung für 1925 gesetzten Frist nach dem für diese vorgesehenen Muster eine besondere Vermögenserklärung für die Zwecke des Aufbringungsgesetzes abzugeben; dies gilt nicht, soweit für die Feststellung des Einheitswerts über das Vermögen von werbenden Betrieben eine Vermögenserklärung für 1925 abzugeben ist. Die für die Vermögensteuer 1925, insbesondere über die Bewertung, geltenden Vorschriften finden hierbei sinngemäße Anwendung. Alle den werbenden Betrieben dienenden Gegenstände gelten als Betriebsvermögen im Sinne des Reichsbewertungsgesetzes. Für jeden einzelnen Betrieb ist eine getrennte Vermögenserklärung abzugeben, auch wenn dieselbe öffentlich-rechtliche Körperschaft Unternehmerin mehrerer Betriebe ist. Die Vermögenserklärung gilt als Steuererklärung im Sinne der Reichsabgabenordnung.

§ 2.

(1) Werbende Betriebe im Sinne des § 1 sind Betriebe, die nach gesetzlicher Vorschrift oder allgemeinen finanzwirtschaftlichen Grundsätzen in der Weise zu führen sind, daß durch die Einnahmen mindestens die Ausgaben gedeckt werden, gleichviel, ob dieser Erfolg im einzelnen Falle tatsächlich erreicht wird. Zu den werbenden Betrieben, die die Aufbringungspflicht begründen, gehören insbesondere:

a) Bergwerke, Salinen, Steinbrüche und sonstige Betriebe zur Gewinnung von Bodenschätzen, wie Steinen, Schiefer, Kalk, Kreide, Kies, Sand, Lehm, Ton, Mergel, Torf, ferner Ziegeleien, Hütten und dergleichen;
b) Verkehrsbetriebe (Kleinbahnen, Straßenbahnen, Hoch- und Untergrundbahnen, Kraftwagenbetriebe, Hafenbetriebe, Lagerhäuser, Meßgebäude und dergleichen);

c) Anstalten zur Versorgung mit Wasser, Gas, Kraft und Licht;
d) Banken und sonstige Kreditanstalten mit Ausnahme solcher Staatsbanken, die nach ihrer Bestimmung in der Hauptsache staatswirtschaftlichen oder allgemeinwirtschaftlichen Geschäften dienen;
e) öffentliche oder dem öffentlichen Verkehre dienende Sparkassen, wenn sie sich nicht auf die Pflege des eigentlichen Sparkassenverkehrs beschränken;
f) sonstige gewerbliche Betriebe (Versorgung mit Lebens- und Genußmitteln, Fabriken, Mühlen, Molkereien, Brauereien, Zeitungen, Druckereien, Bäderverwaltungen und dergleichen).

(2) Zu den werbenden Betrieben gehören nicht Veranstaltungen, die ohne Rücksicht auf Ertragserzielung zu gemeinnützigen Zwecken unterhalten werden. Hierzu gehören insbesondere:

a) Veranstaltungen, die der allgemeinen Wohlfahrt dienen (Kranken- und Siechenhäuser, Erholungs-, Alters- und Kinderheime, Sport- und Spielplätze, Volksbäder, Schlacht- und Viehhöfe, Desinfektionsanstalten, bakteriologische Untersuchungsanstalten und dergleichen);
b) Veranstaltungen, die der Wissenschaft, Kunst und sonstigen Bildungszwecken dienen (Universitäten, Hochschulen und alle übrigen Schulen, Büchereien, Volkslesehallen, Museen, Theater, Orchester und dergleichen);
c) Veranstaltungen, die wirtschaftlichen Bedürfnissen überwiegend der minderbemittelten Bevölkerung dienen sollen und infolge dieser Zweckbestimmung in ihrer Ertragsfähigkeit beschränkt sind (Leihhäuser und dergleichen).

(3) Der Betrieb der Deutschen Reichspost gilt nicht als werbender Betrieb im Sinne des Abs. 1.

(4) Von der Aufbringungspflicht befreit ist die Deutsche Reichsbahn-Gesellschaft.

§ 3.

Der Aufbringungspflicht unterliegen nicht:

a) solche werbenden Betriebe (§ 2), die Landwirtschaft, Forstwirtschaft oder Gärtnerei, Viehzucht, Weinbau oder Fischerei zum Gegenstand haben; mitbefreit sind die mit einem solchen Betriebe verbundenen Nebenbetriebe anderer Art;

b) Nebenbetriebe landwirtschaftlichen, forstwirtschaftlichen oder gärtnerischen Charakters, die zu werbenden Betrieben anderer Art gehören.

§ 4.

Bei der ersten Umlegung werden alle der Aufbringungspflicht unterliegenden werbenden Betriebe (§§ 2, 3) herangezogen,

a) die entweder am Beginne des 1. Januar 1925 bestanden haben oder

b) die in der Zeit vom Beginne des 1. Januar 1925 bis zum Ablauf des 31. Oktober 1925 eröffnet worden sind.

II. Zuständigkeit.

§ 5.

Örtlich zuständig zur Entgegennahme der Vermögenserklärung für die werbenden Betriebe ist das Finanzamt, in dessen Bezirk der Ort der Leitung des Betriebs liegt.

Zweite Durchführungsverordnung zum Aufbringungsgesetze.

Vom 4. Dezember 1925 (RGBl. II S. 1135).

Auf Grund des § 2 Abs. 3, 4, §§ 3, 4, § 9 Satz 2, §§ 12, 14, 15 des Gesetzes zur Aufbringung der Industriebelastung (Aufbringungsgesetz) vom 30. August 1924 (Reichsgesetzbl. II S. 269) verordnet die Reichsregierung:

I. Der Kreis der Belasteten.

§ 1.

(1) Aufbringungspflichtig sind die Unternehmer sämtlicher industriellen und gewerblichen Betriebe mit Einschluß des Bergbaues, des Verkehrs-, Bank-, Versicherungs-, Gast-, Schank- und Beherbergungsgewerbes sowie des Handels.

(2) Die werbenden Betriebe des Reichs, der Länder und der Gemeinden (Gemeindeverbände) sowie solche werbenden Betriebe, deren Erträge ausschließlich dem Reiche, den Ländern oder den Gemeinden (Gemeindeverbänden) zufließen, sind aufbringungspflichtig, soweit sie vermögenssteuerpflichtig oder nach den Bestimmungen der §§ 1 bis 4 der Ersten Verordnung zur Durchführung des Aufbringungsgesetzes vom 16. November 1925 (Reichsgesetzbl. II S. 971) zur Abgabe einer besonderen Vermögenserklärung verpflichtet sind.

(3) Nicht aufbringungspflichtig sind

a) Unternehmer von landwirtschaftlichen, forstwirtschaftlichen oder gärtnerischen Betrieben, von Viehzucht-, Weinbau- oder Fischereibetrieben; mit befreit sind die mit einem solchen Betriebe verbundenen industriellen oder gewerblichen Nebenbetriebe;

b) Unternehmer industrieller oder gewerblicher Betriebe in Ansehung der zu diesen Betrieben gehörenden Nebenbetriebe landwirtschaftlichen, forstwirtschaftlichen oder gärtnerischen Charakters;

c) Unternehmer, soweit sie nach Artikel I § 4 Abs. 1 Nr. 1, 2, 5 bis 10, § 4 Abs. 2 des Gesetzes über Vermögen- und Erbschaftsteuer vom 10. August 1925 (Vermögensteuergesetz 1925 — Reichsgesetzbl. I S. 233 —) von der Vermögensteuer befreit sind;

d) alle Personen in Ansehung des Vermögens, das einem freien Berufe dient.

(4) Hat ein Unternehmer mehrere selbständige Betriebe, so ist für die Aufbringungspflicht der Gegenstand der einzelnen Betriebe maßgebend.

§ 2.

(1) Unternehmer des Betriebs ist derjenige, dem das Betriebsvermögen nach den Grundsätzen des Vermögensteuergesetzes 1925 zuzurechnen ist; Unternehmer sind demgemäß auch offene Handelsgesellschaften und Kommanditgesellschaften.

(2) Als Unternehmer gelten nicht solche Personen, die, ohne eine eigene unter das Aufbringungsgesetz fallende industrielle oder gewerbliche Tätigkeit auszuüben, lediglich Aktien oder andere Anteile an solchen

Erwerbsgesellschaften besitzen, die ihrerseits eine unter das Aufbringungsgesetz fallende Tätigkeit ausüben.

(3) Die Gesellschafter von offenen Handelsgesellschaften und Kommanditgesellschaften gelten nicht als Unternehmer.

(4) Dem Unternehmer steht der Eigentümer eines verpachteten oder mit einem Nießbrauch belasteten Betriebs gleich. Für das Verhältnis der Beteiligten zueinander gilt, soweit nicht etwas anderes vereinbart ist, folgendes:

a) Im Falle der Verpachtung oder der entgeltlichen Bestellung eines Nießbrauchs entfällt die Leistungspflicht auf den Eigentümer zu einem Viertel, auf den Pächter oder Nießbraucher zu drei Vierteln. Soweit die Verteilung der Leistungspflicht Pächter oder Verpächter, Nießbraucher oder Nießbrauchbesteller übermäßig belastet, hat eine Schiedsstelle auf Antrag eines Beteiligten eine anderweite Festsetzung des Entgelts vorzunehmen. Die Schiedsstelle besteht aus einem Obmann und zwei Beisitzern. Der Obmann wird von der für den Betrieb zuständigen öffentlich-rechtlichen berufsständischen Vertretung (Handelskammer und dergleichen), je ein Beisitzer wird von jeder Partei ernannt.

b) Im Falle der unentgeltlichen Bestellung eines Nießbrauchs gilt der Nießbraucher als allein leistungspflichtig.

§ 3.

Für die Aufbringungspflicht ist bei der ersten Umlegung der Zeitpunkt zugrunde zu legen, der für die Veranlagung zur Vermögensteuer 1925 maßgeblich ist (§ 5 Abs. 3 des Vermögensteuergesetzes 1925).

II. Bemessungsgrundlage.

§ 4.

(1) Bemessungsgrundlage für die erste Umlegung auf den einzelnen Unternehmer ist das zur Vermögensteuer 1925 veranlagte Betriebsvermögen, soweit es Betriebsvermögen eines aufbringungspflichtigen Betriebs ist. Der Wert des Betriebsvermögens richtet sich nach den Feststellungen, die für die Vermögensteuer 1925 maßgebend sind; das gleiche gilt für den Umfang des zur Aufbringung heranzuziehenden Betriebsvermögens, soweit sich nicht aus dem Aufbringungsgesetz oder den Durchführungsverordnungen zu diesem Gesetz ein anderes ergibt.

(2) Ist eine Veranlagung zur Vermögensteuer 1925 nicht vorgenommen, der Einheitswert aber auf Grund des Reichsbewertungsgesetzes festgestellt worden, so ist das Betriebsvermögen für die erste Umlegung mit dem Einheitswert anzusetzen. Ist auch der Einheitswert nicht festgestellt worden, so ist das Betriebsvermögen vom Finanzamt besonders festzustellen; hierbei gelten für den Umfang des zur Aufbringung heranzuziehenden Betriebsvermögens, soweit sich nicht aus dem Aufbringungsgesetz oder den Durchführungsverordnungen zu diesem Gesetz ein anderes ergibt, und für dessen Bewertung die Vorschriften des Reichsbewertungsgesetzes und der Durchführungsbestimmungen zu diesem Gesetze.

§ 5.

(1) Die Veranlagung zur Vermögensteuer 1925 oder in den Fällen des § 4 Abs. 2 Satz 1 die Feststellung des Einheitswerts ist für die Bemessung der ersten Umlage auch dann maßgebend, wenn sie noch

nicht unanfechtbar geworden ist. Hat eine endgültige Veranlagung oder Feststellung noch nicht stattgefunden, so tritt die vorläufige Veranlagung oder Feststellung an ihre Stelle. Änderungen der Veranlagung oder Feststellung durch Rechtsmittelentscheidungen, Neuveranlagungen, Neufeststellungen, Berichtigungen oder andere Verfügungen sind zu berücksichtigen, soweit sie dem Finanzamt vor der Erteilung des Aufbringungsbescheids (§ 13) bekanntgeworden sind.

(2) Bei Änderungen der Bemessungsgrundlage nach Erteilung des Aufbringungsbescheids gelten die Bestimmungen des § 14.

§ 6.

(1) Für die Bemessung der Umlage von Ehegatten werden die Betriebsvermögen der Ehegatten entsprechend den für die Veranlagung zur Vermögensteuer 1925 maßgebenden Vorschriften zusammengerechnet; bei fortgesetzter Gütergemeinschaft wird das ganze zum Gesamtgut gehörende aufbringungspflichtige Betriebsvermögen entsprechend diesen Vorschriften dem überlebenden Ehegatten zugerechnet.

(2) Die Vorschriften des § 10 Abs. 2 des Vermögensteuergesetzes 1925 und des § 48 Abs. 2 Satz 2 des Reichsbewertungsgesetzes finden entsprechende Anwendung.

III. Freigrenze.

§ 7.

(1) Von der Aufbringungspflicht befreit sind Unternehmer, wenn und solange das als Bemessungsgrundlage dienende Betriebsvermögen den Betrag von zwanzigtausend Reichsmark nicht übersteigt.

(2) Maßgebend ist das Betriebsvermögen, soweit es der Aufbringungspflicht unterliegt. Ergibt sich nur infolge der Abrundung (§ 9) ein Betriebsvermögen von zwanzigtausend Reichsmark, so ist das Betriebsvermögen heranzuziehen und der Betrag von zwanzigtausend Reichsmark der Umlage zugrunde zu legen.

(3) Wird bei Ehegatten das Betriebsvermögen zusammengerechnet (§ 6), so richtet sich die Freigrenze nach der Summe der Betriebsvermögen der beiden Ehegatten; bei fortgesetzter Gütergemeinschaft ist für die Freigrenze der Wert des Gesamtguts maßgebend.

(4) Ist eine öffentlich-rechtliche Körperschaft Unternehmerin mehrerer werbenden Betriebe (§ 1 Abs. 2), so gilt die Freigrenze für das jedem einzelnen Betriebe gewidmete Betriebsvermögen besonders.

IV. Die Umlegung der aufzubringenden Beträge.

§ 8.

Die Reichsregierung bestimmt gemäß § 4 des Aufbringungsgesetzes den Hundertsatz des Betriebsvermögens, dessen Verzinsung und Tilgung der einzelne Unternehmer aufzubringen hat.

§ 9.

(1) Für die Berechnung der Umlage wird das gesamte heranzuziehende Betriebsvermögen bei dem einzelnen Unternehmer auf volle tausend Reichsmark nach unten abgerundet.

(2) Die Teilbeträge der Zins- und Tilgungsbeträge sowie der Zuschläge (§ 10 Buchstabe b des Aufbringungsgesetzes) sind zusammen in gleicher Weise wie Reichssteuern abzurunden.

V. Zuständigkeit und Verfahren.

§ 10.

(1) Für die Umlegung ist das Finanzamt örtlich zuständig, das für die Veranlagung des Unternehmers zur Vermögensteuer zuständig ist.

(2) Bei der Umlegung auf die werbenden Betriebe (§ 1 Abs. 2) gilt für die örtliche Zuständigkeit § 5 der Ersten Verordnung zur Durchführung des Aufbringungsgesetzes vom 16. November 1925 (Reichsgesetzbl. II S. 971) entsprechend.

§ 11.

Die Jahresleistungen für das erste Jahr (Zinsbeträge sowie Zuschläge gemäß § 10 Buchstabe b des Aufbringungsgesetzes) sind in zwei gleichen Teilen am 1. Februar und am 1. Juni 1926 an die Finanzämter zu entrichten.

§ 12.

Werden die Jahresleistungen (Zins- und Tilgungsbeträge sowie Zuschläge) nicht innerhalb einer Woche nach Fälligkeit entrichtet, so können ohne weitere Mahnung von den fälligen Beträgen Zinsen und Verzugszuschläge in gleicher Weise wie bei der Vermögensteuer erhoben werden.

§ 13.

Das Finanzamt erteilt dem einzelnen Unternehmer einen schriftlichen Bescheid (Aufbringungsbescheid) über den Betrag der Jahresleistungen, der auf dessen gesamtes aufbringungspflichtiges Vermögen entfällt. Er kann mit dem Belastungsbescheide (§ 12 der Ersten Durchführungsbestimmungen zum Industriebelastungsgesetze vom 28. Oktober 1924 — Reichsgesetzbl. II S. 421 —) verbunden werden. Bei den aufbringungspflichtigen werbenden Betrieben des Reichs, der Länder und Gemeinden (Gemeindeverbände) genügt Zustellung des Bescheids an die Vorstände oder Geschäftsführer des einzelnen werbenden Betriebs.

§ 14.

(1) Wird in den Fällen des § 4 Abs. 1, Abs. 2 Satz 1 die Bemessungsgrundlage durch Rechtsmittelentscheidung, Neuveranlagung, Neufeststellung, Berichtigung oder eine andere Verfügung geändert, so ist der Aufbringungsbescheid von Amts wegen durch besonderen Bescheid entsprechend zu berichtigen, bei Neuveranlagungen oder Neufeststellungen mit Wirkung von dem Zahlungstermin ab, der dem der Neuveranlagung oder Neufeststellung zugrunde liegenden Feststellungszeitpunkt (§ 75 Abs. 2 Satz 1 des Reichsbewertungsgesetzes) folgt.

(2) Liegen bei werbenden Betrieben (§ 1 Abs. 2) die Voraussetzungen für eine Neufeststellung des Einheitswerts nach den Vorschriften des Reichsbewertungsgesetzes vor, so ist der Einheitswert für die Zwecke des Aufbringungsgesetzes vom Finanzamt neu festzustellen, soweit eine Neufeststellung nicht schon aus andern Gründen erfolgt. Die Bestimmung des Abs. 1 findet entsprechende Anwendung.

§ 15.

(1) Der Aufbringungsbescheid (§ 13) ist gemäß § 9 des Aufbringungsgesetzes anfechtbar. Der Bescheid, mit dem der Aufbringungsbescheid berichtigt wird (§ 14), ist selbständig anfechtbar, soweit die Änderung reicht. Bei werbenden Betrieben des Reichs, der Länder

und Gemeinden (Gemeindeverbände) sind zur Einlegung der Rechtsmittel auch die Vorstände und Geschäftsführer der einzelnen Betriebe befugt.

(2) Die Bewertung des Betriebsvermögens richtet sich nach den Grundsätzen, die für die Vermögensteuer 1925 maßgebend sind; das gleiche gilt für den Umfang des zur Aufbringung heranzuziehenden Betriebsvermögens, soweit sich nicht aus dem Aufbringungsgesetz oder den Durchführungsverordnungen zu diesem Gesetz ein anderes ergibt. Daß ein Gegenstand nicht zu dem heranzuziehenden Betriebsvermögen gehört, kann in den Fällen des § 4 Abs. 1, Abs. 2 Satz 1 nur geltend gemacht werden, wenn sich die Nichtzugehörigkeit aus dem Aufbringungsgesetz oder den Durchführungsvorschriften zu diesem Gesetze regelt; in den Fällen des § 4 Abs. 2 Satz 2 gilt diese Beschränkung nicht.

VI. Vorauszahlungen.

§ 16.

(1) Soweit dem Unternehmer nicht vor den für die Entrichtung der Jahresleistungen bestimmten Zeitpunkten (§ 11) ein Aufbringungsbescheid zugestellt worden ist, hat er zu diesen Zeitpunkten Vorauszahlungen auf Grund eines Vorauszahlungsbescheids zu leisten.

(2) Der Vorauszahlungsbescheid wird von dem nach § 10 zuständigen Finanzamt erlassen. Gegen den Bescheid ist nur die Beschwerde (§§ 224, 281 der Reichsabgabenordnung) an das Landesfinanzamt zulässig.

§ 17.

(1) Bemessungsgrundlage für die Vorauszahlungen des einzelnen Unternehmers ist das in der Vermögens-

erklärung für 1925 angegebene Betriebsvermögen, soweit es Betriebsvermögen eines aufbringungspflichtigen Betriebs ist. Hat der Unternehmer eine Vermögenserklärung für 1925 innerhalb der für ihre Abgabe allgemein bestimmten Frist nicht abgegeben, so ist Bemessungsgrundlage für die Vorauszahlungen das zur Vermögensteuer 1924 veranlagte Betriebsvermögen, soweit es einem aufbringungspflichtigen Betriebe gewidmet war.

(2) Für die Vorauszahlungen gelten die §§ 6 bis 9, § 12, § 13 Satz 1, 3, §§ 19 bis 21 sinngemäß.

§ 18.

Soweit die Teilbeträge der auf Grund des Aufbringungsbescheids zu entrichtenden Jahresleistungen (§ 13) die Teilbeträge der bis zur Zustellung des Aufbringungsbescheids zu leistenden Vorauszahlungen übersteigen, ist der Unterschiedsbetrag binnen zwei Wochen nach Zustellung des Aufbringungsbescheids zu entrichten. Soweit die Teilbeträge der auf Grund des Aufbringungsbescheids zu entrichtenden Jahresleistungen hinter den Teilbeträgen der bis zur Zustellung des Aufbringungsbescheids geleisteten Vorauszahlungen zurückbleiben, ist der Unterschiedsbetrag nach Zustellung des Aufbringungsbescheids auf Antrag und, wenn er 5 Reichsmark übersteigt, von Amts wegen zu erstatten.

VII. Privatrechtliche Rückwirkungen der Leistungspflicht.

§ 19.

(1) Werden die Betriebsvermögen von Ehegatten zusammengerechnet (§ 6), so gilt für die vermögens-

rechtlichen Beziehungen der Ehegatten untereinander jeder Ehegatte als Schuldner des Teiles der Leistungspflicht, der dem Verhältnis des Wertes seines zur Aufbringung herangezogenen Betriebsvermögens zu dem Werte des zusammengerechneten herangezogenen Betriebsvermögens entspricht.

(2) Abs. 1 gilt entsprechend für die fortgesetzte Gütergemeinschaft hinsichtlich der vermögensrechtlichen Beziehungen zwischen dem überlebenden Ehegatten und den an der fortgesetzten Gütergemeinschaft beteiligten Abkömmlingen.

§ 20.

Gehört Betriebsvermögen, das zur Aufbringung herangezogen worden ist, zu einer Vorerbschaft, so ist der Vorerbe berechtigt, den auf die Vorerbschaft entfallenden Teil der Jahresleistungen aus dem Vermögen der Vorerbschaft zu entnehmen. Für die Ermittlung der Teile der Jahresleistungen, die auf die Vorerbschaft und auf sonstiges zur Aufbringung herangezogenes Vermögen des Vorerben entfallen, findet § 19 Abs. 1 sinngemäße Anwendung.

VIII. Sicherungen.

§ 21.

Im Falle der Zwangsversteigerung oder der Zwangsverwaltung nehmen die Ansprüche für die rückständigen und künftigen Jahresleistungen, soweit sie bis zum Ende des Kalenderjahrs fällig werden, in dem die Neuumlegung voraussichtlich erfolgt, an dem im § 10 Abs. 1 Nr. 3 und im § 155 Abs. 2 des Gesetzes über die Zwangsversteigerung und die Zwangsverwaltung festgesetzten Range teil.

§ 22.

Über die Verteilung der Jahresleistungen im Falle des § 12 Satz 2 des Aufbringungsgesetzes erteilt das Finanzamt dem Veräußerer und dem Erwerber einen schriftlichen Bescheid (Verteilungsbescheid). Gegen den Verteilungsbescheid ist nur die Beschwerde (§§ 224, 281 der Reichsabgabenordnung) an das Landesfinanzamt zulässig.

IX. Rückkauf von Einzelobligationen.

§ 23.

Im Falle gänzlichen oder teilweisen Rückkaufs von Einzelobligationen (§ 13 des Aufbringungsgesetzes) erteilt das Finanzamt dem Unternehmer einen schriftlichen Bescheid über die Jahresleistungen, die er vom nächsten Zahlungstermin ab zu entrichten hat. § 22 Satz 2 gilt entsprechend.

X. Steuerbefreiungen.

§ 24.

Die im Industriebelastungsgesetze vorgesehenen Industriebonds und Einzelobligationen sind von der Wertpapiersteuer des Kapitalverkehrsteuergesetzes befreit. Auf dem Gebiete der Börsenumsatzsteuer werden die Titel den allgemeinen Reichsanleihen gleichgestellt.

FSC
www.fsc.org
MIX
Papier | Fördert gute Waldnutzung
FSC® C083411

Kolibri 360 GmbH
Ferdinand-Jühlke-Straße 7
99095 Erfurt, Deutschland
produktsicherheit@kolibri360.de